地図の歴史

世界篇・日本篇

織田武雄

JN179448

講談社学術文庫

目次

世界篇

日本篇

地図の歴史

世界篇・日本篇

「さあ地図だ。お互いの境界をはっきりさせておこう」

――シェークスピア『ヘンリー四世』第一部より

世界篇

はじめに

地図の歴史は古い。人類の最も貴重な文化遺産である文字よりも古いといわれる。ふとした偶然から、未知の土地に格好の猟場を発見した太古の狩猟民は、後の子孫に伝えるために、その場所を岩板に記したこともあったであろう。その岩板には、つぎつぎと新しい土地が刻まれ、やがてそれは、かれらの世界観を如実に示す地図となっていく。じっさい地図は各時代、各民族の世界観を無言のうちに明らかに示している。地図の歴史をたどっていくと、人間の活動範囲や世界観が手にとるようにわかるのである。

ギリシア時代に、いちどは支配的な地球観となった球体説が、中世の宗教的世界観のために否定され、やがてルネサンスをへて、地理的発見時代の探検によって復活・実証される過程を、地図の歴史は雄弁に物語っている。

一般に、優秀な地図を大量に流布させた時代は、活動的な時代であったといえるかもしれない。中世とそれにつづくルネサンス、地理的発見時代の対比はその有力な証拠であるし、ヨーロッパの近代が世界を征服していく過程には、近代的な地図の発達が与って大きな影響を与えた。地図は、観念の世界から現実の世界へ、人間をつねに導いてきたのである。

しかし、地図の歴史に関する書物は意外と少ない。もちろん個々の古地図については、精細な研究が、これまで数多く発表されているが、地図学史の概説書としては、バグロー・スケルトンの著書のようにやや専門的なものか、または地図蒐集家の手引書に類するものが多く、しかもほとんどが自国を中心にしたヨーロッパの地図に限られている。

そこで私は、西洋だけでなく中国も日本も含んだ地図の歴史の執筆にとりくんだ。それが同じ講談社から出た四六判の『地図の歴史』であるが、出版してみると各方面から幸いにも好評を得た。本書はその新書判であるといえる。

しかし、この新書判では、海外篇と日本篇を分けて各一冊とし、四六判で意に満たなかったところは増補した。とくに続刊される日本篇では、二分の一近くを加筆して資料も補った。時間に追われたこともあって不十分なところもあるが、あとは読者諸賢のご叱正を待つのみである。

昭和四十九年　秋

著　者

第一章　地図の起源

文字よりも古い地図

「地図の歴史は文字の歴史よりも古い」といわれるが、近年、北イタリアのアルプス山麓を流れるカモニカ渓谷で、氷蝕を受けた岩壁に描かれた先史時代の地図が発見された。この地図は前一五〇〇年ごろ、カモニカ渓谷に居住していた青銅器時代の住民の村落と耕地を表わしたものと推定されている。直線や曲線は、耕地の境界をなす小径や灌漑《かんがい》水路であり、また多数の小さな点が集まっている耕地は、おそらくオリーブか何かの果樹が植えられている畑地で、周囲には梯子のかけられた高床式家屋や家畜がみられる。

このようにまだ文字を知らなかった先史時代の住民でも、すでに地図を有していたのである。それはたとい未開民族でも、かれらにとっての生活圏であり、衣食住の資料が生産される自分たちの居住する土地については、その生活を維持するために、なんらかの地理的知識を必要としたからである。そしてまた、この地理的知識をまだ文字でもって伝えることはできなくても、図的に表現する能力さえ得られるならば、まずそれを地図に描き表わしたのであり、これが地図の起源である。

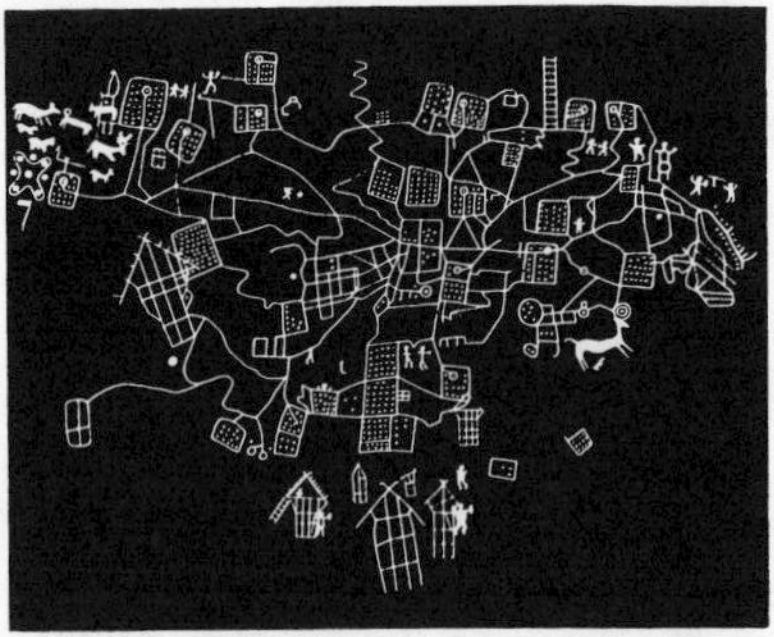

1　カモニ族の村落地図　カモニカ渓谷

未開民族の地図

先史時代の住民と同じように、文字を持たないこんにちの世界の未開民族のうちにも地図をつくるすぐれた能力を有するものも少なくない。ことにイヌイットや遊牧民のように遠距離を移動する民族は、広い地域についてもかなり正確な地理的知識を持っている。しかしかれらはわれわれのようにペンとか紙とか、これを地図に表現するための適当な材料とか手段を有していないので、よく記憶しておいて、必要なときに、砂や雪の上に記憶によって地図を描くことが多い。これがいわゆる「砂地図」(Sand map) と呼ばれるものである。

したがって未開民族でもペンを使えば、もっと複雑な地図を表わすことができる。たとえばシベリアの先住民が描いたツングスカ河（エニセイ河支流）の地図をみると、河流の屈曲や流入する支流の数や位置は正確に示されている。ただわれわれの地図と異なるところは、児童画のように、かれらが関心を有しているものは特に大きく描いている点で、樹木のはえている河岸の崖は、かれらが土器をつくるに必要な赤色の粘土がとれるところ、上流の煙突のある洋風の建物は、政府直営の共同販売所である。

また未開民族はかれらが手近に入手できる材料を使って、独特の地図をつくることもある。サハラ砂漠の遊牧民ベドウィンは、色のちがった砂を使ったり、小石をならべて、地面の上に砂丘の配列や、礫《れき》砂漠・岩石砂漠などの区別をたくみに表わした地図をつくるといわれている。

またイヌイットは海岸の流木の手ごろな木片を削って、陸地や島の輪廓を示し、これに入江や山地などの地形の状態を彫りつけ、なかには一枚の獣皮にこれらの木片を結びつけて、島の分布を表わした地図もみられる。

さらに特殊なものとしては、太平洋のマーシャル群島の島民は、ココヤシの葉柄に穴のあいた小石や貝殻をくくりつけた海図を有している。小石や貝殻は島や環礁《アトール》を意味し、ヤシの葉柄は、地図の外枠や小石などをくくりつけるための地図の骨組であるとともに、斜めや半

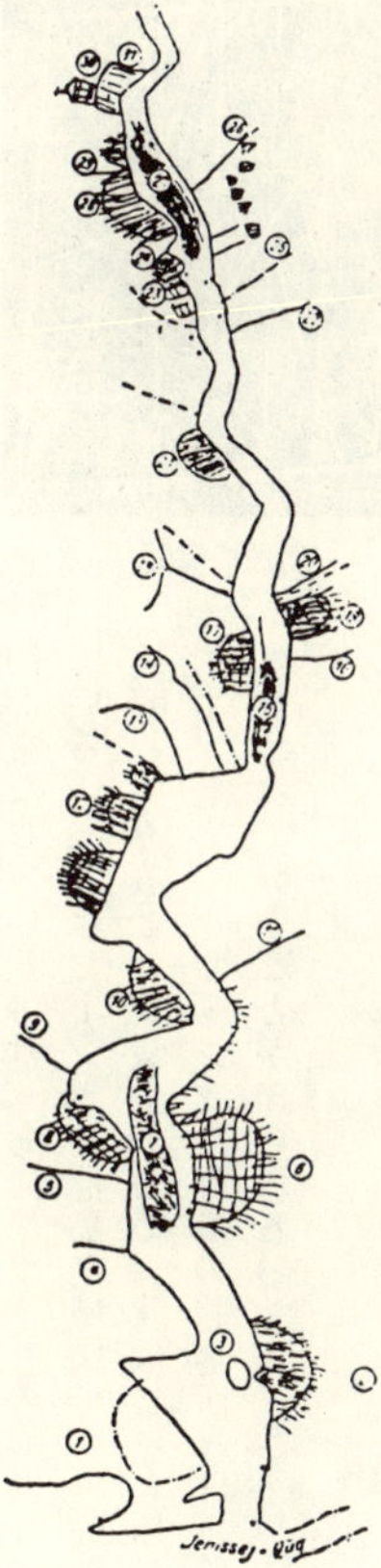

2　シベリア先住民によるツングスカ河の地図

3　マーシャル島民の海図

円形をなしているのは、海流やウネリの方向などを示している。図3はマーシャル群島全域図で、一般の地図と比較してみると、貝殻や小石で、北はビキニ島から南はエボン島まで、マーシャル群島の諸島がほぼ正確な位置に置かれていることが知られる。

エジプトおよびバビロニアの地図

先史時代の住民やこんにちの未開民族でも地図を有しているのであるから、いまからおよそ五〇〇〇年前に世界で最初に古代文明が発祥したエジプトやバビロニアでは、もっと進歩した地図がつくられたのは当然である。

ことにエジプトやバビロニアの古代文明は、周知のように灌漑農耕に基礎をおくものであったから、耕地によって貢税を課するためにも、またナイル河のように、毎年の洪水によってみだされる耕地の境界を画定するためにも、耕地の測量は古くから行なわれた。エジプトからギリシアに伝えられた幾何学も、もともとは耕地の測量による図形の研究から発達したものであった。またそれにともなって、測量の結果を図示したいわゆる地籍《ちせき》図も多くつくられたにちがいない。

しかしエジプトでは、地図もパピルス草の繊維を重ねあわせたパピルスに描かれた。パピ

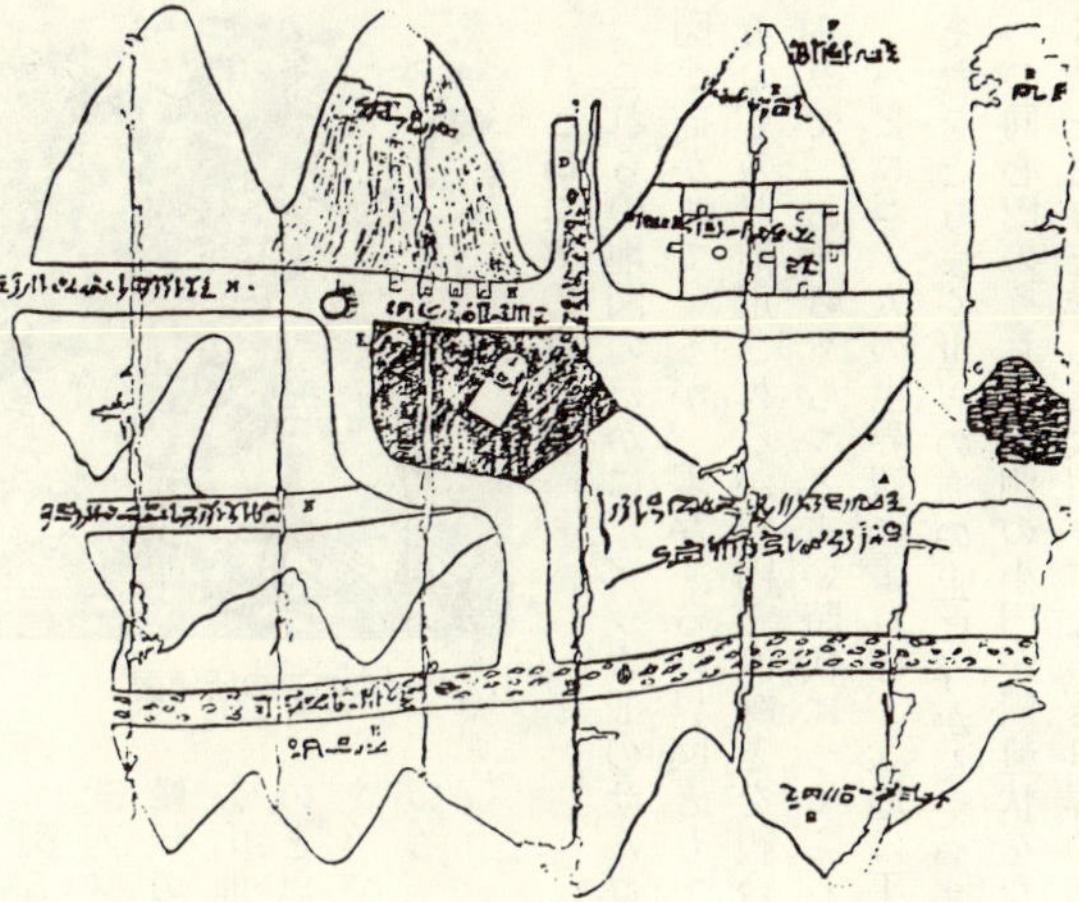

4　エジプトのヌビアの金山の地図

ルスは紙にくらべると弱く、腐蝕しやすかったので、古代エジプトの地図でこんにちまで残っているのは、前一三〇〇年ごろのものと推定されるヌビア地方の金山の地図が唯一のものである。しかも全くの断片にすぎないが、山形をもって表わされた山地の間を三本の道路が通じ、道路の一つには石が敷かれている。中央には貯水池と石碑が建てられている広場があり、それに面する道路にそって神殿や坑夫の小屋がみられる。

バビロニアではパピルスのかわりに、地図も文字と同じように粘土板の上に記録された。粘土板はもろくて破損しやすいが、何千年地中に埋まっていても腐蝕することがないので、バビロニアでは地籍図をはじめ、所領図、市街図などの描かれた粘土板の断片がいくつか発見され

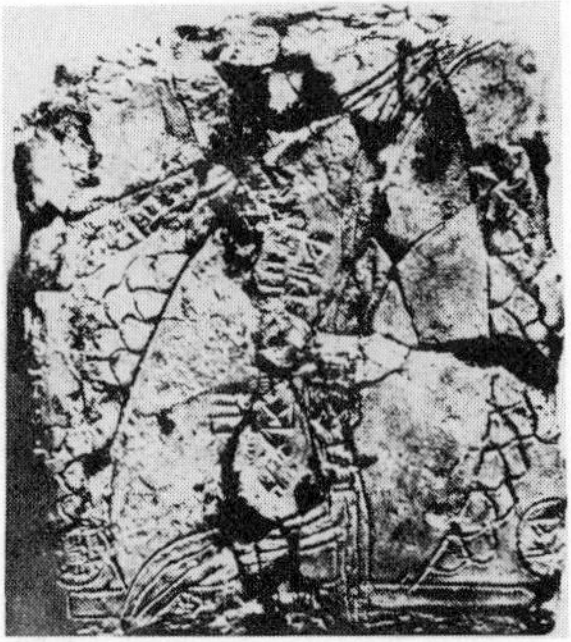

5　バビロニアの所領図

ている。

図5はそのうちでも最も古く、前二五〇〇年ごろの北西メソポタミアの遺跡から出土した地図である。魚鱗状の形態をもって表現されているのは山地で、二つの山地にかこまれた小盆地に位置する所領を示したものと思われ、盆地の中を流れる灌漑水路に沿う小円は集落であり、楔形文字で「アザラの耕地」と記されている。

バビロニアの世界図

これらの地図のほかに、アッカドのサルゴン大王の遠征物語を記した粘土板の一部に世界図が描かれているが、現存する世界図としては最古のものである。その年代は前七〇〇年ごろのものと推定されるが、円と直線とを組合わせた単純、古拙な形態をとどめていることからみて、おそらくもっと古い時代につくられた原図によったものと思われる。

バビロニア人の世界観によれば、大地は平たく、世界の陸地は円盤のような形をなして、それをとりまく世界の海の上に浮かんでいると考えた（図6）。この世界図でも、大小の二つの同心円のうち、内側の小円が円盤状をなす世界の陸地で、その周囲を「にがい河」と記された塩分を含んだ大河、すなわち世界の海が陸地をめぐって環状に流れていることを表わしている。

　また円の中心には、粘土板に円を描くために用いたコンパスの穴が残っているが、これはその上に接した細長い四角形の枠の中に「バビロン」と記されているように、バビロニア人が世界の中心に位置すると考えた首都バビロンである。したがって、それを貫いて引かれた二本の平行線が、当時バビロンの市街を流れていたユーフラテス河である。

　ユーフラテス河は、上流では「山地」と記された半円形のところから発して、下流では横に引かれた平行線の「湿地」と記された部分、すなわちメソポタミアのデルタ地帯の低湿地に流入しているのであるから、世界の海から三日月形に入りこんでいるのがペルシア湾である。また小さな円や楕円は、バビロニア以外の都市を示している。

6　バビロニアの世界図　Ⅰ～Ⅶは彼岸の陸地，Ⅰ，Ⅴ，Ⅶは欠損，Wは湿地，Bはバビロン，Mは山地，Pはペルシア湾

　さらにこの世界図では、世界の海の外側に七個（欠損していて四個しかみられないが）の三角形が突出している。これは世界の海の彼岸に存在すると想像された別の世界の陸地を表わしたものであり、それはバビロニ

ア人が、大地の上をドームのように覆っている天空を支えるための障壁としても、大地とは別の陸地が必要であると考えたからである。

このようにバビロニアの世界図は、とても地図とは思われないような形態を示しているが、メソポタミアを中心にして、バビロニア人が抱いていた地理的世界像を表現したものである。

なおヘブライ人も地図を有していたことは、旧約聖書によれば、ヨシュアが土地を分割するにあたって、「その地を七つに分けて、図面にし、それをここに、わたしのところへ持ってこなければならない」(ヨシュア記一八)と命じていることによってもうかがわれる。

また彼らの世界観としては、同じく旧約聖書に、「神はまた言われた、『天の下の水は一つ所に集まり、かわいた地が現れよ』。そのようになった。神はそのかわいた地を陸と名づけ、水の集まった所を海と名づけられた」(創世記一)「主なる神はこう言われる、わたしはこのエルサレムを万国の中に置き、国々をそのまわりに置いた」(エゼキエル書五)などと記されていることからみても、ヘブライ人がバビロニア人の世界観を継承していることは明らかであるが、ただヘブライ人はバビロンのかわりに、エルサレムが世界の中心に位置するものとみなしている。

第二章　ギリシア・ローマ時代の地図

初期ギリシア人の世界観

エジプトやバビロニアにおいて古代オリエント文明が繁栄していた前二〇〇〇年ごろから、バルカン半島を相ついで南下して、地中海のエーゲ海沿岸に達したのがギリシア人であった。ギリシア人は先住の民族を征服あるいは同化するとともに、エジプトやバビロニアのオリエント文明をしだいに摂取して、やがてそれとは全く異なった、新しい創造的なギリシア文明を開花せしめた。

しかしホメロス（ホーマー）の詩篇には、世界の大地の周囲はオケアノスとよばれる大洋にかこまれ、また天空は平たい大地の上を鉄の鐘のように覆っているとうたわれている。このように、前八世紀ごろまでのホメロス時代のギリシア人の世界観は、なお素朴であり、またギリシア人の固有の考えというよりは、むしろフェニキア人などを通じて、バビロニア人の世界観の影響が強く表われていると思われる。

ホメロス時代のギリシア人の地理的知識も、まだ狭い範囲にしか及んでいなかったとみえ、ホメロスの詩篇に記されている英雄遍歴物語の舞台は、ほとんどエーゲ海を中心とした

7　ギリシアの哲学者ポセイドニオスの投石器型地球観　17世紀にペトルス・ベルティウスが作図したもの

沿岸や諸島に限られ、シチリア島以西の地中海や黒海の地方についてのなんらかの具体的な記述や地名は、ホメロスにはみられない。

ヘカタイオスの世界図

ギリシアの国土は山がちで平地に乏しい半島国であるが、陸地の沈降によって生じた海岸は良港にめぐまれ、また、その前面にひろがるエーゲ海は静穏で、多島海の名をもってよばれるように、多数の島嶼《とうしょ》が飛石《とびいし》のように散在して、初期の海上交通の発達にはきわめて好適な条件をそなえていた。

したがって人口が増加するにともなって、前八世紀ごろからギリシア人の植民活動が活発に開始されるようになると、ギリシアの植民時代とよばれるように、彼らはエーゲ海から地中海、黒海の沿岸に進出して、各地に多数の植民市を建設した。またギリシア人はこれらの植民市と本国との間を海上を通じてたえず往来し、商業貿易が繁栄するようになった。

その結果、ギリシア人の地理的知識は、ホメロス時代よりもはるかに豊富に、また広い範囲に及ぶようになった。ことに植民活動の中心をなしたイオニアのミレトスでは、富裕になった市民の間で知識の交流もさかんとなり、前七世紀ごろには、最初のギリシア科学として自然哲学が誕生した。そして自然哲学者のアナクシマンドロスによって、ギリシアではじめて世界図がつくられ、さらにこの世界図を、地理学者のヘカタイオス（前五五〇ごろ）が描き改めたと伝えられている。

8　ヘカタイオスの世界図

また歴史家のヘロドトスは、ミレトスの僭主アリスタゴラスがペルシア遠征を計画し、「全世界の地形とともに海洋と河川のすべてを彫りこんである銅版」をたずさえて、スパルタ王クレオメネスのもとを訪れたが、ペルシアまで三ヵ月を要するので、その同意を得ることができなかった物語を記している。

ヘカタイオスがアリスタゴラスと同じ時代であったことからみて、アリスタゴラスの銅版の地図がヘカタイオスの世界図に近いものであったと想像されるが、ヘカタイオスの世界図をこんにち残っている彼の地理書の逸文によって推定してみると、ヘカタイオスもホメロス以来の伝統にしたがって、世界の陸地の周囲は、オケアノスが環状にとりまいているとみなしている。

しかしギリシア人の地理的知識は、ヘカタイオスの世界図からうかがわれるように、地中海や黒海の沿岸についてはかなり正確となっていたばかりでなく、インドやインダス河の存在も、ペルシア人などを通じてギリシア人に伝わり、インドは世界のいちばん東に、オケアノスに接して位置するものと考えられた。

ヘロドトスの世界図

ヘカタイオスから一世紀ほど後の前五世紀には、ヘロドトス（前四八四〜前四二四ごろ）が有名な『歴史』を著わした。そこで彼の『歴史』に記された世界各地の地誌的記述にしたがって、ヘロドトスの世界図を復元してみると、ヘカタイオスとくらべていちばん大きなちがいは、ヘロドトスがオケアノスはホメロスなど、むかしの人たちが想像したもので、それを世界図に描くことは理由のないこととみなして、その存在を強く否定している点である。

またヘロドトスはエジプトやペルシア、あるいはスキティア地方（現在の南ロシア）などの各地を訪れているので、北アフリカやアジアについての知識はいっそう豊富に、また正確となっている。

たとえばスキティア地方ではボリステネス河（ドニエプル河）などの多くの大河がエウクシヌス海（黒海）に流入していることや、ヘカタイオスがオケアノスから湾入しているとみ

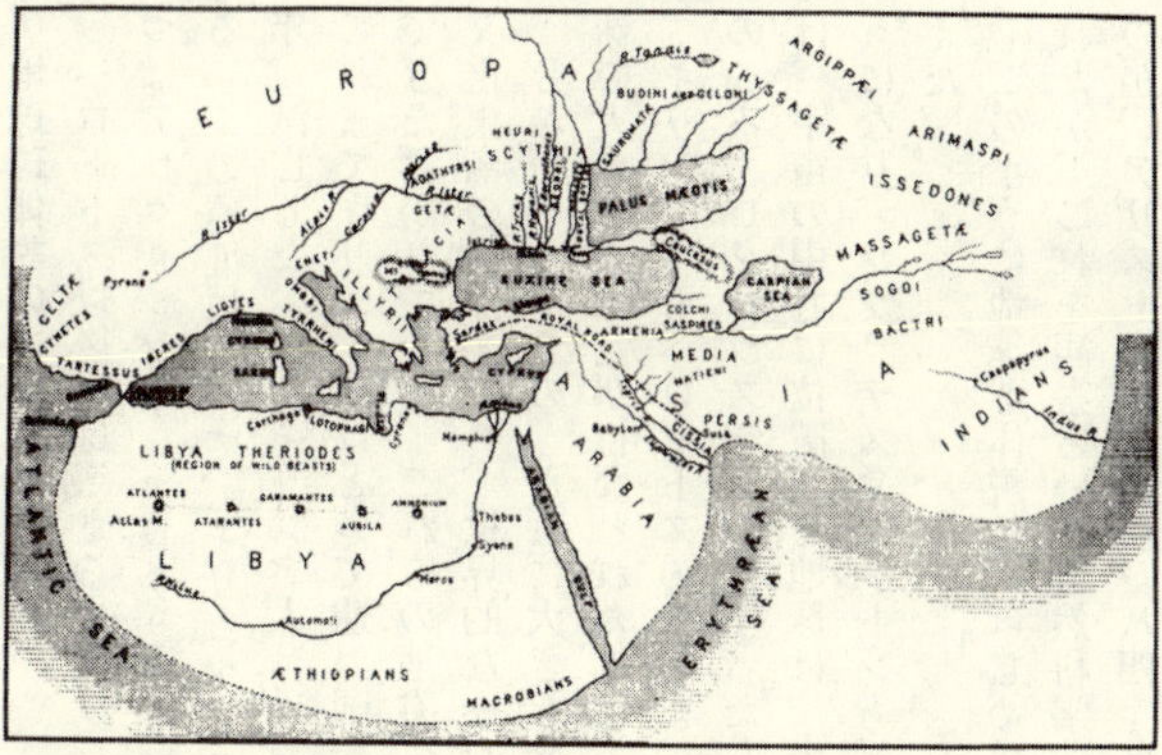

9　ヘロドトスの世界図

なしたカスピ海を、ヘロドトスは正しく内陸海であると認めているのは、彼がスキティアやペルシアを訪れたときに学んだ知識によるものである。またアジアの内陸を流れてカスピ海に注いでいるアラクセス河は、現在の中央アジアのアム・ダリヤかシル・ダリヤにあたると思われる。しかし地中海沿岸を離れたヨーロッパについては、かえって当時のギリシア人にあまり知られていなかったとみえ、ヘロドトスにもアルプス山脈やこんにちの北西ヨーロッパ地方についての記述はなく、ただイステル河（ドナウ河）がヨーロッパのまん中を、西から東に貫流していると記している。またヘロドトスはイステル河と対照的に、リビア（アフリカ）でも、ナイル河がそのまん中を東西に流れるとみなし、そのためナイル河は源流をリビアの西方に発すると誤ったのである。

地球球体説の成立

ヘロドトス以後には、さらにギリシア人の地理的知識に画期的な発展がみられた。その一つはアレクサンダー（アレクサンドロス）大王（前三五六～前三二三）のアジア遠征である。この遠征によって、ギリシアの多年の宿敵であったペルシア帝国は、ついに前三三〇年、滅亡した。またギリシア人は砂漠やステップをよぎり、ヒンドゥークシ山脈を越えて、これまでギリシア人にとって遠い国であった中央アジアやインダス河流域に到達することができたばかりでなく、これらの地方には、ギリシア人による都市も多く建設され、ギリシア文化東漸《とうぜん》の拠点となり、世界的なヘレニズム文化の影響はインドにまで及んだ。

しかしいま一つの、さらに大きな発展は、ギリシア地理学における地球球体説の成立と地球の大きさの測定が行なわれたことである。

ギリシアでもヘロドトスのころまでは、まだ地球は平たいものと思われていたのだが、このころ、ピタゴラス学派の哲学者たちによって、物体の最も完全な形態が球体であるとすれば、宇宙の中心に位置する地球は、当然、太陽や月と同じように球体をなすと主張されるようになり、ソクラテスやプラトンもピタゴラスにしたがって、地球は大きな球体であると考えた。

このように地球球体説は、はじめは思弁によって求められた哲学的な宇宙観として唱えられたが、これを観察という自然科学的な方法に基づいて、地球が球体であることを実証したのが、アリストテレス（前三八四～前三二二）である。すなわちかれは、月蝕の際に月面に映る地球の影が円形をなすこと、またエジプトで見える星が、ギリシアでは水平線に没して見えなくなるように、地球上を南北に少し移動しただけで、天空に輝く星の位置が変化することから、地球はあまり大きな球体ではないと論じている。

地球の大きさの測定

このように地球が球体であることが明らかになると、さらに地球はどれほどの大きさの球体であるかが、ギリシア時代の最もすぐれた地理学者エラトステネス（前二七五ごろ〜前一九四ごろ）によって測定された。

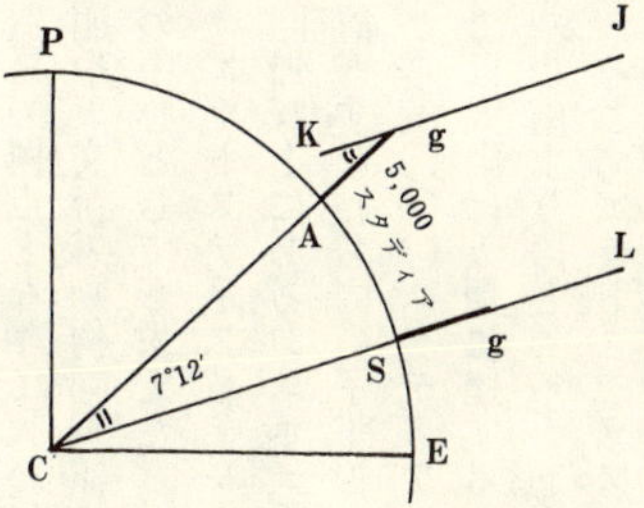

10　エラトステネスによる地球の大きさの測定　Sはシェネ，Aはアレクサンドリア。Sg，Agは日時計の示影針。太陽光線SL，KJは平行する。したがって∠KgA＝∠ACS＝7°12′

アレクサンダー大王が、さきのインド遠征からバビロンに帰還した翌年の前三二三年に没すると、アレクサンダーの大帝国はたちまち瓦解《がかい》して、アンティゴノス、セレウコス、プトレマイオスの三人の部将がそれぞれ後継者と称して、マケドニア、シリア、エジプトの三王国に分裂してしまった。

これら三国のうち、プトレマイオス王朝治下のエジプトは、その首都アレクサンドリアが地中海地域と紅海、インド洋を通じてのインドとの東西貿易の拠点となって大いに発展した。またアレクサンドリアには有名なムセイオンに大図書館や天文台、動物園、植物園などが設けられ、多くの碩学《せきがく》が輩出し、ヘレニズム文化の学芸の中心としても栄えた。

エラトステネスもアレクサンドリアの図書館長の職にあったが、かれはナイル河上流の北回帰線上にあるシエネ（現在のアスワン）と河口のアレクサンドリアとはちょうど南北の位置、すなわち同一子午線上にあるとみなして、両地点間の距離をエジプトの地籍測量の資料から五〇〇〇スタディアと見積もった。また夏至《げし》の日の正午には、北回帰線上にあるシェネでは太陽は天頂に達するが、シェネより北にあるアレクサンドリアでは、太陽は天頂よりもやや南よりのところを通過する。

そこでエラトステネスはスカファとよばれる半球状の日時計を用いて、夏至の日の正午において南中する太陽の角度を観測した。シェネでは太陽が天頂にあるので、太陽光線とスカファに垂直に立てられた日時計の針とが一致して、その影は落ちないが、アレクサンドリアでは日時計の針のつくる影によって、天球上の太陽の位置は天頂から七度一二分の角度のところにあることが観測された。この角度は、シェネ―アレクサンドリア間の円弧が地球の中心においてはさむ中心角と等しいので、この円弧は地球の円周の五〇分の一にあたることになる。したがって所要の地球の大きさは、シェネ―アレクサンドリア間の距離五〇〇〇スタディアの五〇倍、すなわち二五万スタディアという結果が得られた。

そこで一スタディウム（スタディアはその複数）を一七八メートルとして換算してみる

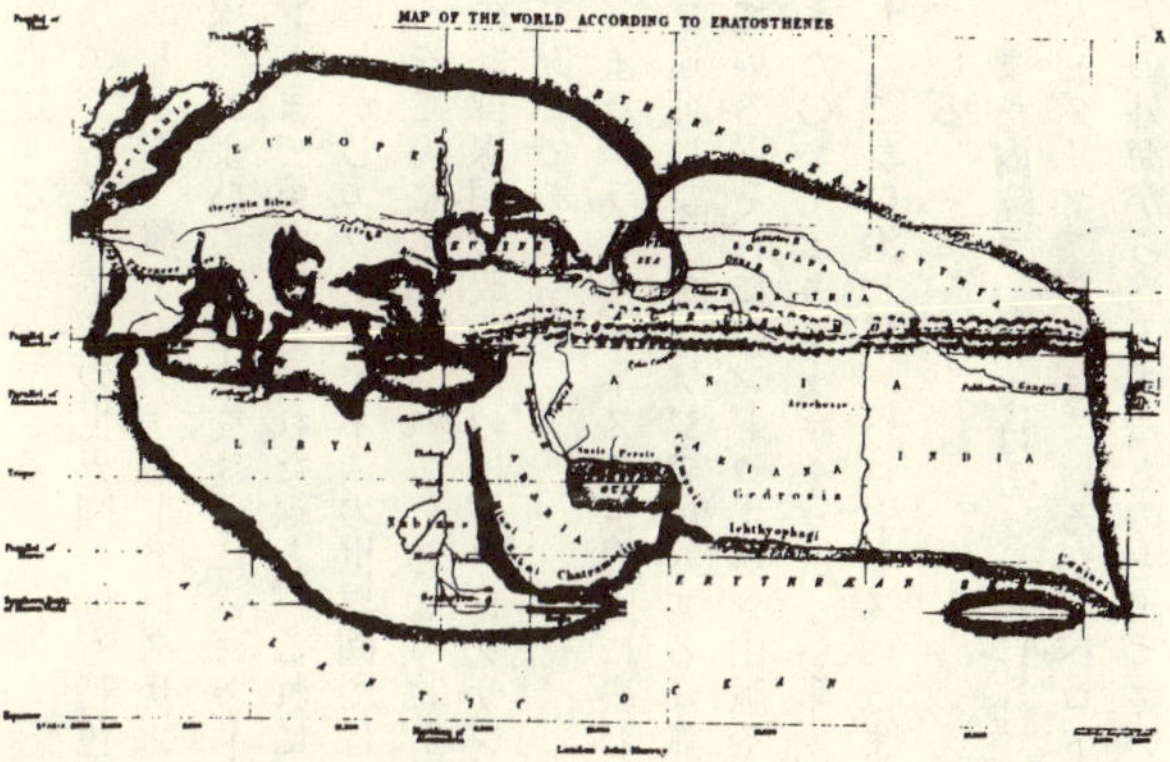

11　エラトステネスの世界図

と、二五万スタディアは四万四五〇〇キロメートルとなり、実際の地球の大きさ約四万キロメートルとくらべて、一割ほど過大なだけである。もちろん厳密にいえば、シェネ―アレクサンドリアは同一子午線上にはなく、両地点間の距離やアレクサンドリアにおける太陽の角度の測定にもかなりの誤差がみられるが、しかし観測方法や測定器具の不備な時代であったことを考えれば、エラトステネスの方法や結果は、きわめてすぐれたものであったといえる。

エラトステネスの世界図

エラトステネスは地理書や世界図も著わしたといわれているが、いずれも早く失われてしまった。しかしローマ時代のストラボン（前六四ごろ～後二一ごろ）の地理書には、エラトステネスからの多くの引用がみられるので、これによってエラトステネスの世界図のおよその形態を推定することができる。

エラトステネスの世界図の最も特色とするところは、地図上の諸地点の位置関係をみる基準として、前記のシエネ—アレクサンドリアを通過する子午線と、これに平行する五本の直線、およびこれと直交する「ヘラクレスの柱」(ジブラルタル海峡)から地中海を通ってインドまで東西に引かれた線と、これに平行する六本の直線を設定していることである。しかしエラトステネスの世界図では、これらの直線相互の間隔はまだ一定していない。これをこんにち用いられているように、地球上の各地点の位置を決定する座標として、等間隔の経緯線網に改めたのは、アレクサンドリア時代の天文学者ヒッパルコス(前一九〇～前一二五)である。

またエラトステネスの世界図に表われた陸地の形態としては、アレクサンダー大王のアジア遠征によって、アジアに対する知識は広く拡大され、世界の陸地は東西に長い形態をとっている。それにヒンドゥークシ山脈やヒマラヤ山脈の存在がギリシア人に知られるようになったので、エラトステネスもアジアのまん中を東西に横断する長大なタウルス山脈を想定し、これに沿って、ヘロドトスにはまだ知られていなかったガンジス河が東に向かって流れている。

また内陸アジアではカスピ海に注ぐヤクサルテス河(シル・ダリヤ)とオクサス河(アム・ダリヤ)をあげているが、ヘロドトスが正しく内陸海と認めたカスピ海を、ふたたび北方の外海から湾入するものと誤っている。

インドでは、その東南端にコニアキという半島が突出しているが、これはこんにちのインド半島南端のコモリン岬にあたるものと考えられ、その前面に、当時タプロバネー(Taprobane)とよばれたセイロン島が位置するものとみなしている。

ヨーロッパでは、地中海、黒海の形態はかなり正確となり、北西ヨーロッパのあたりには、ブリタンニア(ブリテン島)とイェルネ(アイルランド島)の二つの島を記載している。またリビア(アフリカ)では、ヘロドトスが西方に源流を発すると想像したナイル河を、エラトステネスは正しくリビアの南方から発すると改めている。それはナイル河の本流の水源こそ不明であったが、*ヌビア(スーダン)と交通のあったエジプトでは、支流の青ナイル河がアビシニアの山地から流下してくることはよく知られていたからである。

＊ナイル河の本流の白ナイル河が、ヴィクトリア湖に水源を発することは、一八六二年にイギリス人スペークによってはじめて発見された。

ローマ時代の地理的知識の拡大

前五世紀ごろイタリア半島に勃興したローマ人は、しだいに強大となって、前一四六年にはカルタゴやギリシアを支配し、前三〇年にはエジプトを併合するなど、版図《はんと》をますます拡大した。ことに二世紀前半のトラヤヌス帝のころには、ローマ帝国の領土は最大に達し、ゲルマニアや東欧の一部を除いたヨーロッパ全域から、ローマ人が「われわれの海」(Mare nostrum)と誇った地中海を挟んで、北アフリカから西アジアにかけての地中海沿岸一帯が含まれた。したがってローマ時代の地理的知識も、ローマ的世界の発展によって、ギリシア時代よりもいっそう広い範囲に拡大された。

また前一世紀ごろから、モンスーンを利用して紅海からインド洋を横断してインドに向かう海上交通が発達するようになり、ローマ時代にはこのインドとの南海貿易によって、インドの産物が多くローマにもたらされるようになったばかりでなく、中国とローマとの交易もまた開かれるようになった。

ことに中国に産する絹は、ローマの宮廷において最も珍重された高価な織物であったので、中国から隊商交通によって、内陸アジアのステップや砂漠を通ってはるばるローマまで送られてきたのである。この隊商交通路が「シルク・ロード」とよばれ、近世になってヨーロッパとの海上交通が開かれるまでは、ヨーロッパと中国を結ぶ唯一の交通路であった。したがって、ギリシア時代にまだ知られていなかった中国についての知識も、ローマ時代にはシルク・ロードを通じて、はじめてヨーロッパに伝えられた。

プトレマイオスの地理書

ローマ時代における地理的知識の拡大にともなって、地理学もまた大きく進歩した。しかしローマ人は軍事的・政治的にはヨーロッパ世界を支配することができたが、文化においてはヘレニズム文化の模倣者にすぎなかった。ギリシア人が個別のなかに普遍を求め、理念を見出そうと努力したのに対して、ローマ人にとっては、有用であり必要であると認められたことのみが、研究に値《あたい》するものとみなされた。

このように実用をとくに重んじたローマ人は、土木や建築などの分野では、すぐれた技術や能力を発揮したが、科学研究においては、ローマ時代でも、これを促進し発展せしめたのはギリシア人であった。地理学についてみても、ローマ時代の地理学の発達に寄与したストラボンやプトレマイオスなどは、いずれもギリシア系の地理学者であった。

なかでも地図の発達に直接大きな貢献をなしたのはプトレマイオスである。かれは二世紀ごろ、アレクサンドリアにおいて活躍した、古代の最も傑出した天文学者であり、地理学者であった。プトレマイオスの著わした、一般に『アルマゲスト』(Almagest) とよばれる天文書は、コペルニクスやケプラーなどによって近代天文学が樹立されるまでは、天文学において唯一の権威あるものとされた。また『地理学』(Geographia) とよばれる八巻からなるプトレマイオスの地理書は、ストラボンの記述的・地誌的な地理書とは全く異なって、エラトステネスにはじまる数理地理学の系統を受けついで、できるだけ正しい世界図を作成する目的のために書かれたものである。

すなわち第一巻と第八巻では、地球に関する数理地理学的な問題や地図作成の方法などについて述べているが、地球上の諸地点の位置を決定するために、プトレマイオスはヒッパルコスにしたがって、地球の円周を三六〇度に等分した経緯線網を設定している。また球面をそのまま平面に展開することは不可能なので、球体である地球を地図、すなわち平面に合理的に描出する方法として、はじめて投影図法の問題がプトレマイオスによってとりあげられ、彼は球面に接する円錐面に経緯線網を投影する円錐図法を考案している。

これに対して第二巻から第七巻までは、ヨーロッパ人に知られていた世界について、約八〇〇〇の地点を選定して、その地名と緯度・経度が列挙されている。しかし正確な緯度が観測によって知られていたのは、アレクサンドリアやローマなど、まだわずかな地点にすぎなかったので、プトレマイオスは旅行記や地理書などを利用して、世界各地のそれぞれの地点の位置を推定して、それを緯度と経度に換算したのであるから、たといこの換算が正しくおこなわれたとしても、その精度は限られたものであった。

プトレマイオスの世界図

プトレマイオスの地理書は、十二世紀ごろのビザンティンの写本を通じてこんにちに伝えられ、一部の写本に世界図と部分図とが付されているのであるが、プトレマイオスが実際に地図を作成したかは明らかでない。しかしこの世界図が地理書に記されている経緯度にしたがったものである以上、プトレマイオス自身が描いたものではないにしても、かれとほぼ同時代か、あるいはそれより後に作成された原図に基づいたものと思われる。

いずれにしても、ローマ時代の二世紀ごろにヨーロッパ人に知られていた地球は、全世界のほぼ四分の一の程度であったので、プトレマイオスの世界図も経度で一八〇度、また南緯二〇度までの範囲を円錐図法によって表わした半球図である。しかし世界図の作成に投影図法を用いた最初のものであり、この点において、近代地図のさきがけをなしたものとい

12　プトレマイオスの世界図

える。

プトレマイオスの世界図に描かれた陸地の形状についてみると、地中海沿岸から北西ヨーロッパにかけては、エラトステネスなどとくらべてさらに詳しく正確になっているが、スカンディナヴィア半島の存在はまだよく知られていなかったとみえ、スカンディア（Scandia）と記された小さな島となっている。またアフリカでは、フェニキア人やギリシア人などの航海者によってもたらされた知識に基づいて、赤道付近までの沿岸の形態はかなりよく知られているが、それから以南のところは「未知の土地《テラ・インコグニタ》」（Terra incognita）と記され、南方に無限にひろがっている。アフリカの内陸では、ナイル河の支流の青ナイル河とアトバラ河は正しくアビシニア山地から流下しているが、ナイル河の本流は南緯二〇度付近の「月の山脈《モンス・ルナエ》」（Mons Lunae）とよばれる実在しない山脈が水源をなすと想像している。またサハラ砂漠にあたるところにも、架空の二つの大きな河川が東西に流れている。

アジアでは、プトレマイオスによってカスピ海がふたたび内陸海であることが認められたが、アジアの北部はアフリカと同じく、やはり「未知の土地」につらなっている。インドではインド半島の突出がほとんどみられないのに、現在のセイロン島にあたるタプロバネー島が実際よりも一四倍ほど大きな島となっているのは、まだインドについての知識が不確実で、インド半島とタプロバネー島とが混同されたからであると思われる。

またガンジス河を越えたインド以東の部分が描かれているのも、これまでの世界図にはみられなかった点である。すなわちインドの東に、南へ大きく赤道をよぎって突出する「黄金半島《オーレア・ケルソネーソス》」（Aurea Chersonesus）は現在のマライ半島であり、したがってその東に湾入する「大湾」の意味で「マグヌス・シヌース」（Magnus Sinus）と記された海はタイ湾にあたっている。それは一世紀ごろから、インド洋のモンスーンを利用して紅海からインドへ向かう海上交通が盛んになるにつれ、ヨーロッパ人の地理的知識もしだいにインドから東南アジアの方面にまで及ぶようになったことを示している。

しかし、プトレマイオスの世界図でさらに注目されるのは、インドからヒマラヤ山脈にあたるイマウス山脈に隔てられた北東の部分に、セラ（Sera）を首都とするセリカ（Serica）という国がみられ、また前記のマグヌス・シヌースの東岸には、ティナエ（Thinae）を首都とするシナエ（Sinae）という国が記載されていることである。セリカは「絹の国」の意味で、いうまでもなくこの知識はシルク・ロードによって知られた中国のことで、首都セラがシルク・ロードの起点であるとすれば、それは長安すなわち現在の西安を指すものとも考えられる。これに対してシナエあるいはティナエの名称は、前三世紀にはじめて中国を統一した秦（Chin）の国号が、インドを通じて伝えられたのである。

プトレマイオスの地図の誤り

前述のようにプトレマイオスの世界図は半球図であり、したがって地図の最西端にあたる「幸福な諸島《インシュラ・フォルチュナータエ》」(Insula fortunatae) から、地図の最東端のセリカの首都セラまでは、経度で一八〇度隔たっていることになるが、「幸福な諸島」がこんにちのカナリア諸島、セラが西安にあたるとすれば、カナリア諸島と西安の間は、経度で一三〇度も離れていないので、セラの位置は実際よりも五〇度も東に偏していることになる。

このような誤りがどうして生じたかといえば、一つには南北よりも東西の距離が過大に見積もられやすかったからである。古代でも緯度は太陽や北極星の観測によって正確に測定し得るばかりでなく、ヒッパルコスが「クリマータ」(Climata) と称し、地球上の諸地点における一年のうちの最長の昼間の時間*をもって緯度帯を区分しているように、それによって大体の緯度は知ることができるので、南北の位置関係にはあまり大きな誤差は生じなかった。

しかしクロノメーターのような正確な時計（一四〇ページ注参照）がなかった古代では、東西の二地点の時差を知ることはできないので、経度の測定は不可能であり、したがって経度の換算に必要な東西の距離は、すべて旅行者の記録や地理書などから算出されたので、どうしても実際の距離よりも過大になりがちであった。

そのうえ、プトレマイオスは地球の大きさをさきのエラトステネスの二五万スタディアを用いずに、エラトステネスよりも後に再び地球の大きさを測定したポセイドニオスの一八万スタディア**という地球の実際の大きさよりも二割ほど小さい数値を採用した。その結果、プトレマイオスの世界図では、陸地の形状は東西の方向にいっそう長く延びることになり、前述のようにセラは経度で五〇度も東にかたより、地中海の東西の長さも経度で四二度であるが、プトレマイオスでは六二度と、二〇度も大きくなっている。

さらにプトレマイオスの世界図にみられる大きな誤りは、南緯二〇度付近で東アフリカの沿岸が南に向かわずに東に長くのび、アジアの東南端のマグヌス・シヌースに接する沿岸と連続して、インド洋が陸地にかこまれた大きな内陸海となっていることである。このような誤りがどうして生じたかは明らかでないが、おそらくアジアに対してアフリカ、地中海に対してインド洋が対照的になるように配列するとすれば、地中海に対応してインド洋も内陸海をなす。そしてまた、アフリカにもインドにもゾウやワニが棲息《せいそく》していることから、アフリカとインドとは陸地でつながっていると想像されたのであろう。

このようにプトレマイオスの世界図でも、ヨーロッパ人の知識がまだあまり及ばなかった地域については、多くの誤りが認められる。それにもかかわらずこの世界図は、近世初頭の地理的発見時代がはじまるまでは、世界の諸地域の位置や形状について、最も包括的なまた最も詳細な地理的知識を示す唯一のものであった。すなわちプトレマイオスの地理書や世界図は、ギリシア・ローマ時代の古代地理学が到達し得た世界についての地理的知識を集大成したものであり、古代地理学がのこした最も貴重な遺産であるといえる。ドイツの地理学者リッターも、「それは近世のすべての地図の基礎となった。もしそれがなかったならば、こんにちの地図はとうてい現在のような完成の域には達しえなかったであろう」と述べている。

＊　昼間の最長時間は赤道では一二時間であるが、北半球では夏至の日が昼間は最も長く、また緯度の進むにつれて増大し、北極圏では夏至の日には太陽は地平線に没せず、昼間の時間は二四時間となる。

＊＊　ポセイドニオス（前一三五～前五一ごろ）もエラトステネスの方法を踏襲し、ロードス島―アレクサンドリア間を基準とし、また太陽のかわりにカノプス星（竜骨座のα星）を用いた。すなわちロードス―アレクサンドリア間の距離を三七五〇スタディア、またカノプス星の高度の比較によって、両地点間の円弧にあたる角度を七度三〇分（地球の円周の四八分の一）と測定し、地球の大きさを一八万スタディアと算出した。しかし、距離・角度を実際よりも小さく見積もったので、算出された地球の大きさも当然実際よりもかなり小さい結果となった。

ローマ人による世界図の作成

「すべての道はローマに通ずる」といわれたように、ローマ時代には、ローマ帝国の広大な領土を統治し、外敵の侵入を防衛するために、土木技術にすぐれたローマ人によって、首都

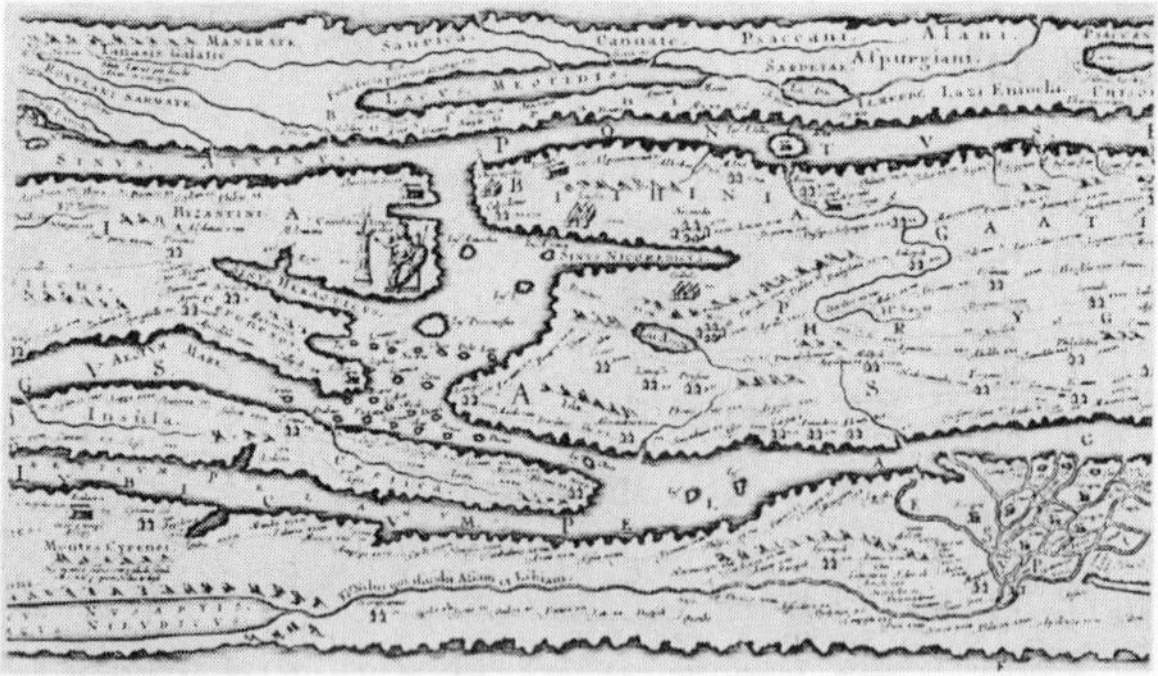

13　ポイティンガー図（部分）　王座に坐する人物の描かれているのがコンスタンティノポリス（現在のイスタンブール）。黒海，地中海が東西に見えるのがクレタ島，地中海の南岸にはナイル河の三角州が見られる

ローマを中心に、各属州《プロヴィンチア》や辺境の要地に通ずる多くのローマ道路が建設され、駅逓制度は完備し、ローマを起点とする里程標も設けられていた。またこのローマ道路を基準にして、カエサルからアウグストゥス帝にかけての時代に、将軍アグリッパによって全国にわたる大規模な測定が行なわれたが、さらにその測量の結果を図示した大きな世界図がアウグストゥス帝のときに作成され、ローマ市民のために展観されたといわれている。

　これがどのような世界図であったかは明らかでない。しかし「ギリシア人は星で地を量《はか》り、ローマ人は里程標で地を量った」といわれるように、アグリッパの地図は緯度・経度によって位置の科学的な正確さを求めたプトレマイオスの地図とは異なって、一般の市民にもわかりやすいように、おそらく世界図の中心に首都ローマを置き、それから派出するローマ道路に沿って、都市・宿駅・軍団などの配置や里程を示した実用的な地図であったと思われ、それは「ポイティンガー図」(Peutinger map) とよばれている世界図によってもうかがわれる。

この世界図は、その名の示すように、十六世紀のアウグスブルクの蒐集家ポイティンガーが所蔵していたもので、ローマ時代の四世紀ごろにつくられた原図を中世に忠実に模写した写本である。ヨーロッパの西端の部分は欠けているが、原図はローマを中心に、ローマ道路をはじめ、アジアや北アフリカに至る主要な交通路と、都市・宿駅、その間の里程などを詳細に記載した道路図であり、また携帯に便利なように、長さ約七メートル、幅三〇センチの長大な巻物をなしているので、世界図としては東西にいちじるしくひきのばされた形態をとっている。そのため、諸地点の方位関係や位置、陸地の形状や河川の配列は極端にゆがめられ、地図としての正確な表現は全く無視されている。このように世界図の作成においても、理論的な合理性を重んじたギリシア人と、実用的な面を重んじたローマ人との本質的な相違が明らかに表われている。

第三章　中世における世界図の退歩

古代科学の衰退

二世紀ごろには最も繁栄したローマ帝国も、ローマ時代後半になると、社会の貧富の懸隔《けんかく》はますますいちじるしくなり、土地の大部分は少数の大地主に独占され、また他方、北方蛮族の南下も頻繁となるなど、内外のもろもろの衰因によって破綻への途をたどり、四世紀末には西ローマ帝国と東ローマ帝国に分裂した。そしてついに四七六年には、ゲルマンの侵入によって首都ローマは蹂躙《じゅうりん》されてローマ帝国は滅亡し、古代にかわって中世の時代がはじまった。

また西ローマ帝国の崩壊と、さらにそれに続く民族大移動によって、ヨーロッパ世界ではギリシア・ローマ時代に栄えた多くの都市は破壊され、古代文化の伝統や遺産もまたほとんど失われてしまった。

このような古代から中世にかけての動乱期における精神的不安や動揺のために、人々は信仰に救いを求めて、中世ではキリスト教の勢力はますます強大となり、教会が精神の世界とともに知識の世界にも君臨した。したがって暗黒時代とさえよばれるように、ギリシア・ローマ時代を通じて発達してきた古代科学は、中世には異端の説として教会によって排撃されて没落し、すべての科学は、聖書こそ唯一絶対の真理とみなす神学のもとに統一、支配されたのである。

地球球体説の否定

古代にはギリシア時代からローマ時代へと世界の地理的知識が拡大されるにともなって、世界図もしだいに進歩し、プトレマイオスのような科学的な地図さえ作成されるようになった。ところが中世では、古代科学の衰退とともに、世界図もまたギリシア以前の段階にまで後退したのである。

中世の荘園制度のもとに営まれた封建社会では、交通も交易もきわめて限られた範囲にしか行なわれなかったので、地理的知識の発達もほとんどみられなかった。それにキリスト教が普及し、神学が発達するようになると、古代地理学の最も貴重な遺産であった地球球体説は、聖書に説くところにもとる異端の説として否定され、中世では地球は球体でなく、平たい大地をなすものとふたたび考えられるようになった。

すなわち、もし地球が球体であるとすれば、われわれが居住する土地の反対側に対蹠《たいせき》地およびた対蹠人の存在を認めねばならないが、中世の碩学として知られたアウグスティヌスも『神国論』において、「対蹠人という地球の住民がいるということ、しかも、太陽がわれわれのところで沈むときに昇っているような土地に住み、われわれとむかいあった足で歩いている人々がいるというつくりごとは、全く信用できない」と述べ、対蹠地や対蹠人の存在を否定している。

またザルツブルクの司教ウィルギリウスが、「地球の下の別の世界と別の人間」の存在を示唆したため、教皇から破門に処せられんとしたことからみても、地球球体説が教会によって否定されたのは、信仰上の立場から、対蹠地や対蹠人を認めることは、聖書の真理にもとるとみなされたからである。

キリスト教地理学

聖書に記されたことが唯一絶対の真理であり、真実であると信じられた中世では、一般の地理的知識もすべて聖書によってのみ解された。

たとえば創世記に「主なる神は東のかた、エデンに一つの園を設けて」とあることから、地上楽園《パラダイス》のエデンの園は世界の東のはてにあり、楽園から流れ出るピソン、ギホン、ヒデケル、ユフラテの四つの河川が、ナイル、インダス、チグリス、ユーフラテスの世界四大河川の源流をなし、楽園とは地下の潜流によってつながるものと想像された。また地球球体説を異端の説として否定した中世のキリスト教徒の世界観では、バビロニア人などと同じように、平たい大地の周囲はオケアノスによってめぐらされ、その中心に位置するのがキリスト教徒の聖地エルサレムであり、また世界の周辺には、古代や中世の伝説ともからみあって、悪魔のような怪異な形をしたさまざまな人間や動物が実在するものと信じられた。

このような中世のキリスト教地理学の代表的な見解は、六世紀のコスマスの地理書にうかがわれる。かれはこの地理書において、地球球体説をはげしく攻撃して大地は平たいことを主張し、またこの大地をとりまく海洋のオケアノスの外側には、ノアが洪水以前に居住していた別の陸地があり、その東端にエデンの園が存在するとみなしている。

宇宙の形状についても、コスマスは聖書にしたがって、平たい大地の上を天空が「牧者の幕舎《まくや》」のように覆っていると考え、また昼夜の別が生じるのは、大地の北に天空に達する高峻な山がそびえ、その周囲を地上からあまり遠くないところにある小さな太陽が廻転し、太陽が山の背後にかくれたときが夜であると解した。

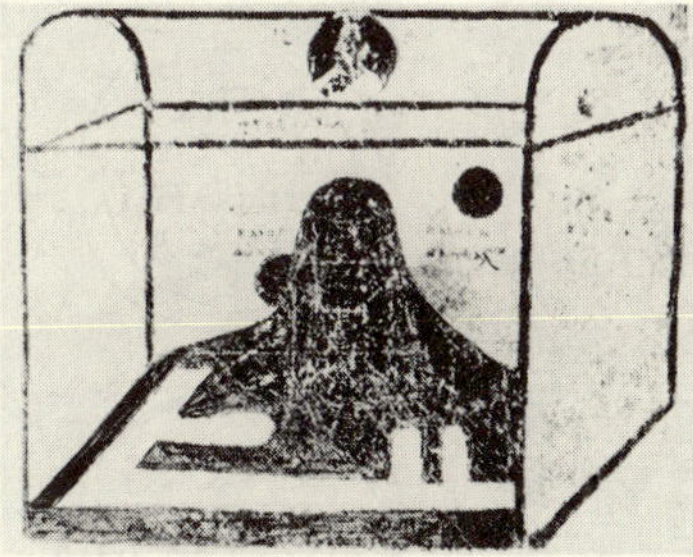

14　コスマスの宇宙観　平たい大地の上を天空が幕舎のように覆い，大地の北には太陽がめぐる高山がそびえている

TO図

ギリシア・ローマ時代の古代につくられた地図は、ポイティンガー図など若干の中世の写図をのぞいて、すべて失われてしまったが、中世の地図は現在でもかなり多く残っている。しかしその大部分はTO図(TO map)とよばれるもので、地図というよりは、Oとさきのバビロニアの世界図よりもいっそう簡単な、中世とTの文字を組合せた形態の図式にすぎないが、中世の人々の世界に対する観念を象徴的に表わしたものと

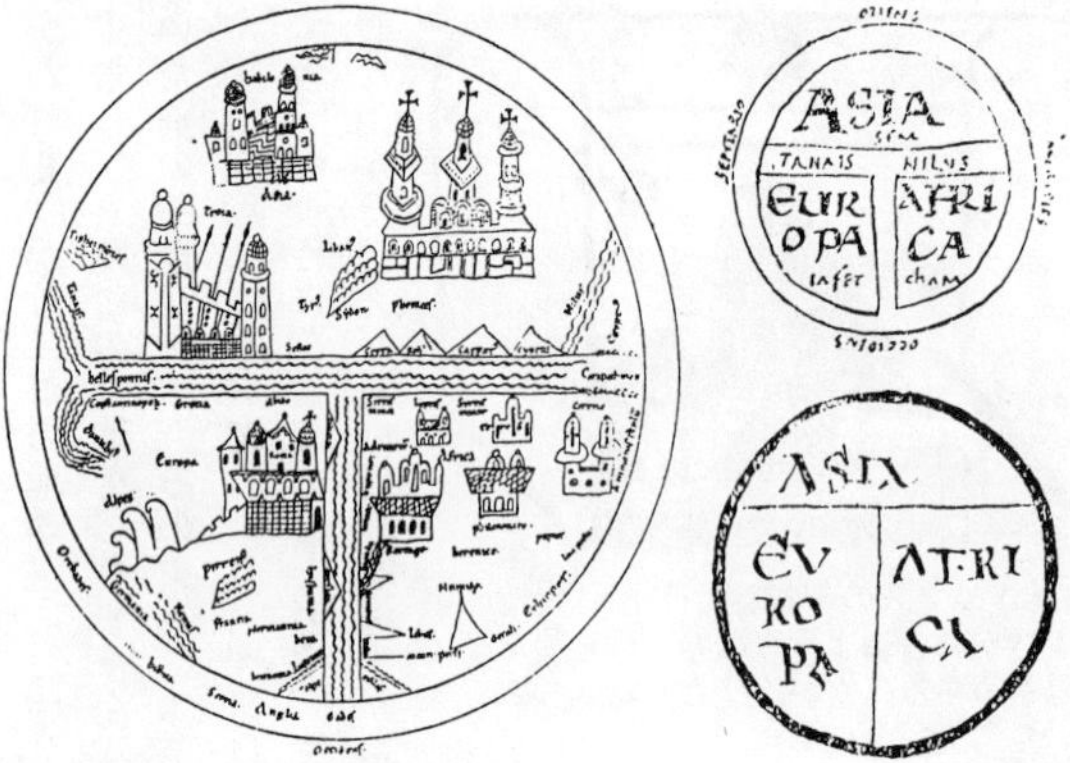

15　TO図

いえる。

すなわち、Oは世界の周辺をとりまくオケアノスであり、世界の陸地はアジア、アフリカ、ヨーロッパに三分され、中世では地図の方位は楽園が所在する東が上とされたので、TO図の上半部がアジアである。またTの横画は、アジアとヨーロッパおよびアフリカとの境界をなすタナイス河（現在のドン河）とナイル河、縦画はヨーロッパとアフリカとの境界にあたる地中海を表わし、地図の中心に聖地エルサレムが位置することになる。

またTO図のなかには、やや地図らしい体裁をそなえたものもあり、エルサレムのほかに、ローマ、ベツレヘム、トロイ、カルタゴなどの都市やアルプス山脈、ダニューブス（ドナウ河）、レーヌス河（ライン河）などが記載されている。

中世の世界図（マッパ・ムンディ）

中世には、ＴＯ図のような図式的な地図のほかに、「マッパ・ムンディ」とよばれる世界図*がある。このマッパ・ムンディも厳密にいえば、地表の状態の正しい表現を目的とする本来の地図ではなく、聖書に記されている物語や事物、あるいは古代や中世の伝承に基づく事項を、いわば世界図の形をかりて表わした絵図である。

またＴＯ図にくらべると現存するものは少なく、その大きさ、内容、様式などもそれぞれ異なっているが、そのうちでもマッパ・ムンディとして代表的なのは、「ヘレフォード図」(Hereford map) である。

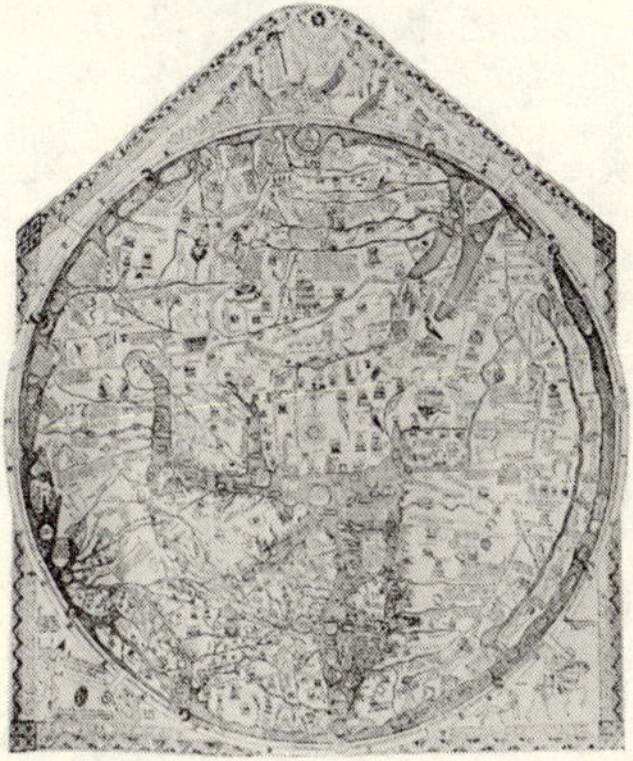

16　ヘレフォード図

ヘレフォード図は、その名の示すようにイングランドのヘレフォード寺院に収蔵されていて、赤・青色のほかに金色も用いて、羊皮紙に美しく彩色された地図であり、作者はハーディンガムのリチャードという僧侶である。

世界図の上欄には、最後の審判の光景が描かれているイエス・キリストを中心に、最後の審判の光景が描かれているが、このモチーフは中世の絵画や彫刻にもよくみられるものである。また外側をふちどる飾枠には、左上からはじまって周囲の全部にわたたって、「世界の測量はユリウス・カエサルにはじまる……」とあって、ローマ時代のカエサル・アウグストゥス帝の時代に行なわれたアグリッパの測量のことが記され、地図の左下のところには、アウグストゥス帝が三人の測量官に印綬をさずけている光景が描かれている。なお右下の従者をつれた騎馬の人物は、おそらく作者自身であろう。

世界図は直径一・三メートルの円形をなし、世界の陸地の形態は、基本的にはTO図と同じである。したがってヘレフォード図の方位も東が上であり、オケアノスは世界の周囲を環状にとりかこみ、また世界の最西端、すなわち地図の最下端のところからは、地中海とそれにつづく黒海が逆L字状をなして深く内陸に入りこんでいるのに対して、地図の右上の部分には、オケアノスから二本の角状をなして紅海とペルシア湾が大きく湾入している。

地上楽園のエデンの園は、世界のいちばん東にあると考えられていたインドよりもさらに東の、地図の最上端にあたるオケアノスの中にある孤島に置かれ、火炎につつまれた城壁にかこまれている。それはエデンの園が地上に存在するとしても、到達しえないところにあると信じられていたからである。

十四世紀ごろ広く流布したマンデヴィルの荒唐な旅行記にも、「楽園の壁は永久に燃えつづけている火のせいで、入口も開いていない。この火は燃える剣とよばれ、なにびとも中に入れないように、神が入口の前においたのである。神の特別の恩寵《おんちょう》でもないかぎり、どんな人間もそこにたどりつけないのである」と楽園のありさまをまことしやかに伝えている。

エデンの園に対して、円形の城壁にかこまれた聖地エルサレムが世界図の中心に位置している。またTO図と同じように、世界はアジア、ヨーロッパ、アフリカに三分され、ヨーロッパではローマ、パリをはじめ多数の都市や教会が描かれ、そのほかアルプス、ピレネー、アペニンなどの山脈、ライン、ドナウ、ローヌ、セーヌなどの多くの河川も記載されている。

しかし都市の位置、山脈や河川の配列、陸地の形状などはいずれも恣意的に描かれ、きわめて不正確であり、ヨーロッパではわずかにアドリア海の湾入が認められるだけで、イタリア半島やイベリア半島の突出はみられない。地中海でも、三角形状のシチリア島や有名な迷宮《ラビリンス》を大きく表わしたクレタ島など、多数の島がみられるが、なかには実在しないものも含まれ、また人魚や魚なども描かれている。

さらにアジアやアフリカになると、その地理的知識はいっそう不確実になっている。アジアでは、エルサレムの周辺に十字架のキリストやバベルの塔、アララット山頂のノアの箱舟など、聖書に関係のある事項、インドではアレクサンダー物語にちなんだ都市などが描かれているほかは、古代や中世の神話や伝承から想像された奇怪な人間や動物などが雑然と配置されている。

アフリカでも、アレクサンドリアやカルタゴなどの都市やナイル河などを除けば、アフリカを東西に架空の大河が流れ、また隻眼人《せきがんじん》、長脚人《ちょうきゃくじん》、無頭人、狗頭人《くとうじん》など、怪異な人間が一面に描かれている。世界の知識がまだ広く及ばなかった時代には、世界の辺境では、このような異形の人間や動物が実在すると信じられていたのであって、中国の古代の地理書『山《せん》海経《がいきょう》』にも、ヨーロッパで想像されたのとよく似た、さまざまな世界の人間が記されている。

以上にみられるように、地球球体説が否定された中世では、世界図にプトレマイオスの影響はもちろんみられない。中世のマッパ・ムンディは、中世の人々が抱いていたキリスト教徒の信仰に基づく地理的世界観を、聖書にしたがって世界図として表現したものである。しかしヘレフォード図に表わされている世界の形状が、すべて地図の作者の想像のみから生まれたものとは考えられない。ヘレフォード図と他のマッパ・ムンディとを比較してみると、その内容や様式は異なっているにしても、地中海や黒海の形態など基本的には共通している。

またヘレフォード図にローマ時代の測量のことが記載され、ヨーロッパの都市名には、中世以前のローマ時代の呼称によるものが多いことからみても、中世の世界図は一般に考えられているほど、古代と断絶したものではない。おそらくアグリッパの世界図か、それに類するローマ人によって作成された世界図の写図が中世まで残っていて、少なくともそれに基づいて、中世の世界図の輪郭が形づくられたものと思われる。

＊ 地図はギリシア時代にはフィナクス（Πιναξ）、ローマ時代にはタブラ（tabula）とよばれた。マッパ・ムンディ（Mappa mundi）は「世界の布」の意味で、中世の世界図をさし、英語の map はこの言葉に由来する。また地図を意味するドイツ語の Karte、フランス語の carte、英語にはおもに海図をさす chart は、ギリシア語の「紙片」を意味するカルテース（Καρτεζ）が語源である。

イスラムの世界図

ヨーロッパでは西ローマ帝国の滅亡とともに、古代科学も衰退してしまったのに対して、七世紀にはアラビアにおいてイスラム教が勃興し、やがて西アジア全般にその勢力が及ぶようになると、アラビア語がイスラム圏共通の言語として文化の媒体の役割をなし、イスラム科学成立の基盤が培われた。

ことに八世紀にバグダッドに都したアッバス王朝の時代には、富強となって、イスラム世界は西アジアから北アフリカやイベリア半島にまで拡大された。また、このころから東ローマ帝国を通じて、ヨーロッパの古代科学を積極的に摂取する一方、インド科学の成果もとり入れて、イスラム諸科学の目ざましい発展がみられるようになった。イスラム科学においては、地理学は天文学、数学、医学、錬金術（化学）などとならんで重要な分野をなしていた。広大なイスラム世界を支配する政治的な目的からいっても、また隊商交通やインド洋の海上交通、あるいはメッカへの聖地巡礼が盛んに行なわれたことからみても、駅逓制度はよく発達し、とくに正確な地理的知識が必要とされた。

アッバス朝第七代の教王《カリフ》アル・マムーンの治世（八一三〜八三三）のときに、プトレマイオスの天文書のアラビア語訳が完成し、またバグダッドとダマスカスの郊外に天文台が建設され、緯度一度にあたる子午線の長さが測定された。これまでのエラトステネスなどの観測にくらべて、実測によって求められたので、その結果は、緯度一度の長さは五六・六アラビア・マイル、すなわち約一一三キロメートルと算出され、実際の緯度一度の長さ一一三・四キロメートルにきわめて近い結果が得られた。またこの観測事業に参加したアル・フワリズミはプトレマイオスを基礎にし、アラブの征服によって得られた地点の緯度・経度を補い、新しい知見を加えた地理書を著わした。その主な点としては、カスピ海の東に、アラル海が存在することを認めている。

またさきに述べたように、プトレマイオスはアジアとアフリカが連続してインド洋が大きな内陸海をなすと誤ったが、フワリズミは、アジアとアフリカは海峡によって隔てられ、インド洋は内陸海でなく、外海に連続することを明らかにした。これは当時、すでにアラビアの航海者がインド洋からマライ半島をめぐり、東南アジアの海洋にまで進出していた知識によるものである。

フワリズミ以後、通商や交通の発達によって、イブン・フルダードビフの『道路と諸国誌』をはじめ、アル・イスタフリ、イブン・ハウカルなどの多くの地理書やイスラム圏の地誌がつくられ、十四世紀には、アフリカからアジアにまたがる有名なイブン・バトゥータの旅行記も著わされた。フワリズミの地理書に世界図がともなっていたとしても、それは現存しないので明らかでないが、イスタフリやハウカルなどの地理書には、いずれも世界図が付されている。これらのイスラムの世界図は、ヨーロッパの中世の世界図とは異なって、方位は南が上であり、またプトレマイオスにその原型をよったものであるが、フワリズミにしたがって、インド洋も地中海とともに外海から深く入りこみ、アジアの内陸ではカスピ海のほ

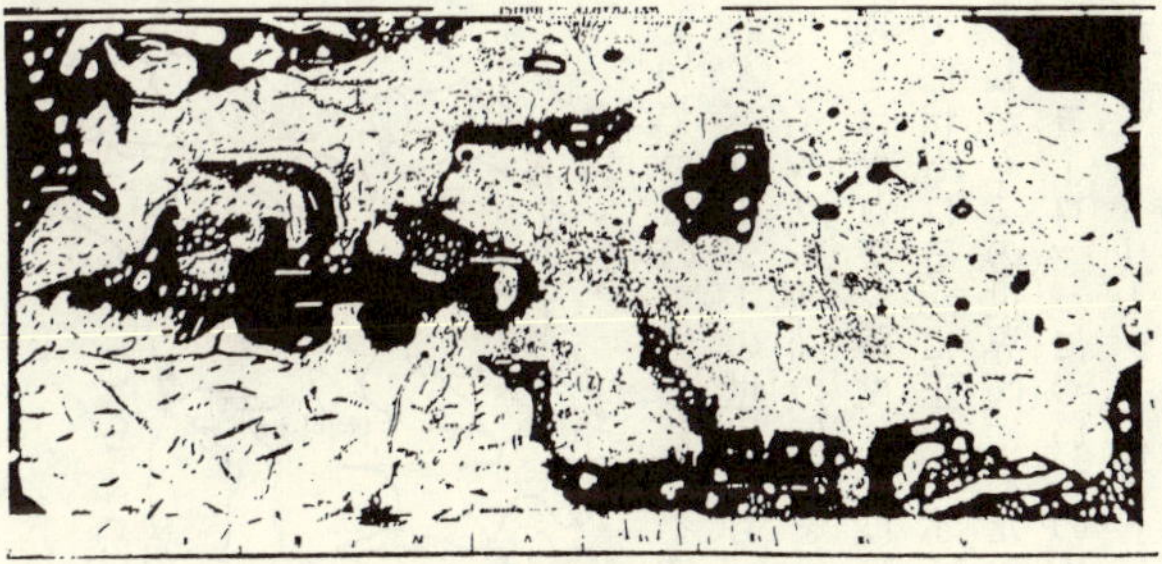

17　イドリーシーの『ロジェル王の書』の世界図

かにアラル海が加えられている。

しかし、イスラム地理学が数理地理学や地誌的地理学に大きな進歩をもたらしたにもかかわらず、イスラムの世界図の多くは、地理書の付図として描かれた概観図である。しかもその内容はほとんど一律で、また陸地の形状は、直線・円・楕円などの幾何学的な形態を組み合わせ、またクリマータ、すなわち世界を七つの緯度帯に区分した図式的なものにすぎない。イスラムでは事物の具象的な形態を示すことは、絵画などでも宗教上望ましくないとされていたので、おそらくそれによって、地図の発達もさまたげられたものと思われる。

イドリーシーの世界図

しかしイスラム世界図において独自の地位を占めるのは、十二世紀のアル・イドリーシーの世界図である。彼はシチリアのノルマン王ロジェル二世につかえ、王の命を受けて銀板に彫られた世界の平面球形図《プラニスフェアー》を作成し、その解説のために一般に『ロジェル王の書』とよばれる地

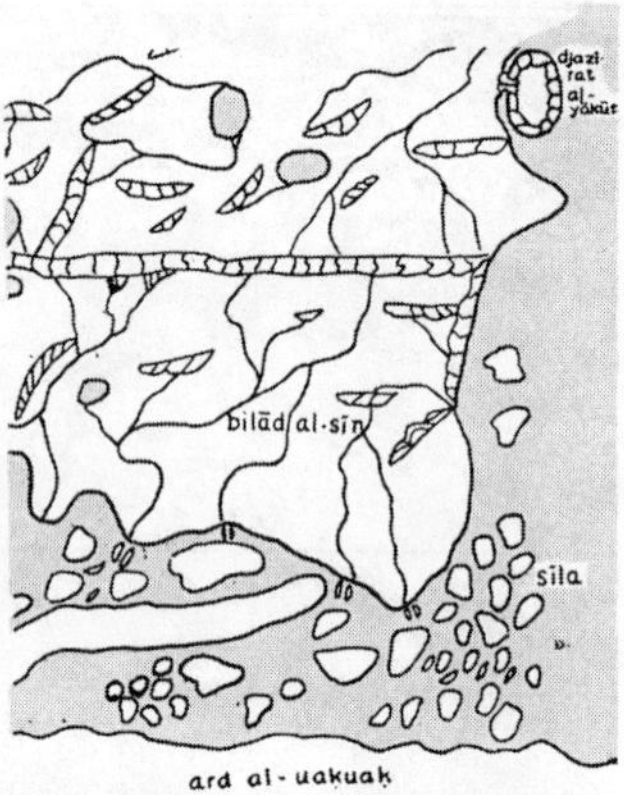

18　イドリーシー図の東南アジア

理書を一一五四年に著わして王に献じた。この地理書にも世界図一葉と七クリマータのそれぞれの地域を表わした多くの地図が付され、その写図がこんにちまで伝わっている。

ノルマン人（ヴァイキング）はすでに八世紀ごろから北欧の海洋を舞台に活躍していたが、十世紀ごろには地中海方面にまで南下し、シチリア島を支配して、ノルマン王国を建てて栄えたが、シチリア島はイスラム世界とヨーロッパ世界とが接触するかなめともいうべき地点にあたっていたので、ここにイスラム・ヨーロッパ両文化の融合がみられた。

イドリーシーの世界図も、地図の方位は南が上であり、世界を七クリマータに区分するなど、イスラム地図の伝説を伝えているが、他方、これまでの幾何図形的なイスラム地図の表現をはなれて、緯度・経度によるプトレマイオスの原点にまで立ちかえっているので、陸地の形状もはるかに正しく示されている。

しかもこの世界図にあたって、イドリーシーはイスラム地理学から受けついだ知見とともに、ヨーロッパについての広範な、また正確な知識を利用することができたのである。したがってイドリーシーとプトレマイオスの世界図を比較してみると、陸地の形状や山脈、河川の配列などはプトレマイオスによっていることがうかがわれるが、とくに西アジアや内陸アジア、北アフリカなどの部分はプトレマイオスよりも新しい記載がみられる。

またプトレマイオスの世界図は経度一八〇度以東には及んでいないが、イドリーシーの世界図では、アジアの東南の部分に「シン（Sin）の国」、すなわち「シナの国」がある。またシンの南に接して、インド洋に細長くのびている島はマライ半島であり、その西にはセイロン島やスマトラ島、その東にはシラと記された諸島が散在し、さらにシラの対岸にあたる、東に長く連続するアフリカの最東端のところにはワクワクが位置している。

これらの知見はさきのフルダードビフによったものと思われる。フルダードビフは「シン（シナ）から先のところは、どのような土地かわからないが、……金を産するシラと、やはり金を産するワクワクがある」と述べている。シラ（Sila）が新羅《しらぎ》、すなわち朝鮮半島にあたるとすれば、ワクワク（Waku waku）は倭国、すなわち日本を指すものと解され、イドリーシーの地図ではアフリカの最東端に置かれているにしても、ワクワクが日本であるとすれば、西方の地図に日本が記載された最初の記録であるといえる。

以上のように、イドリーシーの地図は、これまでのプトレマイオス以後の世界図のうちでは最もすぐれている。しかしイドリーシーの世界図がヨーロッパに紹介されたのは意外におそく、一五九二年にローマで印刷されたのが最初である。したがって、イドリーシーの地図は近世初頭のヨーロッパにおける世界図の発達には、直接の影響を与えていない。

第四章　近代地図のはじまり

アラビアからヨーロッパへ

ヨーロッパの中世では、古代科学の衰退によって世界図の発達もまた停滞せざるをえなかったが、中世も後半期に向かうにつれ、中世みずからのうちに、近代地図への進歩の契機があらわれはじめた。それにはまず、十字軍の遠征があげられる。

十字軍はキリスト教徒の聖地エルサレムを異教徒イスラムの手から奪還するための宗教的動機からはじまった運動である。遠征は七回ないし八回にわたって行なわれたが、けっきょく失敗に帰して、教皇および封建諸侯の権威をますます失墜せしめることになった。

しかし他方、地中海における十字軍の輸送やイスラム世界との接触によって、古代以来久しく閉ざされていた東方世界との交通や交易がふたたび開かれるようになり、東方貿易が盛んになるにつれ、ヴェネチア、ジェノヴァなどのイタリアの諸都市をはじめ、ヨーロッパの各地に商業都市の繁栄をもたらした。また商業の発達は、これらの都市に新興の市民階級を台頭せしめ、かれらは勢力を伸長しつつあった世俗的君主と提携して、国王権力の強化と中央集権化によって、やがて中世の封建社会を崩壊せしめる原動力となった。

このような時代の趨勢《すうせい》に応じて、中世には異端の説として、教権によって排撃、否定された古代科学も、神学の絆《きずな》から解放され、十二世紀ごろからはじめはイスラム科学やアラビア語を通じて、後には直接ギリシア語の原典によって、ヨーロッパに復興するようになった。

これを地理学についてみるならば、イスラム地理学を介して古代地理学が復活し、地球球体説もふたたび認められるようになった。なかでも、イギリスの哲学者ロジャー・ベーコン（一二一四ごろ～九二ごろ）はアリストテレスにしたがって、地球は球体であり、ヨーロッパとアジアとを隔てている海洋はあまり広大なものではないと論じ、アジアへの西まわりの航海の可能性をすでに示唆している。このベーコンの見解が、後に述べるように、ダイイーを通じてコロンブスに伝わり、かれの西方航海を計画せしめたといわれている。

しかし世界図の発達に直接大きな影響を及ぼしたのは、プトレマイオスの地理書と地図の復活であり、これによって近代地図の基礎がきずかれたのである。

アジアへの地理的知識の拡大

中世の後半期に東方との交通が開けるにつれ、ヨーロッパ人は中世のとざされた世界から解放されて、アジアの諸国を訪れるものがあらわれるようになり、イスラム世界ばかりでなく、ヨーロッパ人のアジアに対する地理的知識の範囲は、モンゴルからさらに中国へとしだいに拡大された。また十三世紀のはじめ、モンゴルの草原に興《おこ》って強大となったチンギス汗のモンゴル帝国は、たちまちの間にアジアの大半を席巻し、十三世紀の中ごろには、さらに東ヨーロッパからハンガリー平原に侵入し、西ヨーロッパの世界と接触するようになった。

それにこのころ、プレスター・ジョン（プレステ・ジョアン）と呼ばれる国王が治める富強なキリスト教国がアジアにあるという伝説が、ヨーロッパにひろく流布したので、この伝説ともからみあって、西ヨーロッパのキリスト教国では、新興のモンゴル帝国こそイスラム勢力を東方から脅かす強大な存在と考えられた。そこで教皇インノセント（インノケンティウス）四世は、モンゴル人にキリスト教を布教する目的もかねて、一二四五年にはカルピニを、また一二五三年にはフランスのルイ九世もルブルクをモンゴル帝国に使節として派遣した。かれらは本来の使命は達成することができなかったが、その旅行記はヨーロッパ人にとって、中央アジアやモンゴルについての最初の貴重な知識であった。

また一二七一年には、有名なマルコ・ポーロがヴェネチアの商人であった父のニコロと叔父のマッフェオにともなわれて、東方への旅行に出発した。

一行は西アジアからパミールを越え、西域南道を通って三年後の七四年には中国に達した。ポーロの一家はフビライ汗の手厚い信任を受けて、一七年間中国にとどまって、その間マルコは中国の各地を訪れて、ヨーロッパ人としてはじめて、中国についての豊富な知識を得ることができた。

しかし一二九〇年に、ポーロ一家はイル汗国に降嫁《こうか》する王女の案内役をつとめることになって、泉州を出帆してインド洋を経由し、ペルシア湾のオルムズに上陸してイル汗国の都タブリーズに到着し、使命をはたした一行は九五年に故郷ヴェネチアに帰国した。そののちマルコがヴェネチアとジェノヴァの戦争で捕虜となって獄中にあった際、かれのアジアにおける見聞談を筆録させたのが、マルコ・ポーロの『東方見聞録』である。

これによって中国のすぐれた文化や制度、大汗の都カンバルク（北京）をはじめ、ヤンジュー（揚州）、キンサイ（杭州）、ザイトン（泉州）など、カタイ（北シナ）やマンジ（南シナ）の繁栄する多くの都市が、また日本も黄金国ジパング（Zipangu）の名をもって、はじめてヨーロッパに紹介された。そのほか、ヨーロッパ人にとって全く目新しい東南アジアやインドの諸国や諸島などの知識も伝えられ、これらの驚異にみちた物語が、ヨーロッパでひろく愛読され、カタイやジパングはヨーロッパ人の憧憬《あこがれ》のまとなった。

ポルトラノ型海図の出現

十字軍の輸送にはじまった地中海の海上交通は、ヴェネチア、ジェノヴァなどのイタリア諸港を中心に、航海術や造船術を発達せしめた。また航海に羅針盤が利用されるようになると、それにともなってヨーロッパではポルトラノ（Portolano）型海図、あるいは一般にポルトラノと略称される海図の出現をみた。

現存する最古のポルトラノは、一三〇〇年ごろと推定される「ピサ図」（Carte Pisane）とよばれる地図であるが、ポルトラノとしてはすでにかなり完成した形態を示しているので、ポルトラノの起源がそれ以前にさかのぼるのは疑いない。

ポルトラノの最も特色とするところは、地図上に描かれた多くの方位盤《コンパス・ローズ》から放射状に派

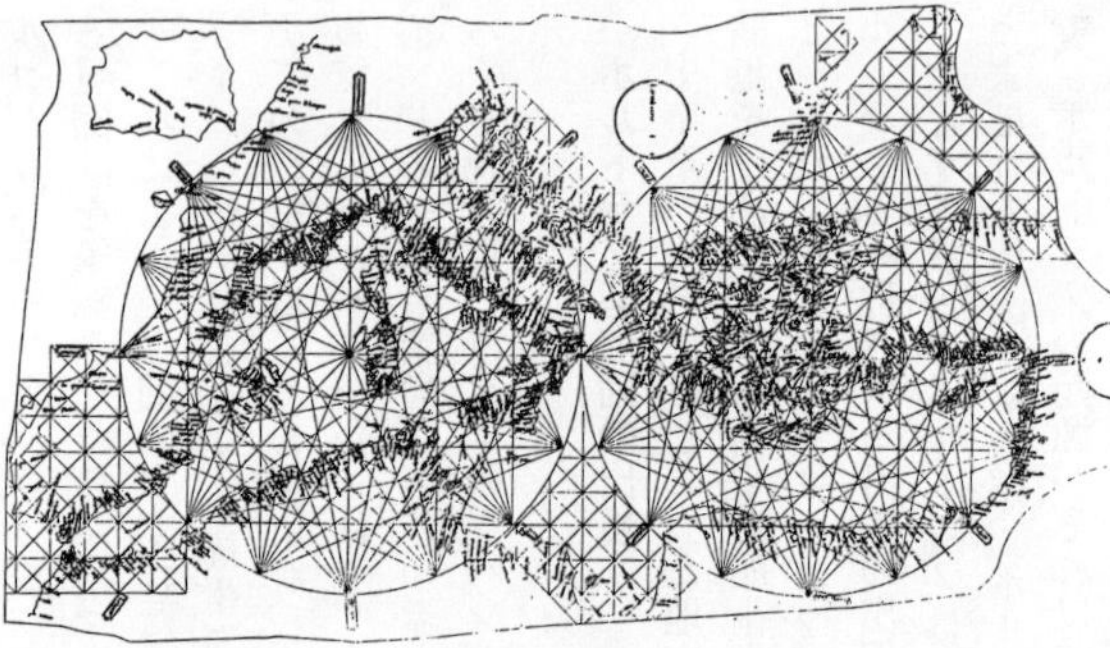

19　ピサ図

出する三二本の方位線が複雑に交錯し、網状に張りめぐらされている点である。それはこれらの方位線を基準にすれば、航海者が一つの港から他の港へむかうに必要な航路の方角、すなわち舵角《だかく》を地図上でたやすく読みとることができるからであり、ポルトラノの起源が羅針盤と密接な関係を有していることは推定される。

ただ、磁針が南北を指すという指極性がいつごろ、またどこで発見されたかは明確でないが、すくなくとも中国では十一世紀末に、磁針が南北を指すことは知られていた。* したがって、おそらくこの知識がアラビア人を通じてヨーロッパに伝わり、十二世紀末ごろに、磁針を方位盤にとりつけた羅針盤が発明されて、航海に用いられたと考えられ、ポルトラノもそれにともなって、十三世紀ごろに起源をもつものと思われる。

いずれにしても、陸上交通の道路の場合とちがって、海上交通の航路は通過する地点を明確に識別することはできないので、航路の標識として海岸や港湾の状況、あるいは方角や距離などについての正確な知識が必要である。そのためギリシア時代にはまだ海図は存在しなかったが、これらの知識を記載したペリプルス（Periplus）とよばれる航海案内書が多く著わされた。

ポルトラノも、本来はペリプルスに類する中世後期につくられた航海案内書をいうのであるが、前述したようにポルトラノといえば、一般にポルトラノ型海図を指している。

このようにポルトラノ型海図も、航海案内書とともに、海上交通における実際の必要から生まれたもので、船上で使用されるように、羊皮紙や犢皮《とくひ》紙に手描きされたものが多く、海岸線の屈曲や岩礁、砂州などの位置、港湾間の方角や距離なども、航海者の経験や観測に基づいて地図に表現したものである。沿岸の地名も詳細に記載されているが、内陸のところはこんにちの海図と同じように大部分が空白であり、また距離を正しく示す関係から、地図に目盛りのある縮尺が付されたのもポルトラノがはじまりである。

しかし初期のポルトラノでは、地中海の黒海の沿岸は現在の海図と比較してみてもあまり劣らないほど精密に描かれているが、地中海の海上交通がまだ及ばなかった大西洋沿岸となると、いちじるしく不正確である。それに地図上の諸地点の位置は、天文学的な緯度・経度をもって決定されたものでなく、経験的に推定された相対的な位置である。したがってプトレマイオスの地図のように、地球を球体とみなした経緯線による投影法は、ポルトラノではまだ用いられていない。

この点においても、ポルトラノはなお前近代的な地図であるが、しかしメルカトル図法に

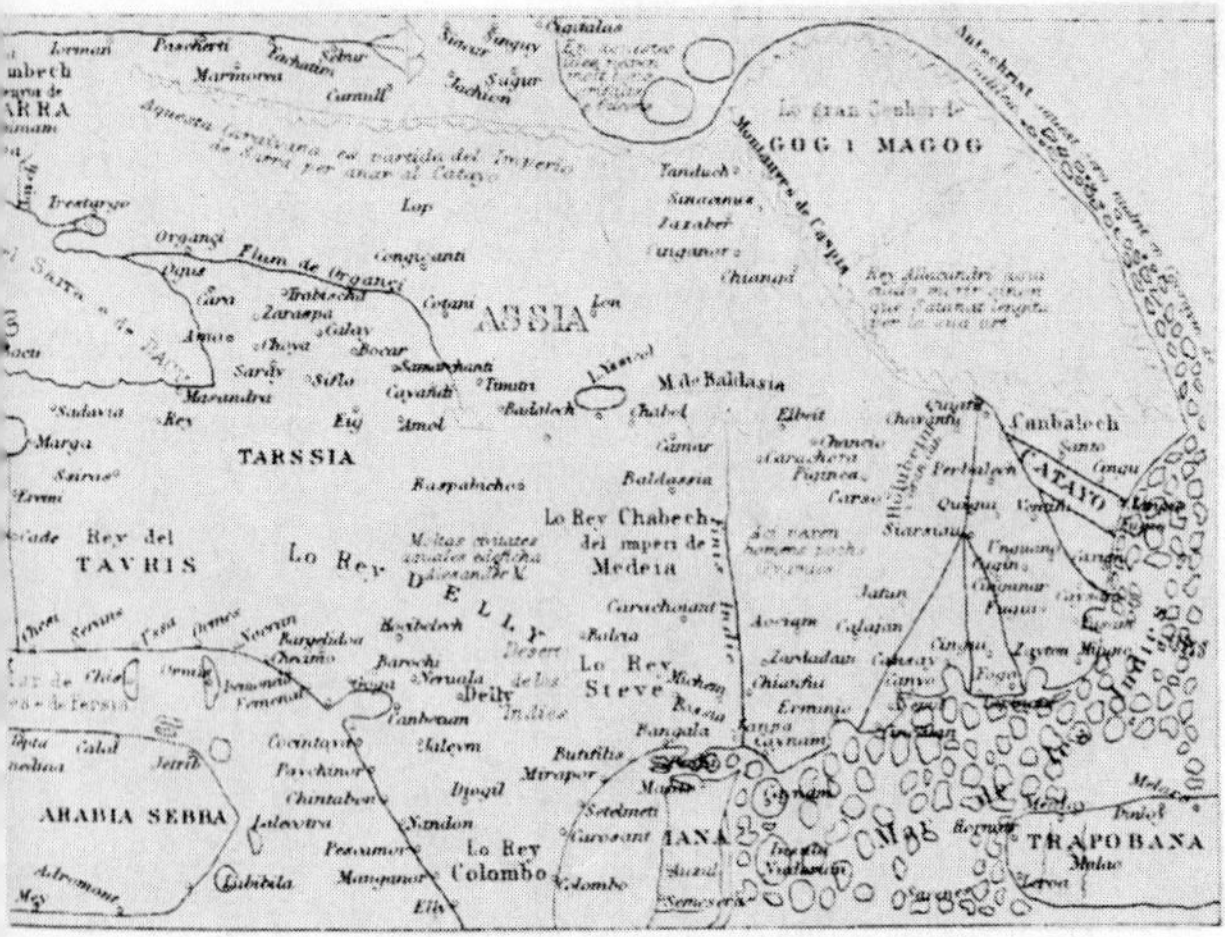

よる近代的な海図が発達する一六〇〇年ごろまでは、ポルトラノは海図としてひろく用いられ、最初はおもに地中海、黒海の海域に限られていたのに対して、発見時代には海洋の探検が進展するにしたがって、新大陸やインド洋、東南アジアなどの海域を描いたポルトラノも多くつくられた。

＊　十一世紀末の宋の沈括《しんかつ》の『夢渓筆談』には、水に浮かべた磁針が北を指すことが記されている。また十二世紀初頭の朱彧《しゅいく》の『萍州可談《へいしゅうかだん》』では、航海にすでに磁針が用いられていたことを述べている。

カタロニアの世界図

ポルトラノの作成はヴェネチア、ジェノヴァなどの北イタリアにはじまり、地中海の海上交通が発達するにつ

20　カタロニア世界図(輪郭図)

れ、バルセロナ、マヨルカ島のパルマなど西地中海地方でも多くつくられるようになった。

しかし注目されることは、「カタロニア図」(Catalan map)とよばれるポルトラノ型世界図が、一三八五年にカタロニアのバルセロナで作成されたことである。作者はマヨルカ島在住のユダヤ人で、羅針盤や航海器具の製作者として知られていたアブラハム・クレスケスである。

カタロニア図は八枚の羊皮紙に描かれているが、世界図としての全体の大きさは幅六九センチ、長さ三・九メートルと東西に長く、世界の南北の部分は省略されている。

また航海に関連する実用的な事項以外は記載されていない一般のポルトラ

ノと異なって、カタロニア図はポルトラノを基礎にしているが、マルコ・ポーロなどによって伝えられた当時の世界についての新しい知見を示すためにつくられた世界図である。したがって中世の世界図のように、王侯やサルタン、都市を示す建物、帆船や旗などさまざまな事物が美しく彩色されていちめんに描かれ、多分に装飾的であるが、楽園《パラダイス》やバベルの塔などの記載はもはやみられない。ことにヨーロッパの部分は既存のポルトラノを原図としているので、スカンディナヴィア半島などの一部を除けば、地中海、黒海、大西洋

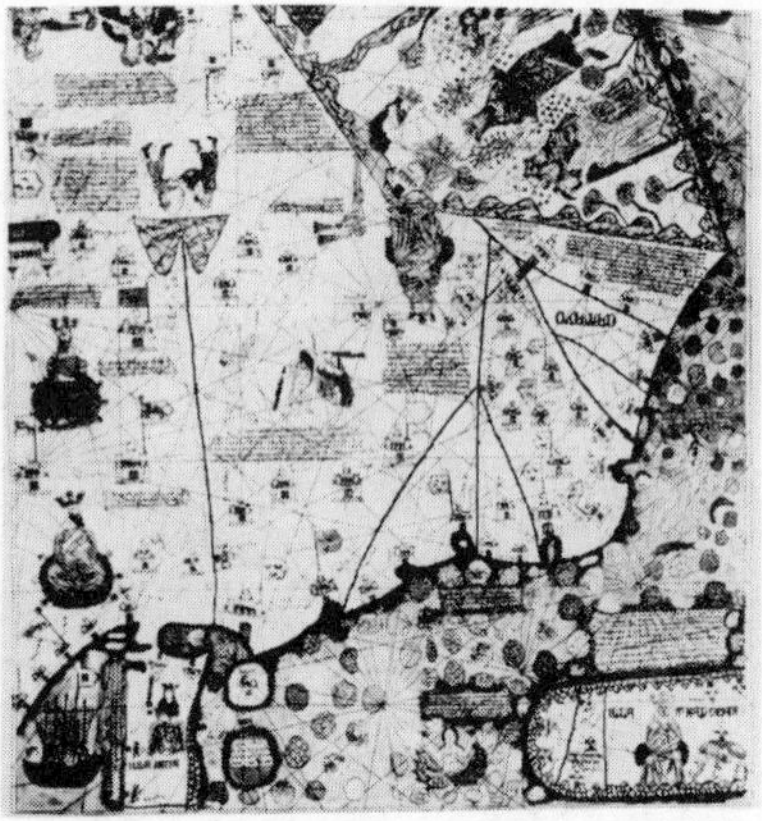

21　カタロニア図

沿岸の陸地の輪郭は、ほぼ正確であることが認められる。

またアフリカではアトラス山脈が東西に走り、その南にはラクダに乗ったイスラム商人やマリ王国の黒人王などが描かれている。これらの北アフリカやサハラ地方についての新しい知識は、クレスケスが北アフリカのユダヤ人を通じて得たものであり、この世界図が作成された十四世紀ごろはサハラの隊商交通が発達し、マリ王国が最盛期を迎えた時期であった。しかしカタロニア図の最も特色とするところは、マルコ・ポーロによって描かれたアジア

の部分であり、内陸アジアのところには、中国に向かうポーロ一家の隊商の姿が描かれ、またシルク・ロードに沿ったボルラ、サマルカンド、ホータンなどの都市も記載されている。

さらにカタヨ（Catayo）と記された中国では、大汗の都カンバルク、あるいはキンサイ、ザイトンなどの諸都市をはじめ、大運河を表わしたと思われる中国を南北に貫流する河川などは、いずれもマルコの『東方見聞録』の記事に基づいている。

また中国の前面の海には多数の島が散在し、色とりどりに彩色されているが、それはやはり『見聞録』にあるチン（シナ）海のさまざまな香料を産する七四四八の島々を示したものであり、その南にはトラポバナ（タプロバネー）と記された大きな島が描かれ、「世界の最東端にあるトラポバナ島をタタール人は大カウリジとよび、巨人、食人種などが住む」という注記がみられるが、カウリジ（Caulij）が高麗、すなわち朝鮮であるとすれば、タプロバネー（セイロン島）と『見聞録』の高麗やジパングの記事が混同されたと思われ、カタロニア図にはまだジパングの名はみられない。

フラ・マウロの世界図

カタロニア図とともに、中世から近世への過渡期を示す世界図としては、一四五九年にヴェネチアのフラ・マウロによって作成された地図があげられる。この世界図は直径一・九六メートルの円形をなすいわゆる平面球形図《プラニスフェアー》で、方位はイスラムの世界図と同じく、南が上になっている。地図の作成にあたって、フラ・マウロはプトレマイオスやポルトラノのほか

22　フラ・マウロの世界図　方位は南が上になっている

に、一部はポルトガルやイスラムの地図も利用したと思われるが、地図には経緯線はなく、またカタロニア図のようなポルトラノ型の形態もとっていない。したがって陸地の輪郭の正確な表現を欠き、中世の世界図のように、古代や中世の伝承、あるいはマルコ・ポーロなどによる世界の新しい知識が注記をまじえて、雑然と絵画的に記載され、まだ中世以来の絵地図の伝統を脱していない。

　しかし中世の世界図と異なるところは、中世の地図の主題の一つであった地上楽園が、天球図などとともに、世界図の外側に別に描かれていることである。またこの地図ではアジアの部分が大きな割合を占めているので、エルサレムは地図の中心から西に偏したところに位置しているが、エルサレムを世界の中心とみなすキリスト教的世界観との矛盾に対する説明として、「エルサレムは緯度では世界の中心であるが、経度ではやや西にある。しかし世界の西の部分、すなわちヨーロッパは人口が多いので、人間のいない空間でなく、人口の稠密さで考えれば、エルサレムは経度でも世界の中心にある」という注記を付している。

いま、フラ・マウロの世界図のアジアの部分についてみると、インド洋に面するアジアの陸地の輪郭は、ほぼプトレマイオスによったことがうかがわれ、プトレマイオスのタプロバネーにあたる島にはSaylam（セイロン）と記されている。またプトレマイオスの地図ではマライ半島にあたる黄金半島が突出しているが、マウロの地図では半島のかわりに大きな島が描かれ、島名としてはタプロバネーのほかにSiometraとも記されている。したがって、この島はスマトラ島であり、またスマトラ島がスマトラの名称で地図に記載されたのはこの地図が最初であり、おそらくマウロはこれらのインド洋の諸島に関する知識もイスラムを通じて得たものと思われる。

23　フラ・マウロ図の東アジアの部分

しかしスマトラ島からカタヨ（Catayo）と記された中国の周辺にかけての海には、マルコ・ポーロによって多数の島嶼《とうしょ》が記載され、その中にはマルコが大ジャワ（Java major）とよんだジャワ島や、小ジャワ（Java minor）とよんだいま一つのスマトラ島などが含まれ、これらの諸島が香料の豊富な産地であることを注記によって説明している。また中国の部分では、カンバルクをはじめ多くの都市、あるいは黄河および揚子江にあたるカラモランやキヤンなどの河川が、いずれも『東方見聞録』の記事から想像によって描かれているが、さらに中国のザイトンに接して、isola de Zimpagu とある小島がみられる。これがジパングであるとすれば、ヨーロッパの地図にジパングとして日本が記載された最初の地図である。

プトレマイオスの復活

カタロニア図にしても、フラ・マウロの世界図にしても、なお中世的な要素をとどめているばかりでなく、緯度・経度によって諸地点の位置が決定される科学的な地図ではなかった。したがって近代地図への発展は、やはりプトレマイオスの地理書と地図の復活にはじまるといえる。

イタリアにおける古典復興の気運にともなって、一四〇六年にヤコブス・アンゲルスによって、プトレマイオスのギリシア語本地理書のラテン語訳が行なわれた。

これまでキリスト教的世界観に支配されていたヨーロッパの人たちにとって、プトレマイオスの地理書は大きなセンセーションを与えたとみえ、アンゲルスの訳書は最初は手写本でひろまったが、一四四五年グーテンベルクによって活字印刷術が発明されると、プトレマイオスの地理書と地図も、版本によっていっそう広く流布するようになり、十五世紀だけで七種の版本、十六世紀になるとさらに多数の版本がヨーロッパの各地で刊行された。

しかもプトレマイオスの地理書や地図のそのままの復刻だけでなく、「新図」(Tabulae modernae) とよばれ、新しい地理的知識や地理的発見を加えて改訂、増補されたものも多く出版された。このような「新図」の世界図として最初のものは、一四八二年のニコラウス・クザーヌスの原図による木版の世界図であり、プトレマイオスの地図と比較すると、北欧の部分だけが描き改められている。プトレマイオスは、さきに述べたようにスカンディナヴィアは半島でなく、スカンディアという島と考えていたのに対して、ニコラウスはこれを正しく半島として表現している。しかも北緯六〇度以北の部分にはさらに北に向かってグリーンランドにあたる大きな半島が突出している。それは十世紀末にグリーンランドに進出したノルマンが北欧に伝えた知識に基づいたものであるが、ただグリーンランドの位置が明らかでなかったので、これをヨーロッパの最北にある半島と誤ったのである。

また一四九〇年のヘンリックス・マルテルスの世界図でも、北欧の部分にはスカンディナヴィアとグリーンランドの二つの半島が細長く突出している。しかしマルテルスの地図がプトレマイオスと最も異なっているのはアフリカの形態である。

プトレマイオスでは、アフリカの赤道以南は「未知の土地《テラ・インコグニタ》」となって無限に拡がり、また東南アジアの部分と連続してインド洋は大きな内陸海となっているが、マルテルスの地図

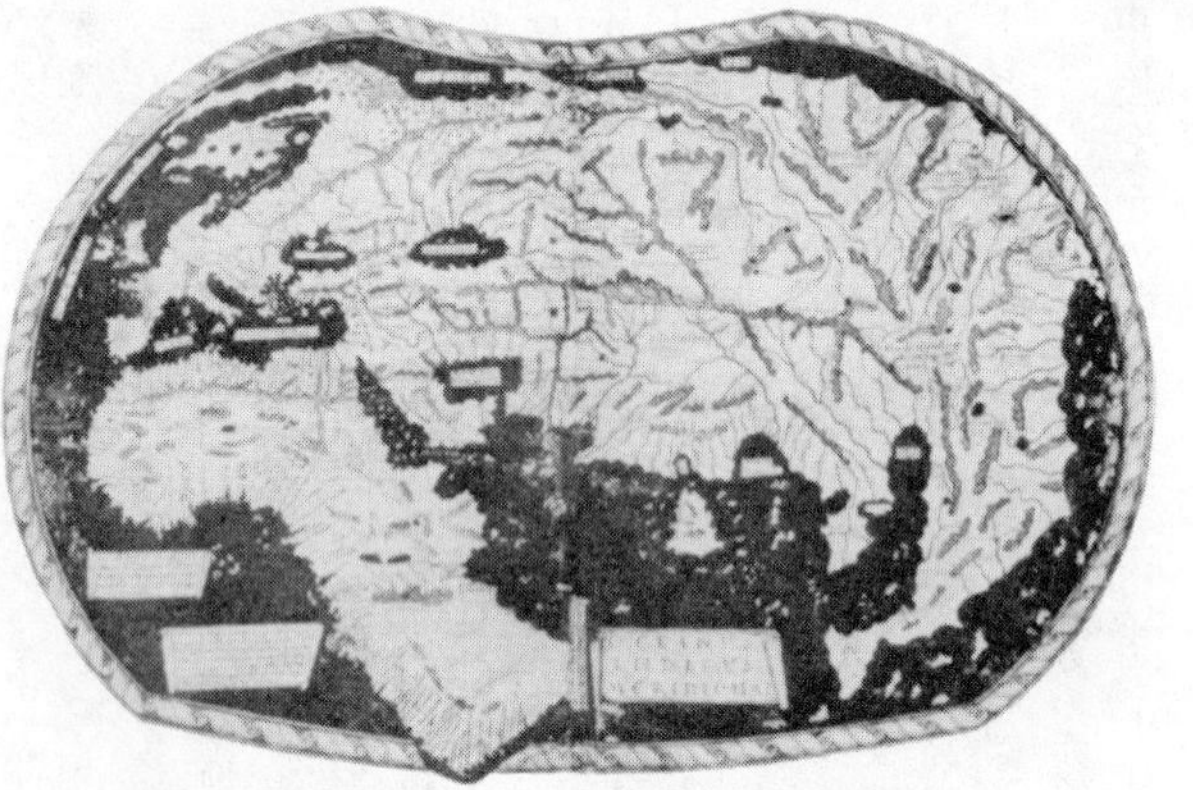

24　マルテルスの世界図

は、ポルトガルのディアスが喜望峰を発見した一四八八年の二年後につくられたため、アフリカは大西洋からインド洋に周航しうる独立した大陸として描かれ、その最南端にはすでに喜望峰の名が、C. de Spelanza と記されている。

しかしインド洋に面するアジアの陸地の形態は、プトレマイオスをそのまま踏襲している。ただしアフリカと東南アジアとが連続していないことが明らかになったので、プトレマイオスではアフリカに連なっていた東南アジアの一角を、マルテルスの地図ではアフリカとは連続しない大きな半島をなすとみなし、この半島の先端にコイルー（Coylu）の地名を付している。コイルーはマルコ・ポーロのコイルム（Coilum）であり、現在のインド半島南端のコモリン岬に近いクイロン（Quilon）にあたるが、これをマルテルスはこの架空の半島の最南端に想定したのである。

ベハイムの地球儀

地球儀は地球球体説の発達をみたギリシア時代、すでにマロスのクラテス（前一五〇ごろ）によってつくられたと伝えられている。また球体説が否定された中世では、もちろん地球儀はみられなかったが、ギリシア地理学を継承したイスラム地理学では、地球儀も天球儀とともに作成された。

これらの地球儀がどのようなものであったかは明らかでないが、近世初頭ヨーロッパで地球球体説が復活するようになると、それにともなって地球儀の作成もはじめられた。ことに当時は、世界図の作成に必要な図法はまだ多く考案されていなかったことや、世界を大きな縮尺で表現しうるほど地図の精度も進んでいなかったので、全世界の表現には、球体としての地球をそのまま表現できる地球儀が、十六世紀ごろまで盛んに作成され、航海上の実用のためには、かなり大型の地球儀もつくられた。

そのさきがけをなしたのが、一四九二年にマルティン・ベハイムが作成した地球儀であり、また現存する最古の地球儀である。その大きさは、直径五〇・七センチ、円周一五九・五センチであり、経緯線ははぶかれているが、赤道、黄道、南北回帰線、南北極圏がひかれ、カタロニア図などと同じく、国王や都市、あるいは国旗、動物、帆船などが地球儀の全面に描かれている。しかし聖書に由来するものとしては、パウロなどの四使徒、アララット

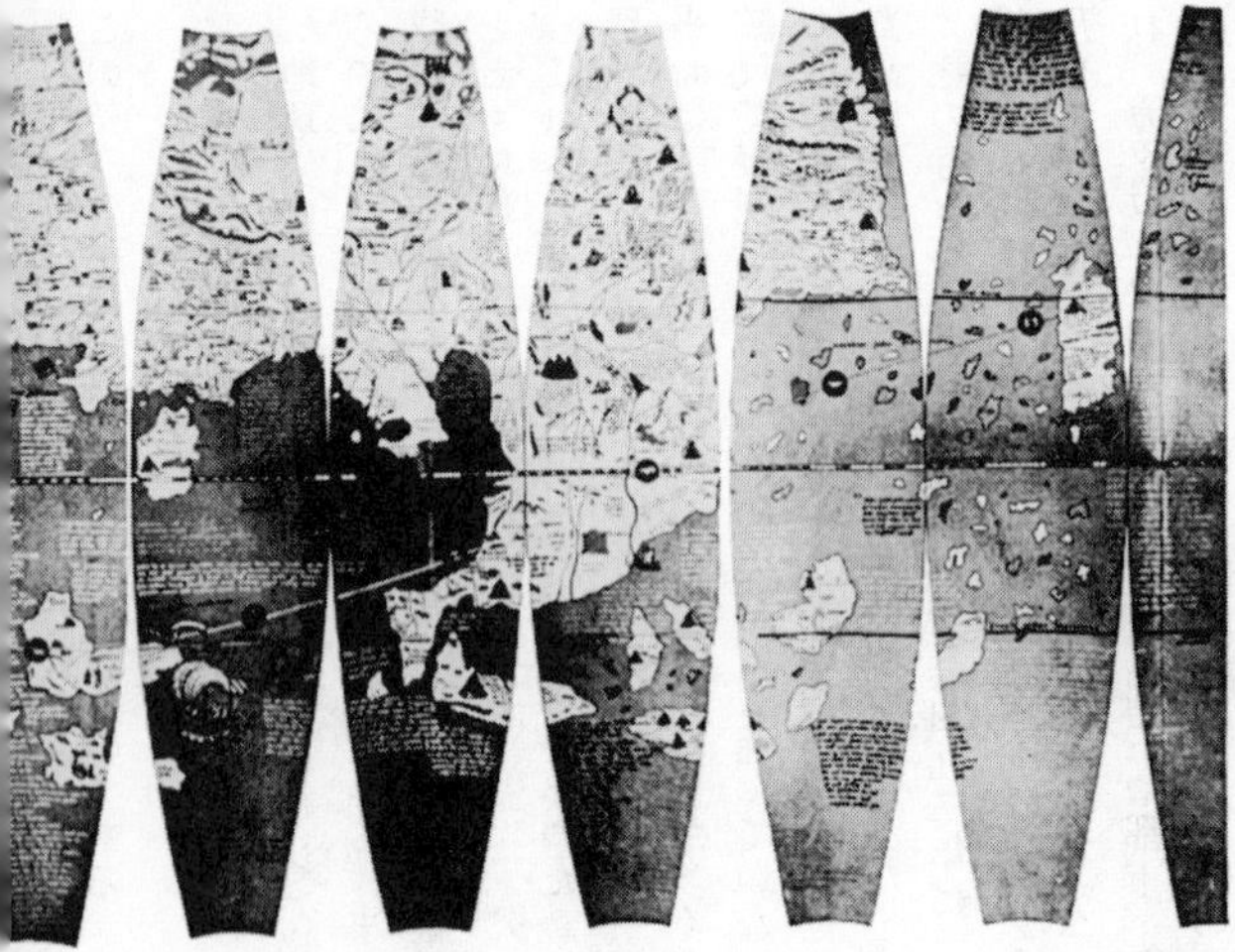

山頂のノアの箱舟がみられる程度で、すでに中世のキリスト教的な伝統から脱していることを示している。
陸地の形状についてみると、ヨーロッパからインドにかけての部分は、すべてプトレマイオスによっているが、ただ北欧のスカンディナヴィアのところは、西方に突出する半島となっていて、さきのニコラウスやマルテルスの地図と同じように改変されている。またアフリカもマルテルスの地図と同じように、周航しうる大陸として描かれている。さらにベハイムの地球儀でも、東南アジアの一部が巨大な半島となって南方に突出し、その先端に付されたコイルール（Coilur）の地名は、マルテルスのコイルーと同じく、マルコ・

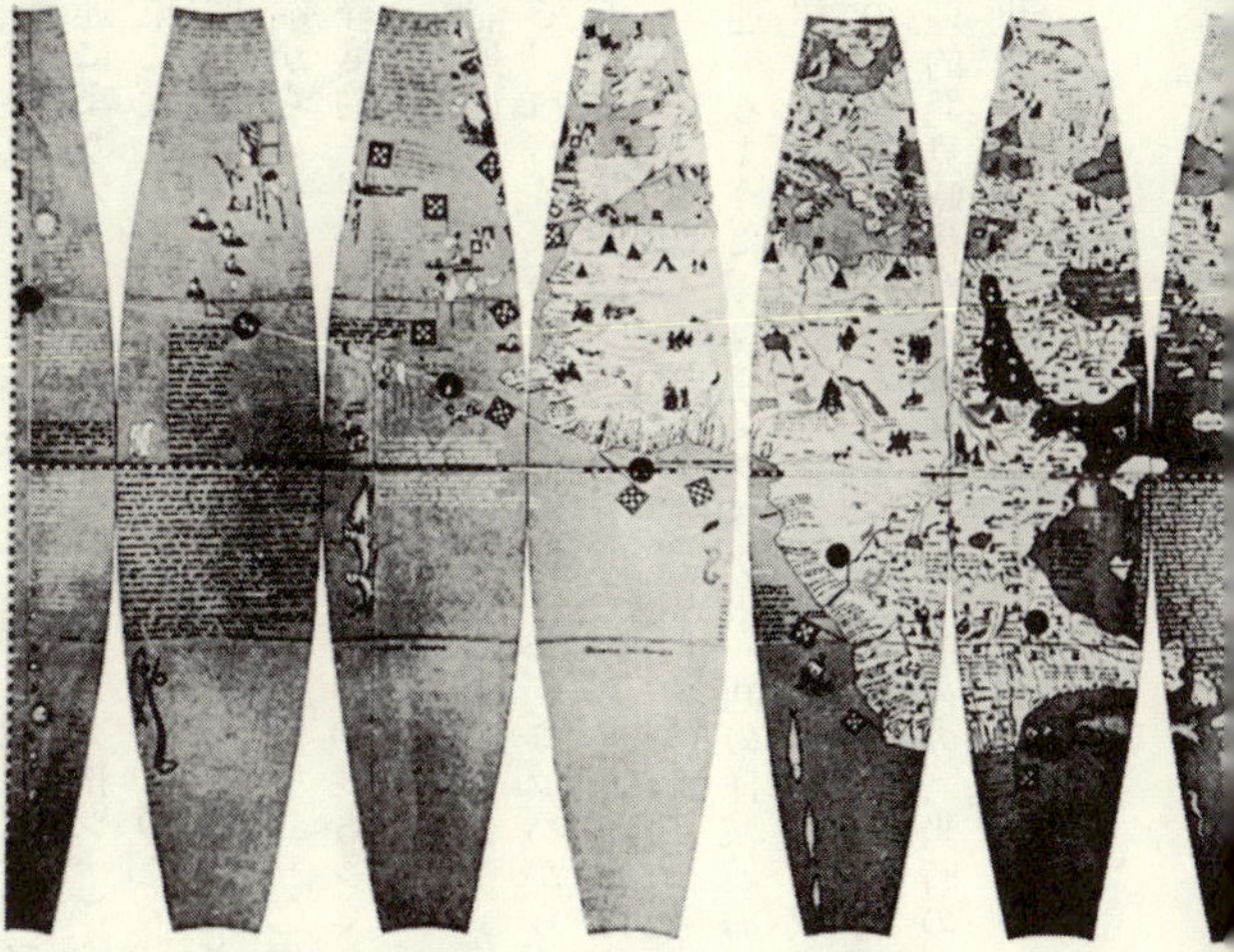

25　ベハイムの地球儀の世界図

ポーロのコイルムに由来するが、この半島のところに、「プトレマイオスはこれより先の世界については記していないが、マルコ・ポーロとマンデヴィルが述べている」と記した注記がみられる。

　したがってこの半島の東には、プトレマイオスのタプロバネーとは別にセイロン（Seilan）島が位置し、またそれにつらなる小ジャワ（スマトラ島）、大ジャワ（ジャワ島）などの諸島、インド洋ではマダガスカル、ザンジバルなどの諸島が、いずれもマルコ・ポーロの『東方見聞録』から想像して描かれている。

　しかしベハイムの地球儀で最も注目されるのは、プトレマイオスの世界図が経度一八〇度までの半球図で終っているのに対して、この半球図に続くアジアの東側の部分として、マルコ・ポーロの記述によりカタイ（北シナ）とマンジ（南シナ）を付け加えることによって、経度一八〇度以東に大きく突出せしめたことである。そのため、プトレマイオスにおいてすでに経度で五〇度も東に延びているアジアがいっそう東に延長され、ベハイムの地球儀ではヨーロッパの西端からカタイの東端までの距離は経度で二三〇度となり、実際のヨーロッパから中国までの経度約一三〇度とくらべると、一〇〇度も多くなっている。

しかもカタイから一五〇〇マイル東の海上にジパングが存在するというマルコ・ポーロの記述によって、ベハイムはジパングをカタイから経度でさらに二五度東に位置せしめたので、ベハイムの地球儀上では、ヨーロッパから西方カタイまでの間を隔てている海洋は経度で一三〇度、ジパングまでは一〇五度と、実際よりもはるかに短い距離となっている。

このようなベハイムの地球儀にみられるヨーロッパとカタイとの間の陸地の配列は、後に述べるように、コロンブスが第一回の探検航海に携行したといわれるトスカネリの地図の見解とも一致している。また、この地球儀が作成された一四九二年はコロンブスの新大陸発見の年にあたっていることを考えれば、ベハイムの地球儀に描かれた世界の形態は、まさに地理的発見時代が到来せんとする前夜の、当時のヨーロッパ人たちが抱いていた新しい地理的世界像を如実に示しているといえる。

第五章　地理的発見時代の地図

地理的発見時代の意義

十五世紀後半から十七世紀初頭にかけてのわずか二世紀たらずの間に、ヨーロッパ人による大航海が相次いで行なわれ、東方への新航路や新大陸の発見によって、ヨーロッパ人の地理的知識は一躍全世界にまで拡大された。したがって、この時代は一般に地理的発見時代と称されるが、ヨーロッパ人の立場からの「発見」であることからいえば、むしろ大航海時代か大探検時代とよぶのがふさわしいであろう。

しかしいずれにしても、この時代の意義は地理上の発見や探検にとどまらない。ヨーロッパ人の植民地開発や通商貿易、あるいはキリスト教の布教活動が全世界にわたって行なわれ、ヨーロッパ人の世界的支配がはじまった時代であるとともに、ヨーロッパを中心に、本来の意味での世界史が成立した時代であるといえる。

また地理学や世界図に及ぼした影響は、天文学におけるコペルニクスの地動説の発見にも劣らぬほどの大きな変革であり、新大陸を含めた新しい地理的世界像の形成は、ヨーロッパ人ばかりでなく、キリスト教宣教師などによって中国や日本にも伝えられ、中国人や日本人の世界観にも大きな影響を与えた。

ところで、この時代にヨーロッパ人を海上の探検に乗り出させた動機については、さまざまな要因があげられるであろう。マルコ・ポーロによって伝えられた富強な中国や黄金国ジパングに到達しようという願望もその一つであり、また異教徒に対するキリスト教の布教という宗教的な情熱もきわめて力強いものであった。

しかしヨーロッパ人を動かした最大の動機は東方貿易の魅力、とくに香料貿易であった。アジアからヨーロッパにもたらされた東方物産のうち、胡椒《こしょう》、肉桂《にっけい》、丁字《ちょうじ》などの香料は、当時の食生活に欠かせない必需品として、最も重要な地位を占めていた。しかも香料はインドや東南アジアの原産地からイスラム商人の手によってアレクサンドリアなどにはこばれ、さらにこれをヴェネチア、ジェノヴァなどのイタリア商人が独占的に買いつけ、イスラム商人とイタリア商人が莫大な利潤を壟断《ろうだん》し、香料はヨーロッパでは等量の銀と交換されるほどきわめて高価であった。

したがって、すでに絶対主義国家に成長しつつあったポルトガルやスペインの国王たちが、この香料貿易の利益を見のがすはずはなく、みずから率先してアジアへの進出のための新航路の開発につとめたのは当然であった。それにまたオスマン・トルコの勃興によって、近東経由の東方貿易ルートが遮断されたことも、ポルトガルなどにとっては、かえって発展の好機会となった。

さらにこの時代には、船舶も堅牢で、速力もはやく、外洋航海に適するガレオン、カラヴエルなどの新しい形式の帆船がつくられ、また羅針盤をはじめ、多くの航海器具や観測器具も発明され、大洋中においてもたやすく自己の位置する緯度を知ることができるようになった。

これらの造船術や航海術の発展によって、地理的発見時代になってはじめて沿岸航海を離れて、自由に海洋を横断しうる大洋航海が可能となり、これまで人類にとって未征服であった大洋を通じて、世界の各地を結ぶ交通路が開発されるようになったのである。

ポルトガルのアフリカ探検航海

地理的発見時代の開幕に先鞭をつけたのはポルトガルである。イベリア半島の先端を占めるポルトガルの地理的位置は、「大陸のおわるところ、大洋のはじまるところ」とうたわれたように、ヨーロッパ人の大洋への進出のための跳躍台《スプリング・ボード》ともいうべき役割をなした。

イベリア半島は八世紀以来イスラム勢力の支配下にあったが、十三世紀ごろから国土回復《レコンキスタ》運動によってイスラム勢力を駆逐して、ポルトガルではいちはやく国家統一が行なわれ、政治的・経済的に強力な中央集権的国家が、ヨーロッパでは最も早く樹立された。

しかも、これまでの地中海沿岸の海上交通にみられるような、小規模な個人的な企画の航海とは異なって、未知の海洋への探検航海は、ポルトガルのような絶対主義国家の強大な国王や国力の援助によってこそ、はじめてなしうることであった。

しかしポルトガルの探検航海を直接推進せしめたのは、ポルトガル国王ジョアン一世の王子エンリケ（ヘンリー）航海王子である。かれはポルトガル南端のサン・ヴィセンテ岬のサグレスに、ヨーロッパ諸国から多くの学者や航海者を招聘《しょうへい》し、探検航海に必要な航海術や天文学、地理学などを研究する航海研究所を設立した。またエンリケが一四二二年以降、相次いで派遣した探検隊は、西アフリカの沿岸をしだいに南下して、六〇年には現在のシエラ・レオネにまで達した。この年、エンリケは雄図《ゆうと》半ばにして没したが、その遺志を継いでジョアン二世もインド航路の発見を目標に、まずディエゴ・カン、ついでバルトロメウ・ディアスに探検航海の継続を命じ、ディアスはついに一四八八年、はげしい嵐に押し流されながらもアフリカ大陸の回航に成功した。かれはその南端の岬を「嵐の岬」(Cabo Tormentoso)と命名したが、ジョアン二世はその名を不吉として改めたのが、こんにちの喜望峰（C. da Boa Esperança）である。

以上のアフリカ探検航海においては、探検の進捗《しんちょく》するにつれて、つぎつぎと新しい地図がつくられたにちがいないが、ポルトガル人によって一五〇〇年ごろまでに作成されたポルトラノは、こんにちでは一つも残っていない。それはジョアン二世の秘密主義的政策から、ポルトラノの国外への搬出が厳しく禁じられていたのと、いま一つは、一七五五年のリスボンの大地震によって、当時のポルトラノがすべて消失してしまったからである。しかしディアスの喜望峰発見はひじょうな反響を呼びおこしたとみえ、前述のように喜望峰発見の二年後のマルテルスの世界図や、一四九二年のベハイムの地球儀には、すでにアフリカは回航しうる大陸として描かれている。

インド航路の発見

ディアスの喜望峰の発見によって、待望の大西洋からインド洋への門戸が開かれたので、ジョアン二世の後継者マヌエル一世はヴァスコ・ダ・ガマにインド航路の開発を命じた。ガマは一四九七年四隻の船隊を率いてリスボンを出帆して、喜望峰からアフリカ東岸を北上し、夏のモンスーンを利用して一気にインド洋を横断して、翌九八年五月にはインドのマラバル海岸のカリカットに到着した。インドでは、東方貿易を独占していたイスラム商人のはげしい抵抗を排除して、香料などを積み込み、九九年にはリスボンに帰還した。これによって、エンリケ以来七〇年にわたる宿望のインド航路発見の大事業が、ヴァスコ・ダ・ガマによってはじめて達成されたのである。

しかし早くから東方貿易を掌握していたイスラム商人に対抗して、ポルトガルがインド圏に貿易を拡大するには、強大な軍事力を必要とした。したがってガマの帰国の翌一五〇〇年には、マヌエル一世はペドロ・アルヴァレス・カブラルに一三隻の強力な船団を編成せしめてインドに派遣したが、カブラルは喜望峰に向かう航海中に、たまたま大西洋の海流に乗って南西へ流され、南アメリカの東岸に漂着してブラジルを発見し、この土地をサンタ・クルス（Santa Cruz）と命名した。カブラルはただちに一隻を帰国させ、この新発見をポルトガル国王に報告した結果、偶然の発見ではあったが、アメリカ大陸ではブラジルが唯一のポルトガル領となったのである。

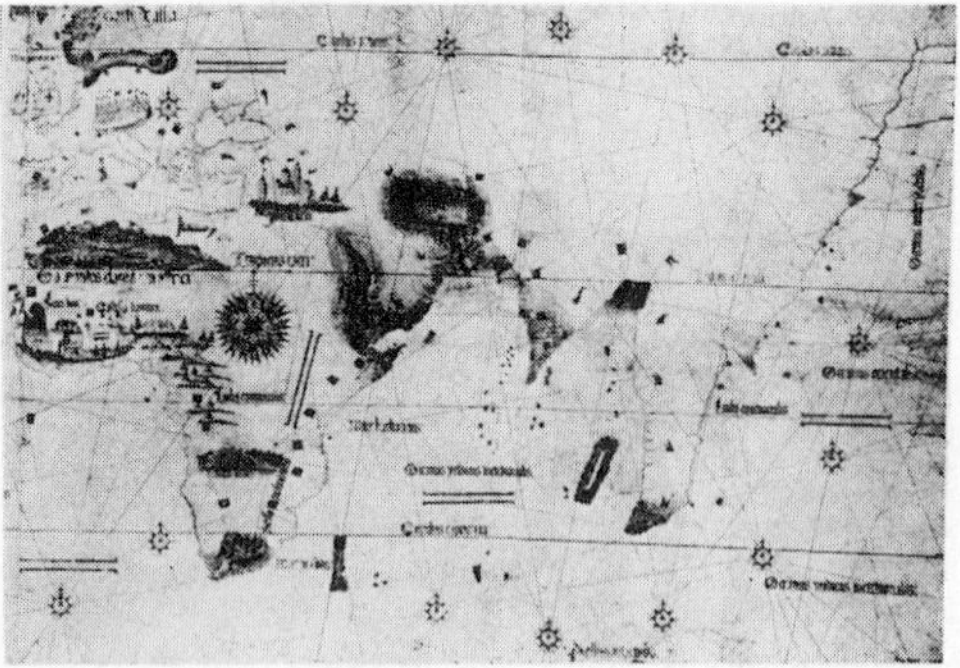

26　カンティノの地図（アフリカ・アジアの部分）

またカブラルはブラジルからふたたび南大西洋を横断し、喜望峰を迂回してインドに向かい、インドではイスラム商人を制圧して、予想以上の大量の香料貿易に成功した。さらに一五〇二年には、ガマが二回目のインド航海として二〇隻の船団を率いてインドに来航し、コーチンとカナノールに商館を建設したが、これによってポルトガルのインド貿易の拠点が確立された。

以上のようなインド航路の発見とポルトガルのインド進出を示す地図としては、イタリアのカンティノが一五〇二年に、ポルトガルの地図製作者にひそかに描かせた世界図がある。

いま、この地図のアフリカについてみると、大陸の輪郭は全体として正確であるばかりでなく、沿岸には多数の地名が記され、またマダガスカル島も、ベハイムの地球儀のようにマルコ・ポーロからの想像によったものでなく、カブラルの記録によって、正しい位置に置かれている。

インドの形態も、これまでのプトレマイオス系統の地図とは異なって、ポルトガルの探検航海の成果を反映して、やや細くとがりすぎているが、三角形の半島をなし、カリカットなどの地名が記され、また半島の先端にはプトレマイオスの巨大なタプロバネー島にかわって、セイロン島がほぼ正しい大きさや位置を示している。

しかし一五〇〇年ごろには、ポルトガルの勢力はまだインド半島から以東には進出していなかったので、カンティノの地図でも、ベンガル湾の東岸は長大な半島となって南に突出し、半島の東岸は、「東の海洋」(Oceanus Orientalis)に沿って、ほぼ一直線に北に延びている。

この半島はマライ半島にあたるもので、ポルトガル人がインドで伝聞した知識に基づいて、半島の先端にはマラッカ(Malaqua)、シンガポール(Singapur)などの地名が付され、また半島の西側にあるタポルバナ(Taporbana)と記された大きな島はセイロン島でなく、スマトラ島である。

マラッカへの進出

ポルトガルのインド航路の発見は、探検というよりは占領に近い性質のものであり、インドにおけるポルトガルの貿易は、国家権力に援護され、政治的・軍事的進出をともなう武装貿易の性格をはじめから帯びていた。したがってガマの第二回航海ののち、初代インド総督に任命されたフランシスコ・アルメイダは、エジプト、アラビアの連合艦隊を破って、インド洋の制海権を掌握した。

またアルメイダの後をついで、二代目総督となったアフォンソ・アルブケルケは、ゴアを占領して総督府を置き、ペルシア湾口の貿易基地としてオルムズ島を確保したばかりでなく、インド洋貿易圏の独占的支配体制を確立するには、インドからさらに東方へとポルトガル勢力の拡大をはかることが必要であると考え、まずマラッカの攻略を行なった。

マラッカについては、さきのカンティノの地図のマラッカのところにも、「この都市にはカリカットに送られるすべての商品がある。さまざまな香料、象牙、大きな高価な宝石、真珠、麝香《じゃこう》、美しい陶器など、多量の商品がみられ、その多くはシナから来る」と記されているように、マラッカはマライ半島とスマトラ島のあいだの狭いマラッカ海峡を扼《やく》する交通の要衝であり、中国をはじめ、東南アジア諸国などの船舶が輻輳《ふくそう》し、インド洋貿易圏の東の大中心市場として殷賑《いんしん》をきわめた。

インドに進出したポルトガルは、カンティノの地図の注記によってもうかがわれるように、早くからマラッカの重要性を認めていたが、一五一一年、アルブケルケは強力な艦隊をひきいて、ゴアからマラッカに来襲し、マラッカ王国を滅亡せしめた。そしてポルトガルの商業および軍事基地とする目的から、マラッカに堅固な要塞都市を構築して総督府や商館を置き、あるいはアジア諸国へのキリスト教布教のために、教会やセミナリオ（神学校）などを設けて、その経営にあたった。

またその間、アルブケルケは、香料の産地を求めて探検隊を派遣し、香料諸島ともよばれ、香料のうちでも最も珍重される丁字や肉豆蔻《にくずく》の唯一の産地であるモルッカ、バンダ諸島に進出したが、この探検隊の一員として参加したフランシスコ・ロドリゲスが一五一三年ごろ作成した海図にも、すでに香料諸島の地図が含まれている。

このようにマラッカに進出したポルトガルは、さらに通商を求めて中国に来航し、一五五七年にはマカオを占拠し、また日本にも渡来した。一方、スペインもマゼランのセブ島到着以来、それを端緒にフィリピンの征服を開始するなど、十七世紀初頭、オランダ人やイギリス人の進出をみるまでは、ポルトガルとスペイン両国は東南アジアの海域において、香料諸島を中心に勢力を競い、東インド諸島や南シナ海周辺の地図もまた急速に発達した。オランダの航海者リンスホーテンが一五九五年に著わした『イティネラリオ』に付載された地図は、ポルトガルの航海者がいま用いている海図や航海書によって描いたと記され、東インド諸島からインドシナ、南シナ、フィリピンなどにかけての沿岸の形態は、すでにかなり正確となっていたことが認められる。しかしまだ北シナや日本の形態

27　リンスホーテンの東アジア図　『イティネラリオ』所載の地図より。方位は東が上になっている

は不完全であり、朝鮮半島は大きな円形の島をなしている。

ノルマンのヴィンランド発見

地理的発見時代における最大の発見は、いうまでもなくコロンブスにはじまる新大陸アメリカの発見である。しかしこんにちではコロンブスよりも五〇〇年以前に、ノルマンがグリーンランドから南下して北アメリカの大西洋沿岸に達したことは、すでに歴史的事実として認められている。

一般にヴァイキングともよばれるノルマンは、八世紀ごろから北海を中心に、北大西洋を舞台に活躍した北欧系の民族の総称であり、かれらはアイスランドからさらにグリーンランド南岸に、九八〇年ごろ渡来して植民を開始した。また『サガ』とよばれる北欧の中世の物語によれば、一〇〇〇年ごろノルマンの一隊がグリーンランドから南に向かって航海し、最初は「ヘルランド（石の土地）」と称する石の多い不毛な海岸に到着したが、ここからさらに森林の繁茂する「マルクランド（森の土地）」を望見しつつ前進を続け、ついに冬でも温暖で野ブドウの生えている土地に到達し、ここを「ヴィンランド（ブドウの土地）」と名付けたと伝えられている。

ヘルランドがラブラドル沿岸、マルクランドがニューファンドランド付近を指すものとすれば、ヴィンランドはこんにちのノヴァ・スコシアからニューイングランド地方にかけての沿岸にあたると推定されている。

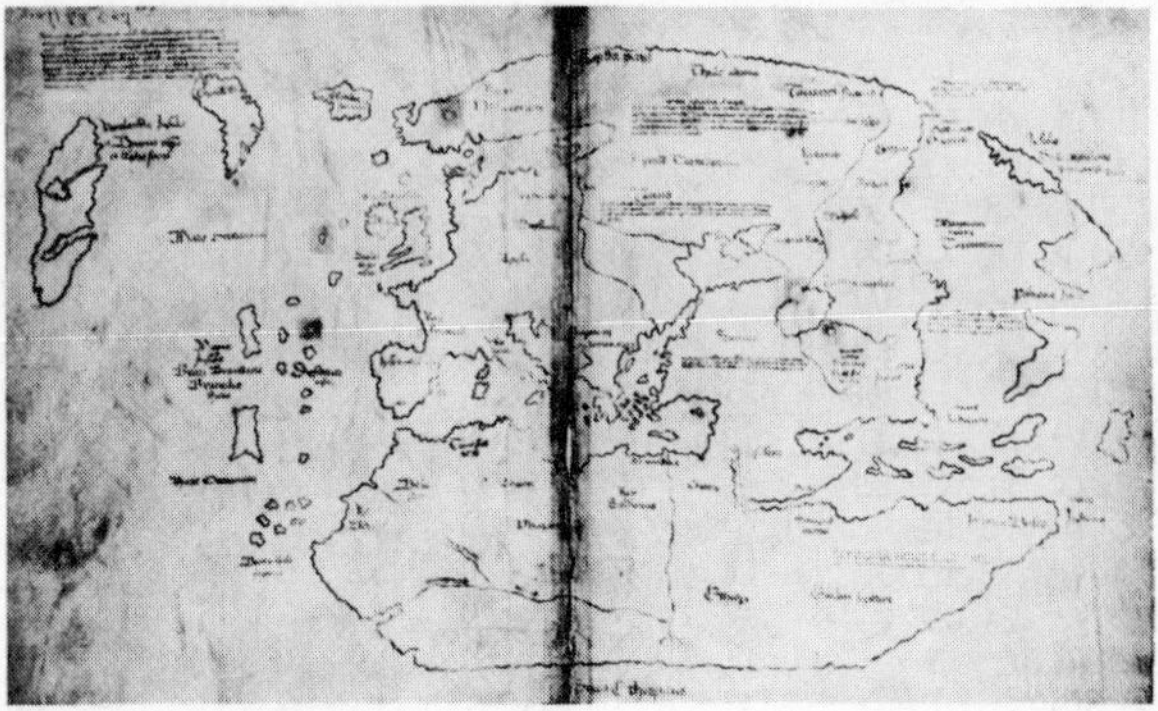

28　ヴィンランド図

しかしヴィンランドのノルマンが、その後どのような運命をたどったかは明らかでない。またグリーンランドのノルマンの植民地も、気候の悪化や疫病の流行のために、十五世紀には全く衰亡してしまった。

したがってヨーロッパにはヴィンランドに関してはもちろん、グリーンランドもただその名が残る程度であったとみえ、ウルム版のプトレマイオス図などでは、スカンディナヴィア半島からさらに北に突出する半島を想定して、グリーンランドと記している。

ところが、一九五八年にヴィンランドの描かれた地図が発見されて世界の注目をひき、「ヴィンランド図」（Vinland map）とよばれ、一四三六年ごろのビアンコの地図と類似し、一四四〇年ごろのものと推定されている。

この地図の北欧の部分についてみると、ノルウェー王国と記されたスカンディナヴィア半島が西に向かって大きく突出し、その先端に接してアイスランド島があり、また大西洋の部分に中世の伝説に基づく聖ブランダン島やブラジル島など、架空の島がみられるのはビアンコの地図と同じである。

しかしヴィンランド図ではグリーンランド（Gronelada）とヴィンランド島（Vinlanda Insula）が描かれている。しかもグリーンランドはこれまでの地図のような半島ではなく、ヨーロッパから遠く隔たった島として、位置や形態も比較的正しく示されている。

また二つの湾が大きく湾入している奇妙な形のヴィンランドには、ノルマンが「氷の中を南に向かって航海し、西の海の最も遠いところに、肥沃でブドウを産する新しい土地を発見し、ヴィンランドと名付けた」由来などが注記されているが、二つの湾がはたしてハドソン海峡やセントローレンス湾を表わしたものかどうか疑わしい。また偶然の一致とも考えられるが、グリーンランドの正確な形態は、十九世紀までは不明であったことなど、ヴィンランド図についてはなお問題が残されている。

コロンブスの西航計画

いずれにしても、十五世紀のヨーロッパ人がノルマンを通じて、アメリカ大陸についてなんらかの知識をすでに有していたとは思われない。もちろんコロンブスは新大陸の存在については全く予想していなかったばかりでなく、新大陸発見後も、彼はアジアに到達したものと終生信じて疑わなかったのである。

クリストファー・コロンブス（クリストバル・コロン）はイタリアのジェノヴァに生まれ、ポルトガルのリスボンに移ってからは、航海術のほかに、ほとんど独学で天文学や地理学を修めた。

コロンブスもマルコ・ポーロの『東方見聞録』によって、大汗の国カタイや黄金国ジパングに多大の関心とあこがれを抱いていた。また一方、ピエール・ダイイーの著書『イマゴ・ムンディ』Imago Mundi（「世界の姿」）によって、地球は球体であり、しかもアリストテレスやロジャー・ベーコンが、ヨーロッパの西端とアジアの東端とはあまり遠く隔たっていないと考えていたことを知り、大西洋を西に進むことによって、ヨーロッパからカタイやジパングに到達しうるという西航計画を着想したのである。

しかしコロンブスの西航計画を決定づけ、確信せしめたのは、イタリアの医師であり、また天文学者や地理学者でもあったトスカネリから、コロンブスに宛てて送られた書簡と、それに付された地図である。トスカネリはプトレマイオスを基礎にして、マルコ・ポーロのカタイやジパングの位置を推定している。

さきに述べたように、プトレマイオスは地球の大きさを実際よりも過小に、またヨーロッパからアジアにかけての大陸の東西の幅を過大に見積もったので、それによって、トスカネリはリスボンから西方カタイのキンサイ（杭州）までの距離を二六エスパティア、すなわち経度で地球のおよそ三分の一の一三〇度と、実際よりも一〇〇度ほど短く考えたのである。

またコロンブスが第一回航海に携行したといわれるトスカネリの地図にも、おそらくベハイ

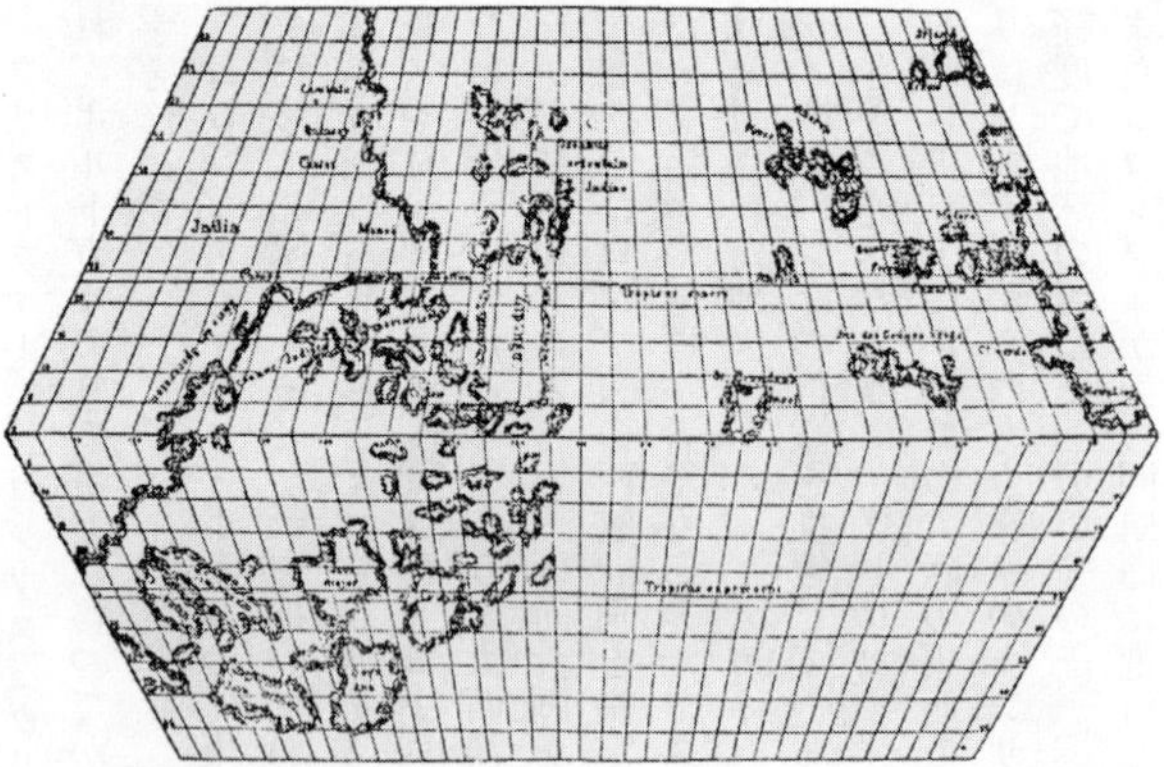

29　トスカネリの地図

ムの地球儀と同じように、現在のメキシコの位置のあたりに、ジパングが描かれていたのであろう。

　このようにコロンブスはトスカネリをはじめ、その他の人々の見解もとり入れて、ヨーロッパから西方カタイまでの距離を、実際の約一万八八〇〇キロの三分の一にすぎない約五六八〇キロ程度と算出したのである。したがって西の海、すなわち大西洋がたとい前人未踏の海洋であるにしても、その中間にはジパングや中世の伝説によるアンティリア島*も実在すると信じられていたので、コロンブスはこの程度の距離ならば、ヨーロッパからアフリカを迂回するよりも、大西洋を西航することによって、アジアの東岸によりたやすく到達できると考えたのである。

*　アンティリア島も聖ブランダン島やブラジル島などと同じく、実在すると思われていた架

空の島である。アンティリア島は、「七つの都市の島」ともいわれ、中世の伝説によれば、異教徒の侵入をさけて、ポルトガルの七人の司教が信者たちをともなってこの島に移住し、その子孫が富み栄えていると信じられた。

コロンブスの探検航海

コロンブスはかれの西航計画をたずさえてポルトガルの宮廷を訪れ、ジョアン二世に謁見する機会を与えられたが、しかしアフリカの探検航海の推進に没頭していたポルトガルでは、かれの計画は注目をひくまでもなく却下されてしまった。期待を裏切られたコロンブスは、失意のうちにポルトガルを去って隣国スペインに赴いた。

ここでもかれの計画はなかなか認められなかったが、幸いにもこのころ、スペインはイスラム王国グラナダの攻略に成功して、海外発展の気運が急激に高まった。それに、アフリカからインドへの進出を目ざすポルトガルとの対抗の必要からも、コロンブスの西航計画はようやくスペインで受け入れられることになり、イサベラ女王の援助のもとに、にわかに実現のはこびとなった。

かくして一四九二年八月三日、コロンブスは旗艦サンタ・マリア号ほか二隻を率いて、スペインのパロス港を出帆し、第一回航海を開始した。はじめカナリア諸島まで南下したのち、そこから北東貿易風に送られて一路西進し、一〇月一二日にはバハマ諸島のこんにちのワトリング島と推定される小島に到着し、この島をサン・サルヴァドル（聖なる救世主）と

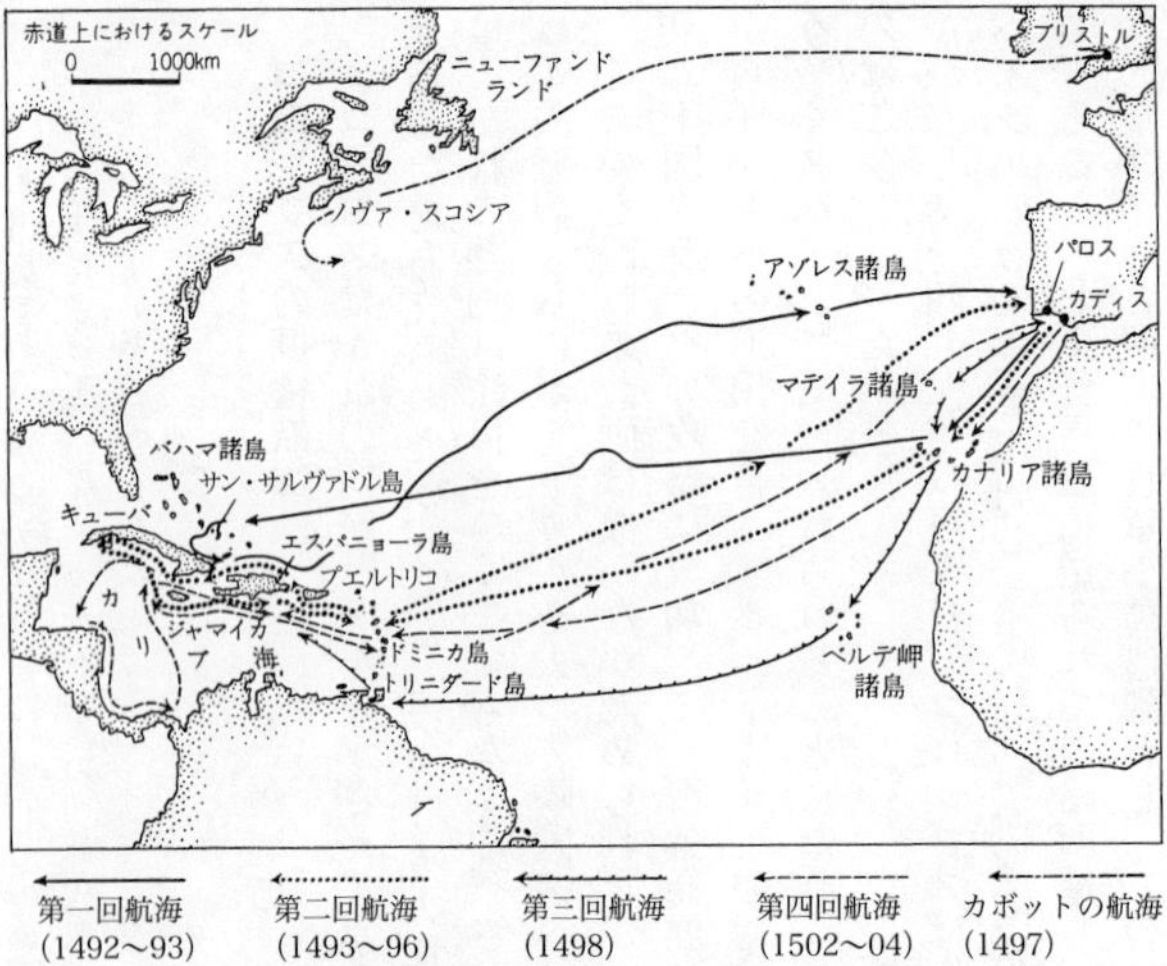

30　コロンブスの探検航海（カボットの航海を含む）

命名した。

ついでコロンブスはキューバ島の北岸の一角を航行してハイチ島を発見し、エスパニョーラ（スペインの島）と名づけ、また先住民がシバオと呼んでいたので、コロンブスははじめはジパングではないかと考えた。しかし金鉱は発見されないばかりでなく、旗艦サンタ・マリア号が暗礁にのりあげて難破するなど、不幸な出来事が相ついで生じたことで、コロンブスは帰国を決意し、乗組員の一部をエスパニョーラ島のナビダの城塞にとどめて帰航の途についた。

ナビダの城塞は新大陸におけるヨーロッパ人の最初の植民であったが、コロンブスはこれらの発見した土地をカタイやジパングでないにしても、それに近い南アジアの一部と考えてインディアス、住民をインディオと呼んだのである。

翌九三年にパロス港に帰還したコロンブスは、期待された香料や大量の金を持ち帰ることはできなかったが、国民の熱狂的な歓迎を受け、またバルセロナの宮廷では最高の礼をもって迎えられ、国王から「大洋の提督」と「インド副王」の称号を与えられた。

コロンブスの第一回航海の成功は、国の内外に異常な反響をよびおこし、ただちに第二回航海の準備が進められ、そして半年後の九月には、植民地開発の目的も兼ね、一七隻の大船団をもってカディス港を出帆した。この航海では、カナリア諸島から小アンティル諸島に直航し、ドミニカ、グアドループ、プエルトリコなどの島々を発見して、ハイチ（エスパニョーラ）島に到着した。

31　コロンブスの第一回航海で発見された諸島　コロンブス書簡集の木版画より

ところがナビダの城塞は先住民の襲撃によって全滅し、ひとりの生存者もなかったので、新たに島内開発の拠点として、植民市イサベラを建設したが、コロンブス自身はジパングやカタイなどの発見を目ざしてキューバ島南岸の周航に出発し、ジャマイカ（ハマイカ）島を発見した。またキューバの海岸線が西へ延々とつらなっていることから、キューバは島でなく、アジア大陸の一角をなすと確信した。

しかしハイチ島に帰還してみると、先住民の反乱やスペイン人の間の紛争によって島内の事情は混乱におちいっていたので、コロンブスは後事を弟のバルトロメウに託して、九六年に二年半ぶりでカディス港に帰着した。

第二回航海も予期された成果をおさめることができなかったばかりでなく、コロンブスの植民地経営の無能さを示すことになり、かれに対する不信の念が高まり、第三回航海は帰国後二年目の一四九八年に、ようやく六隻の船を調達して行なわれることになった。

この航海では、カナリア諸島を南下して、ベルデ岬諸島から針路を西にとって、南アメリカ北岸のトリニダード島に到着したが、パリア湾に満々たる水をたたえて注ぐオリノコ河の河口を望見して、コロンブスは国王に送った書簡で、これだけの大河ならば、「いままで知られていない南の、無限の大陸《ティエラ・フィルメ》から流れ出る」ものと想像した。

しかしコロンブスは南アメリカ大陸に上陸する余裕はなく、直ちに北上してハイチ島に向かったのであるが、ハイチでは事態はいっそう悪化していて、スペイン人同士の軋轢《あつれき》はますます激しくなり、不穏な空気がみなぎっていた。そのため、王命をうけて事情の調査に来島したボバディリヤによって、コロンブス兄弟は植民政策の失敗を問われて捕らえられ、本国に強制的に送還されることになったのである。

第三回航海において南アメリカ大陸に到達したものの、それを確認できなかったのみならず、帰国後、コロンブスは大洋の提督兼インド副王の栄誉ある地位から失脚し、かれのこれまでの航海のうちで、最もみじめな結果に終った。

しかしヴァスコ・ダ・ガマのインド航路の発見もあったためか、一五〇二年には国王から第四回航海の許可が与えられ、装備の劣ったわずか四隻の船ではあったが、コロンブスにとっては最後の航海に出発することになった。

第四回航海ではキューバの南岸に沿って西進し、こんにちの中央アメリカのホンジュラス沿岸を周航した。コロンブスは依然としてアジアに到達したという先入観からは脱しきれなかったので、航海中からの書簡にも「ガンジス河まで一〇日行程のところにある」と記しているように、かれはこの沿岸を、プトレマイオス以来の東南アジアに突出する黄金半島《オーレア・ケルソネーソス》（マライ半島）の一部であると考えた。

したがって、インドへの通路を求めて、この沿岸を南下してパナマ地峡のところまで達したのであるが、予想に反して陸地はここから東南に転じ、また四隻の船も難破あるいは座礁して、探検航海をもはや継続することができなくなったため、ジャマイカ島に一年間滞在して、ようやく一隻の老朽船を求めて、一五〇四年に帰国することができた。

第四回航海では、コロンブスはヨーロッパ人として最初に中央アメリカに足跡を印したのであるが、しかしかれの西航計画の究極の目的地であったカタイやジパングをついに発見することはできなかった。それにかれの最大の援助者であったイサベラ女王も一五〇四年に他界し、コロンブスはすでに「過去の人」として忘れられて訪れる者もなく、第四回航海から二年後の一五〇六年に、かれは失意のうちに不遇な生涯をとじた。

コロンブスの探検航海の影響

コロンブスの探検航海はかれにとっては失敗の連続であったが、しかし少なくともコロンブスの第一回航海は、さまざまな方面に大きな影響を与えた。

ことにコロンブスの新大陸発見が契機となって、ヨーロッパから大西洋に向かって多くの探検航海が相次いで行なわれるようになったが、コロンブスにすぐ続くものとしては、まずジョヴァンニ・カボットの航海があげられる。カボットもコロンブスと同じくイタリア生まれであるが、コロンブスの第一回航海に促されて、イギリスも探検事業に乗り出すことになり、イギリス国王ヘンリー七世はカボットの探検航海を積極的に援助することになった。

カボットもコロンブスと同じようにアジアに到達する目的をもって、一四九七年にイギリスのブリストル港を出帆して西に向かい、北アメリカ大陸の北岸に達し、さらに翌九八年にも第二回航海を行なった。ただ、これらの航海の記録は失われてしまって詳細は不明であるが、ニューファンドランドからノヴァ・スコシアにかけての沿岸一帯が探検されたものと思われ、ノルマン以後、カボットが北アメリカ大陸の最初の発見者であるといえる。しかしかれ自身はコロンブスと同じく、カタイに近いアジアの東北の一角に到着したものと信じた。またカボットよりやや後に、カブラルのブラジル発見と同じ一五〇〇年ごろ、ポルトガル

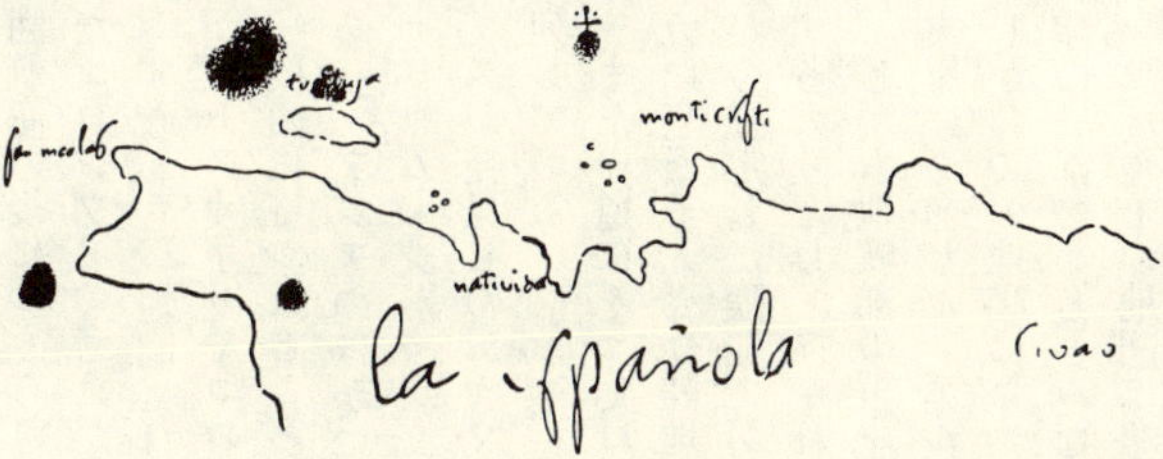

32　コロンブスの自筆の地図　エスパニョーラ（ハイチ島）の北西部。la españolaと記されnatividaはナビダ，サンタ・マリア号の座礁したMonte Criste岬，また内陸にはCivaoなどの記載がある

のカスパルおよびミグエルのコルテレアル兄弟もやはりアジアを目ざして探検航海に出発した。しかし部下の一部が帰還したのみで、かれらは航海中に消息を断ってしまったので、この航海の結果も明らかでないが、グリーンランド南岸からニューファンドランド沿岸付近であったと推定されている。

地図にあらわれた新大陸の発見

コロンブスが探検航海において地図を作成して国王に提出していることは、かれの書簡にも記しているところであるが、コロンブス自筆の地図としては、ハイチ（エスパニョーラ）島の北岸をペンで素描した一葉の地図が残っているだけである。しかしイタリアの地理学者ツォルチがコロンブスの書簡を写しとった写本の余白の部分に、コロンブスと探検航海を共にした弟バルトロメウが作成した世界図の写しがみられる。

これも三図からなるきわめて簡単な略図であるが、いま大西洋の部分だけについてみると、コロンブスの第四回航海の後につくられたことが知られ、また最後までアジアに到達したと信じて疑わなかったコロンブスの考えが、この地図によってもうかがわれる。

すなわち、地図には北回帰線と赤道がひかれ、赤道は経度一〇度ごとに分割されているが、トスカネリやコロンブスが想像したように、ヨーロッパから経度で一二〇度ないし一三〇度西に寄ったところに、コの字形をなして大きく突出しているのがアジア大陸のカタイであり、アジアのほかに、セリカ、セリチ・モンテス (Serici Montes「セリカの山脈」)、シナリウム・シトゥス (Sinarium Situs「シナの国」) などと記され、その前面には、コロンブスが発見したジャマイカ、ハイチ、ドミニカなどの西インド諸島が、ほぼ北回帰線上に配列している。

また赤道にそっては、トリニダード島や「新世界」(Mondo Novo) と記された南アメリカに当たる大きな陸地が東西に拡がっているのだが、これはコロンブスがオリノコ河の存在から推定した陸地であり、大西洋とインド洋との間の地峡状の陸地でもって、アジアに連続する大陸として描かれている。

しかも地峡部の東岸には、コロンブスが第四回航海において、こんにちの中央アメリカの東岸に命名したプエルト・デル・レトレテなどのいくつかの地名を読みとることができる。しかしこの地図にキューバがみられないのは、コロンブスがキューバは島でなく、アジア大陸の一部であるとみなしたからである。

ツォルチの地図は略図にすぎないが、新大陸の発見を記載した新しい世界図としては、フ

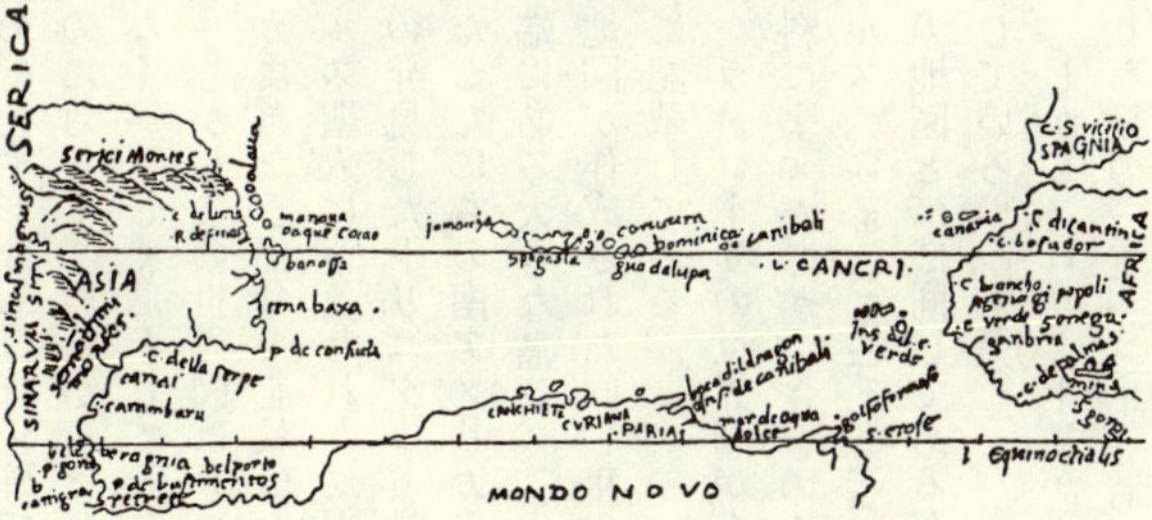

33　ツォルチによるバルトロメウの世界図（大西洋の部分）

アン・デ・ラ・コーサがスペインの資料に基づいて一五〇〇年に作成したポルトラノ型の地図がある。

この世界図は犢皮紙に描かれた大型の地図で、赤道と北回帰線のほかに、一四九四年のトルデシリャス条約によって、世界をスペイン、ポルトガル両国の領有に分割した教皇分界線が大西洋の真中を南北に引かれている。すなわち、この分界線から以東の部分では、すでにアフリカは周航しうる大陸として示されているが、その形態はなお不正確であり、またアジアの部分はプトレマイオスの形態をほぼ踏襲して、インド半島の突出もなく、地図の最東端はガンジス河口のところで終っている。

これに対して、教皇分界線から以西の部分は、以東の部分と比較して、地図の表現形式も全く異なり、また縮尺の割合もはるかに大きくなっていることから、別の資料によったことを示している。

まずスペインの国旗が付されている西インド諸島の部分についてみると、コロンブスの第三回航海までの結果を忠実にとり入れ、ハイチ、ジャマイカ、ドミニカなどの諸島の配列や形態もほぼ正確である。またコロンブスがキューバをアジア大陸の一角とみなしたのに対して、当時からそれを疑問とする見解が有力であり、ラ・コーサもキューバは半島でなく、正しく島として表わしている。

しかしこの世界図はコロンブスの第四回航海前に作成されたので、こんにちの中央アメリカにあたる部分の記載はない。そのかわりに、キューバの対岸のところには、クリストフォルス聖人*に背負われた幼児キリストの像が描かれ、その南に続いている沿岸が、コロンブスの発見したトリニダード島をはじめ、一四九九年にスペインのピンソンが探検航海を行なったこんにちの南アメリカの北岸であるが、さらに教皇分界線を越えて東に突き出た陸地の東端にある大きな島は、「ポルトガル人によって発見された島」と記されているように、この地図が作成された同じ年の一五〇〇年に、カブラルによって行なわれたブラジル発見をすでに記載している。

ラ・コーサの世界図がもっぱらスペインの資料を用いているのに対して、ポルトガルの資料によったのが、さきのカンティノの世界図の西半部である。「カスティリャ王のアンティルス」(Las Antilhas del Rey de Castella) と記された西インド諸島の形態は、ラ・コーサの地図とほぼ同じであるが、カンティノの地図では、キューバの対岸に半島状の陸地が突出している。

しかしフロリダ半島がポンセ・デ・レオンによって発見されたのは、カンティノの地図よりも後の一五一三年であるから、これはフロリダ半島でなく、コロンブスの見解を反映して、アジア大陸の一角を示しているものと思われる。

　またラ・コーサがカボットの探検航海を地図に記載しているのに対して、カンティノの地図では教皇分界線に接して、ポルトガル人のコルテレアル兄弟の探検航海に基づいて、かれらが到着したといわれるグリーンランド南岸と、それに相対するラブラドルかニューファンドランドにあたるところには、森林に覆われた陸地が描かれ、それにポルトガルの国旗と「ポルトガルの土地」(Terra del Rey de Portuguall) と記され、「ポルトガル王ドン・マヌエルの命令によって発見されたこの土地を、かれらはアジアの一部とみなしている」という注記が付されている。

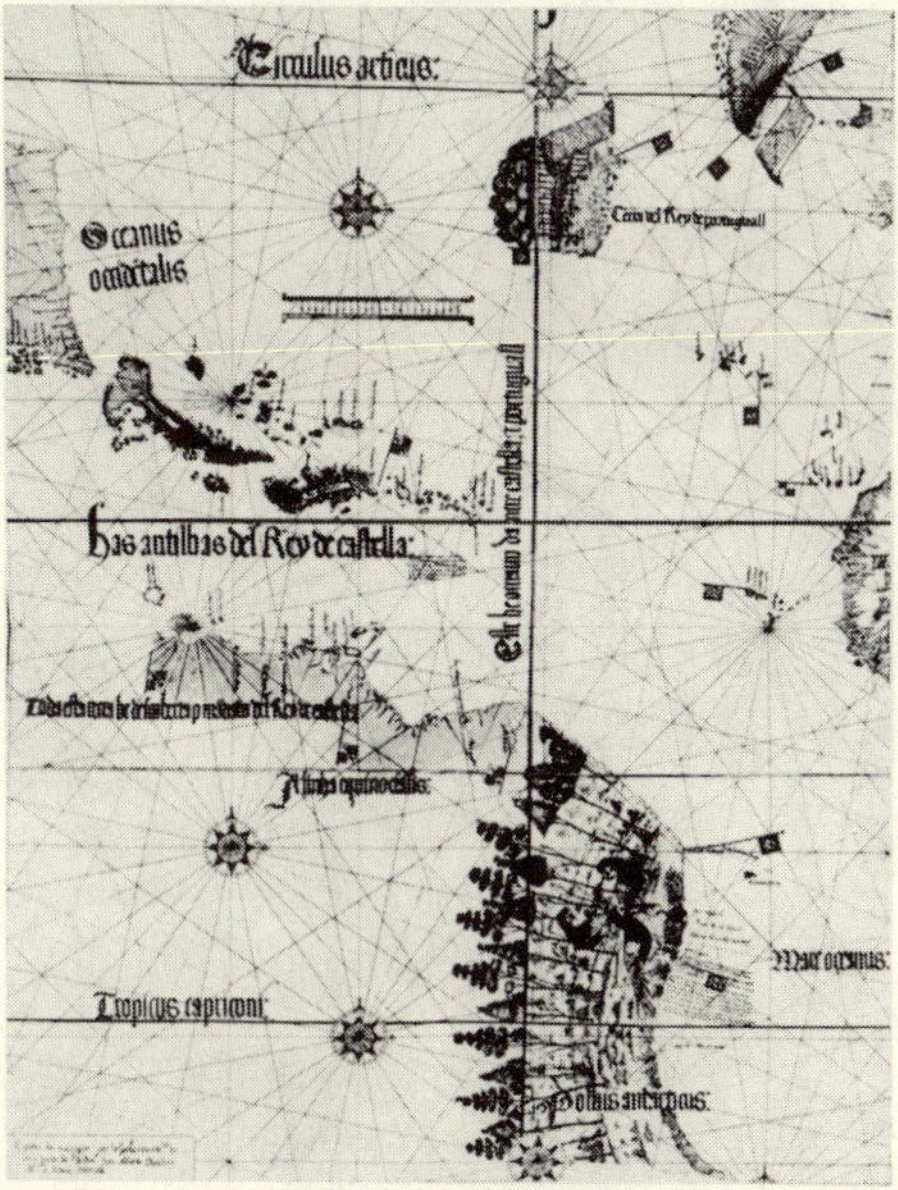

34　カンティノの地図（新大陸の部分）

　さらにこんにちの南アメリカにあたる部分について

みると、ラ・コーサはカブラルのブラジル発見についてはまだ確実な知識を有していなかったのに対して、カンティノの地図では、教皇分界線からブラジルが大きく東に張り出して、ポルトガルの国旗が示され、またこの新発見を報告するために帰国したポルトガル船がオウムを持ち帰ったので、森林と三羽のオウムが美しく彩色されて描かれている。

＊ シリアで生まれ、サモスで殉教した。幼児キリストを背負って川を渡ったという伝説によって、その名「キリストを運ぶ Christophoros」の由来がある。中世から航海者たちの保護者として崇敬された。

コンタリニとルイシュの世界図

ラ・コーサやカンティノの世界図は、いずれも手描きの地図であるが、印刷術の発達にともなって、新大陸を記載した銅版彫刻による世界図も出版されるようになった。その最初のものは、一五〇六年にイタリアで刊行されたジョヴァンニ・コンタリニの世界図である。この地図は、プトレマイオスのカナリア諸島を通過する基準子午線をそのまま経度零度の中央子午線として、東西にそれぞれ経度一八〇度にわたる極投影による円錐図法の世界図である。

まず中央子午線から以東についてみると、アフリカはすでにかなり正しい形態を示している。またアジアはマルティン・ベハイムの地球儀にみられる輪郭をほぼ踏襲しているが、ただインドのところでは、インダス河とペルシア湾との間に、ヴァスコ・ダ・ガマの発見にしたがって、カリカット、カンベイ（Conbait）などの地名が付された細長い半島を突出せしめ、その先端には、プトレマイオス以来のタプロバネーとは別に、小さなセイロン（Seila）島が位置している。

中央子午線から以西の部分でも、カタイやジパングの形態はベハイムに類似しているが、アジア大陸は北東の方向に大きく延びて中央子午線近くにまで達し、その先端のところには、カンティノの地図と同じように、「この土地をポルトガル王の航海者たちが発見した」と記している。またアジアとヨーロッパとの間の海洋には、北回帰線にほぼ沿って、ジパングやキューバ、ハイチなどの西インド諸島が東西に配列し、ジパングとキューバとの間は、経度で二〇度も隔たっていない。

また、この地図には、北アメリカ大陸にあたるものは全く認められないのに対して、南アメリカの位置のところには、コロンブスが想像したように、巨大な大陸が南方に無限に拡がり、その北岸はコロンブスの第三回航海の結果にしたがって描かれているが、東岸のところに「サンタ・クルスの土地」（Terr S. Crucis）とあり、また注記には、この土地はカブラルによって発見され、サンタ・クルスと名付けられたと記している。

いま一つは、同じくイタリアで一五〇八年に刊行されたプトレマイオスの地理書に付されたヨハン・ルイシュの世界図である。この地図もコンタリニの地図と同じ投影図法が用いられ、世界の陸地の輪郭も全体としてはコンタリニに近い。

しかし中央子午線から東半部では、インダス河とガンジス河との間に、インド半島が正しく三角状の半島をなし、セイロン島やラッカディィ、マルディヴの二諸島も描かれている。またガンジス湾（Sinus Gangeticus）、すなわちこんにちのベンガル湾を隔てて、南方に長く延びる半島は、カンティノの地図と同じようにマライ半島で、その先端にはマラッカ（Malacha）、西岸に接してスマトラ島にあたるタプロバネー島がみられる。

つぎに中央子午線から以西の部分についてみると、ルイシュの地図でもアジア大陸は北東に向かって大きく拡がり、その最東北部のところにはグリーンランド（Gruenland）と記され、アイスランド（Islandia）島と相対しているが、ルイシュはこのようにグリーンランド

35　コンタリニの世界図

をアジアの一部と誤ったのである。

またグリーンランドの南にはテラ・ノヴァ（Terra Nova「新しい土地」）の半島と、その東岸に接してバッカラウラス（Baccalauras）島がある。この島名はロマンシュ語のタラ（baccallaos）を意味し、すでにこのころからブルターニュやバスクなどの漁民がタラ漁業のために、ニューファンドランドの近海まで出漁していたことが知られ、したがってこの半

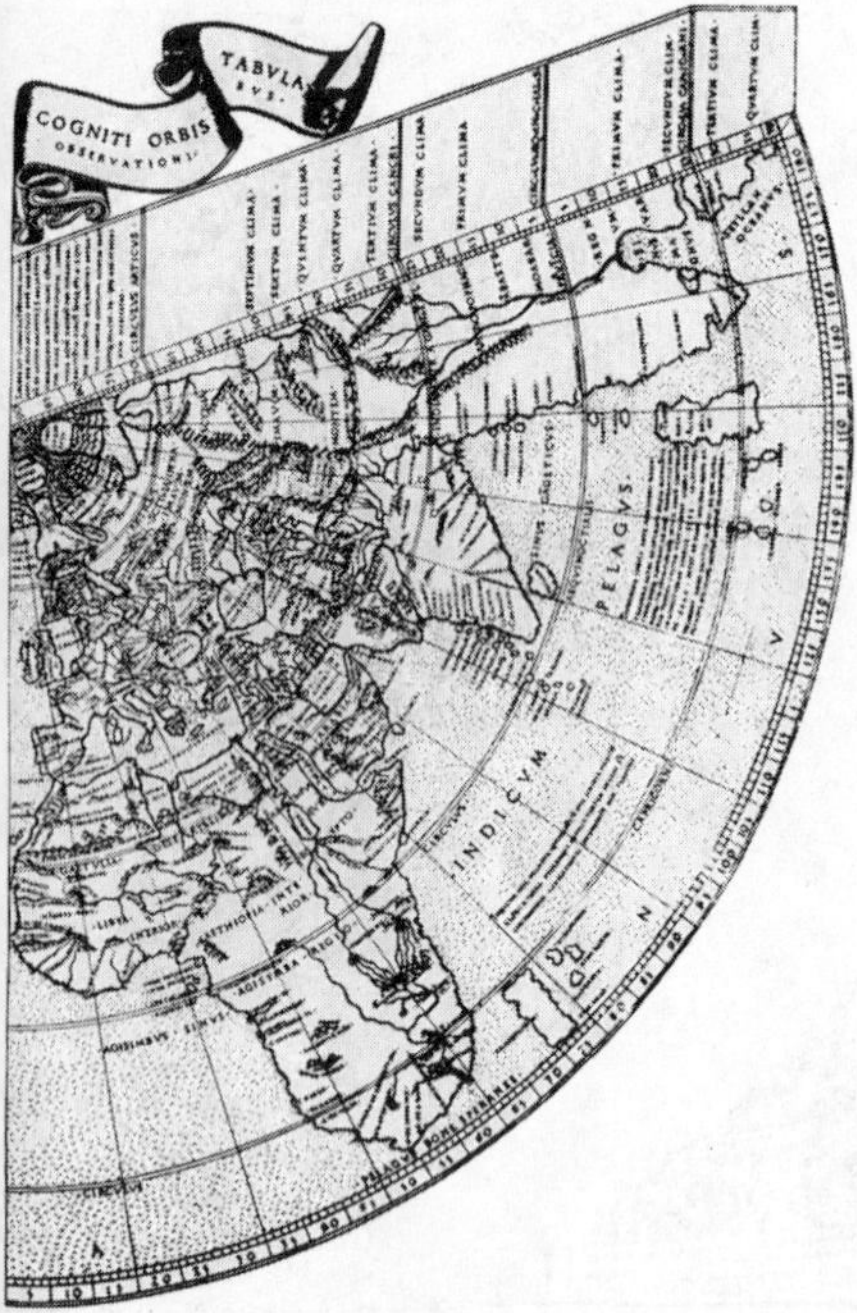

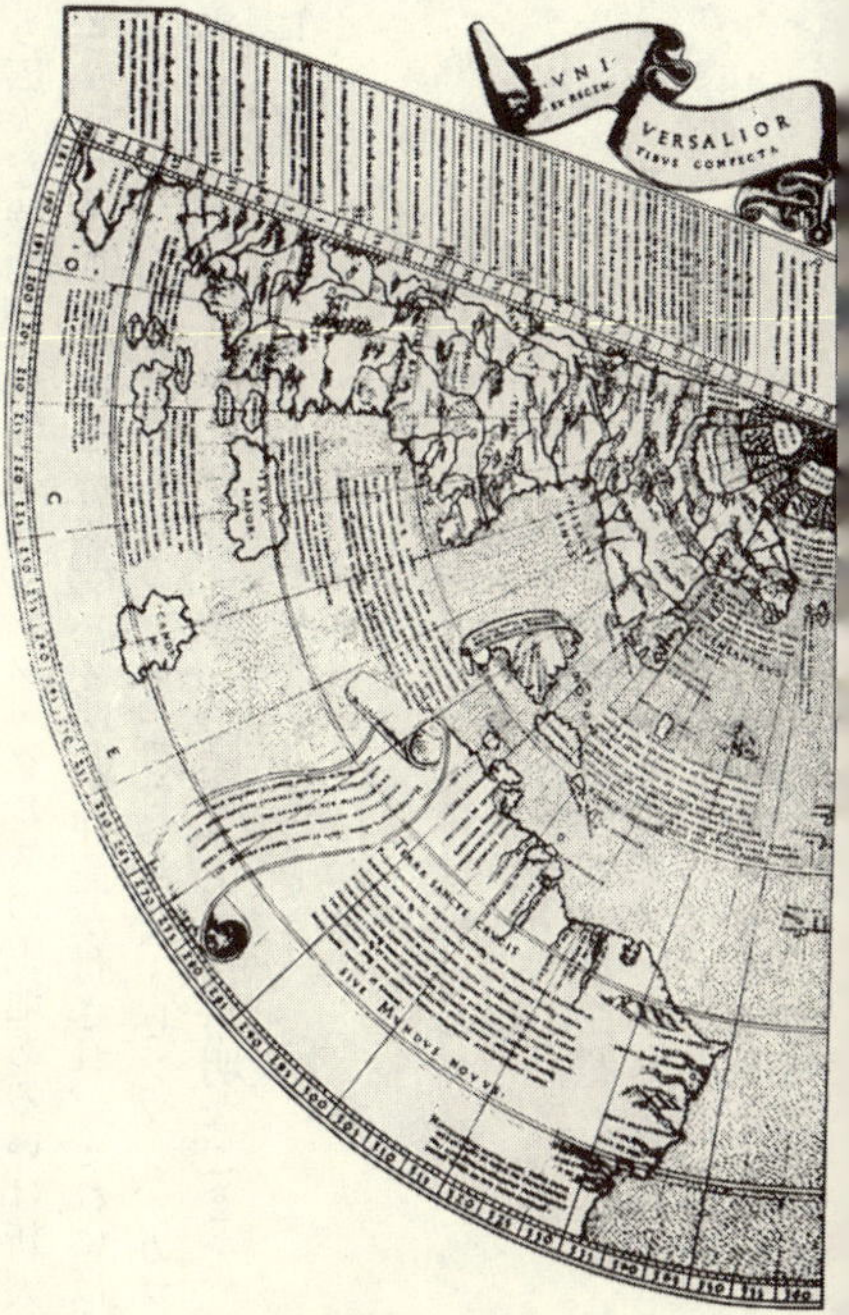

36　ルイシュの世界図

島はニューファンドランドである。

西インド諸島の部分では、ハイチ、ドミニカなどの諸島のほかに、その北には実在しないアンティリア島も加えているが、キューバは、これを大陸の一部とみなしたコロンブスの見解にしたがって、ハイチ島に向かって突出する半島状の陸地として描かれている。しかしルイシュはこの陸地があるかどうかは疑わしいとして、その西縁は巻物の形を付して、不明のままに残している。

またコンタリニの地図にみられるジパングが、ルイシュの地図では消滅している。その理由として、ジパングの位置のところに記された注記において、ルイシュはジパングに関するマルコ・ポーロの記事を引用して、「ジパングにみられる事物はまたエスパニョーラ（ハイチ）にもみられる故に、この二つの島は同一である」と述べているが、コロンブスも最初はハイチをジパングではないかと考えたといわれている。

さらに南アメリカにあたるところは、コンタリニの地図と同じように、ルイシュの地図にも広大な陸地が描かれ、「サンタ・クルスの土地あるいは新大陸」（Terra Sancte Crucis Sive Mundus Novus）と記し、多くの注記が付され、それにはこの陸地が巨大なことや住民などについて記載している。またコロンブス、ピンソン、カブラルなどの発見による北岸や東岸の一部をのぞけば、まだこの陸地の限界は不明なことを、キューバの場合と同じように、その西縁に描かれた巻物の形で示している。

第六章　世界図における新大陸

ヴェスプッチの航海

十六世紀初頭の新大陸発見当初では、コロンブスもカボットもアジアに到達したと考えられ、また「新世界」とよばれた南アメリカにあたる陸地も、それが、アジアにつらなるものか、それとも別のものであるか、まだ明らかでなかったことは、前章で述べた世界図によってもうかがわれる。しかしこれらの陸地や諸島がアジアとは別個の、全く新しい大陸であることを最初に認めたのが、アメリゴ・ヴェスプッチ（一四五四〜一五一二）である。かれもコロンブスと同じくイタリアに生まれ、後にスペインに移ってコロンブスとも相知り、探検事業に関心をもつようになって、南アメリカに四回の探検航海を行なったが、探検航海としてはとくにみるべきものはなかった。ただ一五〇一年の第三回航海では、ブラジル沿岸を南下してラプラタ河口に達し、さらに南緯五〇度の地点のパタゴニア海岸か、フォークランド諸島にまで到達したと推定され、この航海によって、南アメリカが南方まで長くつらなっている大陸であり、また赤道以南の南アメリカの地理的事情もはじめて明らかにされた。

しかしヴェスプッチを有名にしたのはかれの探検航海そのものではなく、一五〇三年に第三回航海について記載した『新世界』(Mundus Novus)、さらに二、三年後に彼の四回にわたる航海を総合的に記述した『四航海』(Quator Navigationes)の二つの小冊子を出版した。その中で、新しく発見された土地は、これまで知られていなかった世界の第四の大陸であり、また新世界と称するにふさわしい大陸であることを明らかにした。

アメリカ大陸の登場

イタリア語で書かれたヴェスプッチの小冊子は、ラテン語やフランス語などにも訳出されて広く流布し、多くの反響を呼び起こした。

なかでもロレーヌのサン・ディエの地理学者マルティン・ヴァルトゼーミューラ(一四七〇〜一五一八)は、一五〇七年に『世界誌序説《コスモグラフィア》』(Cosmographiae Introductio)を著わして、ヴェスプッチの『四航海』を付載し、その解説において、かれは世界の第四の大陸がアメリゴ・ヴェスプッチによって発見され、大陸名は女性名を用いるならわしにしたがって、アメリゴの名にちなんでアメリカと称すべきことを提唱した。

また同年、その付図として一・三六×二・四三メートルに及ぶ木版刷り世界図を刊行した。この地図は「プトレマイオスの伝統およびアメリゴ・ヴェスプッチの航海による世界図」と題するように、旧大陸はアフリカを除いて、プトレマイオスやベハイムの形態によっているが、地図の左端の部分に、細長い形をなした新大陸を新たに描き入れ、南アメリカのところには、AMERICAと記され、また一五〇九年の地球儀の小型の世界図にもアメリカの文字がみられる。

その結果、アメリカの呼称はしだいに広く用いられるようになり、はじめは南アメリカのみを指していたが、メルカトルの一五三八年の世界図以後は北アメリカにも適用されることになり、新大陸の最初の発見者であるコロンブスの名は、南アメリカのコロンビアの国名か、二、三の地名に伝わるにすぎない。

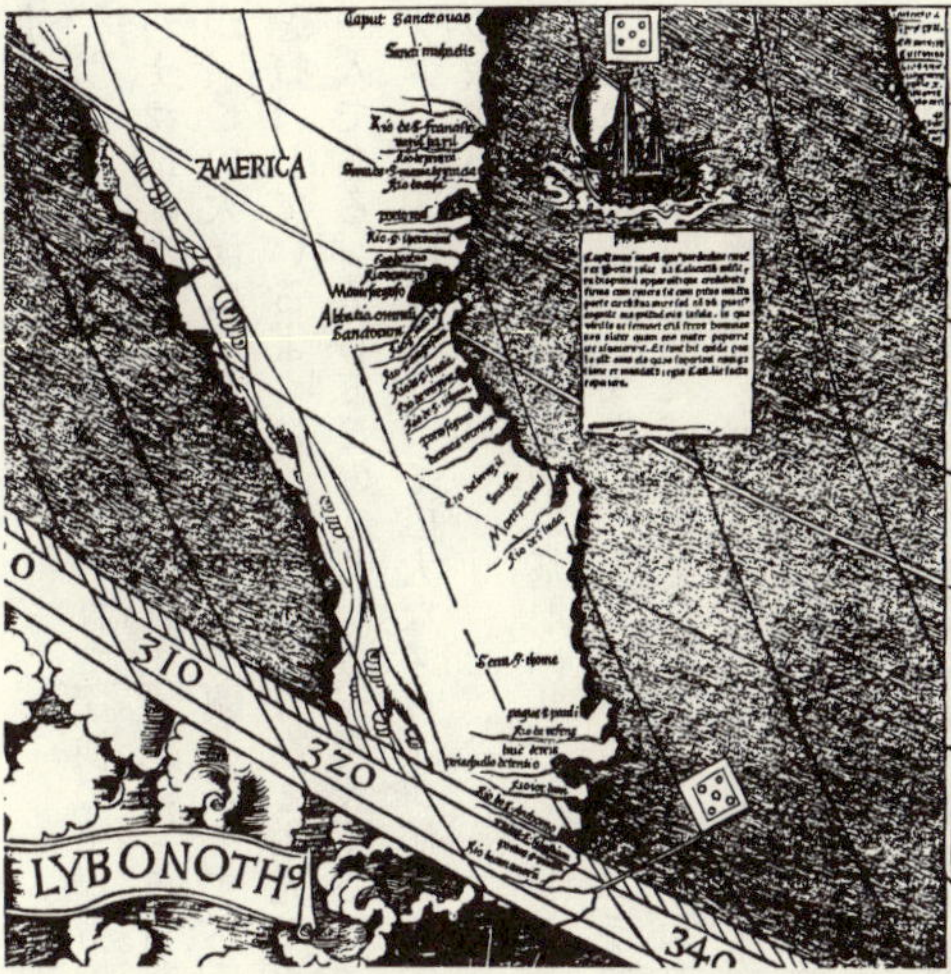

37　1507年のヴァルトゼーミューラの世界図（南アメリカの部分）

アメリカ大陸の探検と征服

コロンブスによって発見された土地がアジアでなく、アジアとは別個の新しい大陸であることが明らかになると、この未知の大陸における富の開発と植民地経営のために、スペインによる探検と征服がつぎつぎと進められた。

ヴェスプッチ以後に行なわれた探検の主なものをあげるならば、バルボアが一五一三年にパナマ地峡を横断して、はじめて太平洋を発見して「南の海」(Mar del Zur)と命名したが、この大洋につながる海岸や島嶼などをすべてスペイン国王の名において永遠に占領すると宣言しているように、バルボアも富と栄光を求めて新大陸に渡ってきた冒険的征服者《コンキスタドール》の一人である。そしてこのころから、新大陸では探検の時代より征服の時代へと移り、南北両アメリカ大陸にわたって広大なスペイン植民地帝国が建設され、またその過程において多くの探検が行なわれた。

スペインの征服の最初の基地はサント・ドミンゴであり、これを拠点としてコルテスのメキシコ遠征がはじまり、一五二一年にはアステカ族の首都テノチティトラン(現在のメキシコシティー)を陥れ、住民を殺戮《さつりく》して、メキシコ征服は終りをつげた。またバルボアの部下であったピサロは、パナマ地峡から太平洋岸を南下してペルーに侵入し、一五三三年にはペルーを中心にアンデス山中に栄えていたインカ帝国の首都クスコを占領し、徹底的な略奪をもってこれを滅亡せしめた。

この間にもスペインの探検と征服は各方面に及び、一五一三年にはポンセ・デ・レオンがフロリダ半島を発見し、キューバの総督デ・ソトが一五三九年にはミシシッピ河流域からメキシコ湾にかけての地域を探検、征服した。またコルテスによって派遣されたコロナドは、一五四〇年にはカリフォルニア地方を探検し、コロラド河をさかのぼってカンザス地方にまで達した。

これに対して南アメリカでは、一五三五年にアルマグロがペルーからアンデス山脈を越えてチリに達し、一五四一年にはオレリヤナが南アメリカに存在すると考えられていた黄金郷《エル・ドラード》の伝説の国を求めて、アマゾン河を源流から河口まで下って、はじめて南アメリカ大陸横断を行なった。またラプラタ河口はすでにヴェスプッチによって発見されていたが、一五三七年にはペドロ・デ・メンドサがラプラタ河をさかのぼって、こんにちのパラグアイ地方を開発し、後にはペルーかボリヴィア方面との交通も開かれるようになった。

しかし新大陸の探検はこれらの大陸の征服を目ざすためのものばかりではなかった。ヨーロッパとアジアとの間にアメリカ大陸が新しい大陸として介在していることが明らかになると、ヨーロッパから西航してアジアに到達するには、アメリカ大陸が迂回できるか、あるいはこの大陸のどこかに西方への通路となる海峡が存在するかを発見することが必要であると考えられた。そしてこのような探検航海として、次に述べるように、南アメリカ大陸の迂回に成功したのがマゼランである。

これに対して、北アメリカの東海岸に探検航海を試みたのがフィレンツェ生まれのジョヴァンニ・ダ・ヴェラツァノである。かれはアジアへの通路を発見するために、一五二四年にノースカロライナ付近から北上してニューファンドランド沿岸にまで達した。かれの沿岸調査によって北アメリカの東海岸の状況が明らかになり、南におけるスペイン人の発見と、北におけるさきのカボットの発見とのギャップが満たされ、南北アメリカが一続きの大陸塊を

38　シェーネルの地球儀

なしていることが証明された。

しかしヴェラッツァノはアジアへ通ずる大陸の「裂け目」があるにちがいないという信念を捨てなかったとみえ、ノースカロライナの沿岸に突出するハッテラス砂州の背後に拡がるパムリコ湾の広い水面を望見して、太平洋がここまでアメリカ大陸に深く入りこんでいるものと想像し、これをヴェラッツァノ海と称したのである。また一五三四年にはフランスのジャック・カルティエもアジアへの西方の通路を求めて、ニューファンドランドの沿岸からセントローレンス河を溯ってモントリオール付近にまで達した。

これらの探検がヴァルトゼーミューラ以後、アメリカ大陸の地図の発達にどのような影響を与えたかを二、三の地図で比較してみると、一五一五年に作成されたヨハン・シェーネル（シェーナー）の地球儀に描かれた新大陸の形態は、ヴァルトゼーミューラの一五〇九年の地球儀用小型世界図に類似し、ジパングに接する北アメリカはまだジパングとはあまり変らない大きさで、南アメリカとは海峡をもっと隔てられている。また南アメリカはすでにアメリカと書かれた三角形の大陸をなし、その南端は「ブラジル地方」(Brasilie Regio) と称する架空の南方大陸と海峡をはさんで相対しているが、この海峡はラプラタ河の河口を誤ったものである。

つぎに一五三四年のペテルス・マルティルスの地図をみると、大西洋に面する北アメリカの東海岸はヴェラツァノ、フロリダからマゼラン海峡までの沿岸はスペインの探検によって描かれ、ユカタン半島が島となっているほかはほぼ正しく、北アメリカと南アメリカとは陸続きの大陸をなし、シェーネルなどが想像したような両アメリカ大陸間の海峡はなくなっているばかりでなく、南アメリカの南端にはすでにマゼラン海峡が示されている。

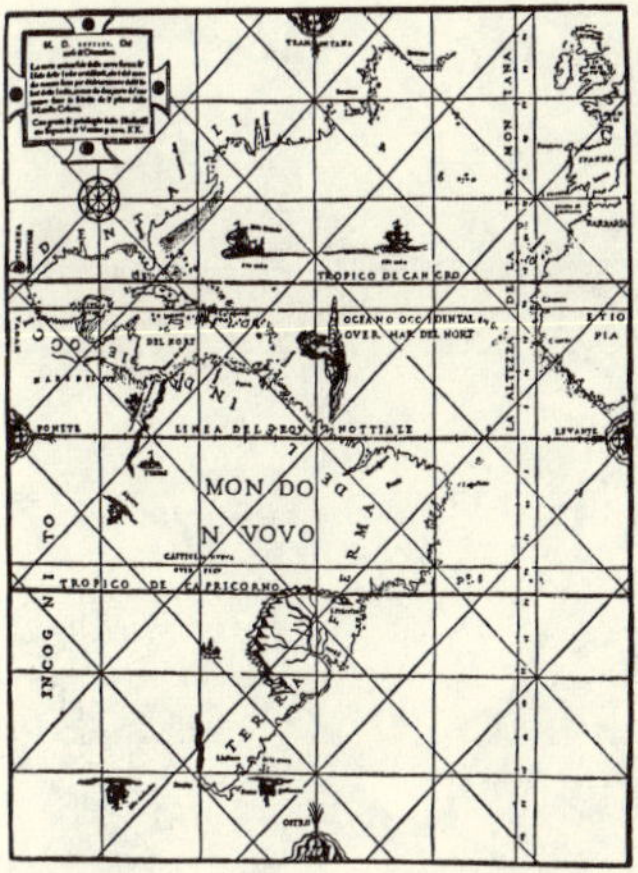

39　ペテルス・マルティルスの地図

さらに一五六二年のディエゴ・グティエレスの地図になると、アルマグロのチリ遠征もあって、南アメリカの形態はほぼ整い、その南端のマゼラン海峡によって、「マゼランの土地」(Tierra de Magallanes) と記された南方大陸と相接している。また

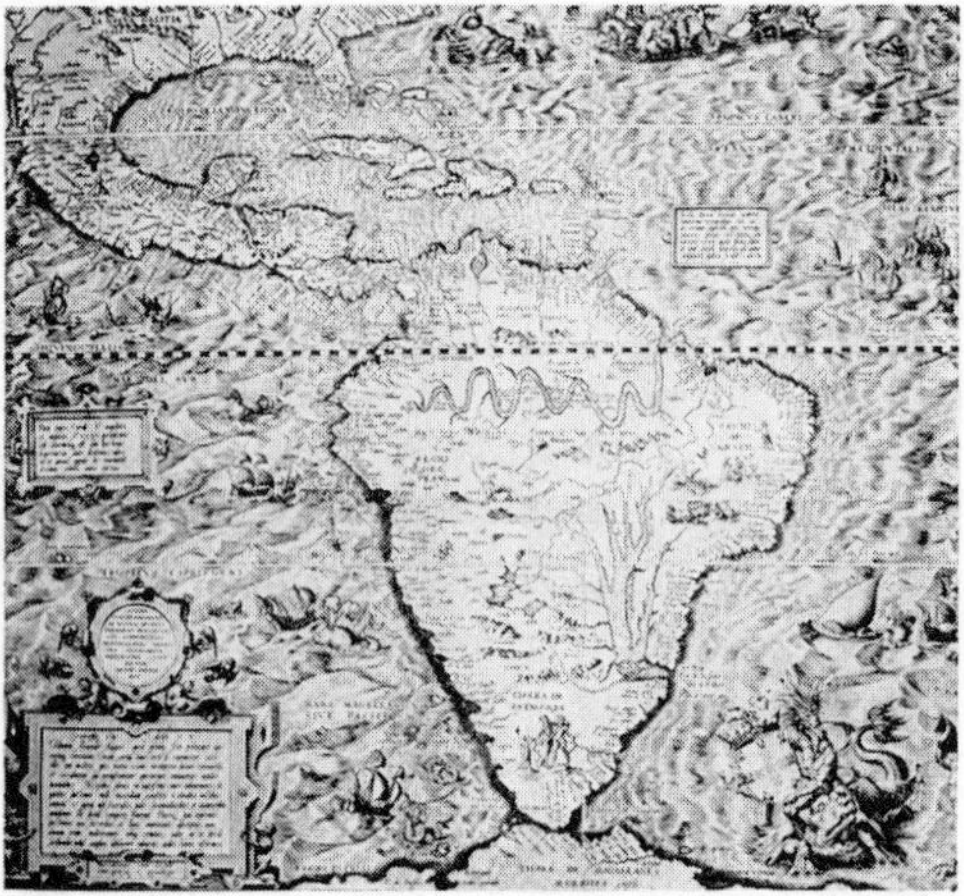
40　ディエゴ・グティエレスの地図

内陸地方の記載も豊富となり、オレリヤナによって発見されたアマゾン河が蛇行を描いて大西洋に流入し、河幅はいちじるしく誇張されているが、ラプラタ河も大陸を南北に流れている。

マゼランの世界周航

フェルディナンド・マゼラン（フェルナン・マガリャンイス、一四八〇～一五二一）はポルトガルの貴族に生まれ、インド総督アルブケルケの部下としてマラッカの遠征にも参加し、ポルトガルの香料諸島（モルッカ諸島）発見の事情にも通じていた。帰国後ポルトガル国王の不興を蒙ってスペインに移り、アメリカ大陸を迂回しうる海峡が発見できれば、ヨーロッパから西航しても香料諸島に到達することが可能であるという計画もスペイン国王カルロス一世に進言した。スペインではポルトガルに対抗上、香料諸島への新しい航路を開発することが必要とみなされたので、マゼランは国王

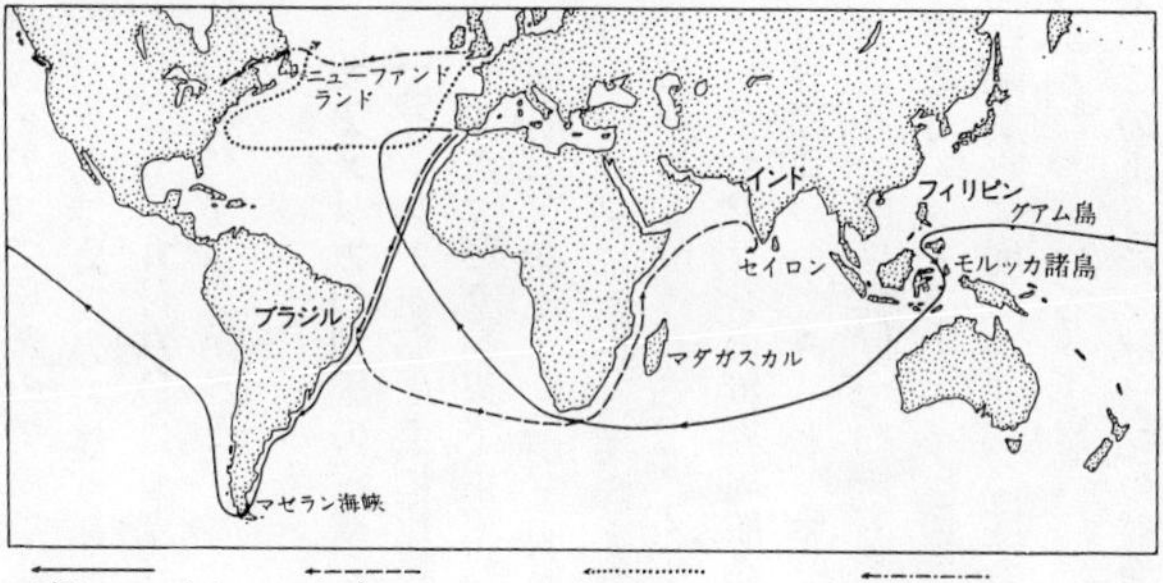

マゼラン, エルカノ (1519〜22)　カブラル (1500)　ヴェラツァノ (1524)　カルティエ (1534)

41　マゼランの世界一周航路（カブラル，ヴェラツァノ，カルティエの航路を含む）

の特許を受けて、一五一九年八月に乗組員二六五人、五隻の船隊を率いてセヴィリアを出帆した。

船隊は南アメリカ東岸を南下して南緯四九度の地点で越冬し、越冬中に乗組員の反乱のため、一隻は沈没、一隻は逃亡し、船隊は三隻に減じたが、ついに一〇月二一日にマゼラン海峡を発見して、この海峡を約一ヵ月を要して通過し、はじめて太平洋に出ることができた。

マゼランは太平洋をもっと小さいものと考えて香料諸島に向かって西進したが、結果は太平洋横断に三ヵ月以上を要し、食糧や飲料水の欠乏と壊血病になやまされながらも、ようやくフィリピン群島に到着することができた。ただこの間、一度も荒天に遭遇することがなかったので、マゼランはこの大洋を「太平洋《マール・パチフイコ》」(Mar Pacifico) と名づけた。

しかし二一年四月二七日、マゼランはフィリピン群島のセブ島の東にあるマクタン島で、島民と交戦して戦死した。マゼランをはじめ、すでに多数の乗組員を失っていたので、エルカノが指揮者となって二隻で帰路につき、モルッカ諸島のハルマヘラ島で最後の一隻ヴィクトリア号に香料を満載して、ポルトガル船の追及をさけながら、二二年九月六日にセヴィリアに帰港することができたが、生存者はエルカノ以下わずか一八名にすぎなかった。

北アメリカの地図の変遷

マゼランの航海は実に比類稀な大航海であった。本国に帰還するまでほとんど三ヵ年を費し、またマゼラン以下乗組員の大部分を失なうほど犠牲も多かったが、この航海によって世界周航の可能なことが証明されたばかりでなく、広大な太平洋の存在が知られるようになり、世界図において実際よりもいちじるしく東に延びていたアジアがしだいに西方に後退し、それにかわって、アメリカ大陸と太平洋が大きく拡大されはじめた。

いまマゼランの世界周航を示した地図として、一五四二年ごろのバティスタ・アグネスの世界図についてみると、マゼランの航路が正しく記入され、ことにマゼラン海峡とモルッカ諸島との間は経度で約一五〇度にわたって太平洋が拡がっているが、しかしアジアの東端を占める「シナの国」(Sinarium situs) はまだプトレマイオスにしたがって、ヨーロッパの西端から経度で約一八〇度の位置にあり、またそれから以東の北アメリカとの間は空白のままとなっている。

このようにマゼランの航海によって、マゼラン海峡とモルッカ諸島との位置関係は明らか

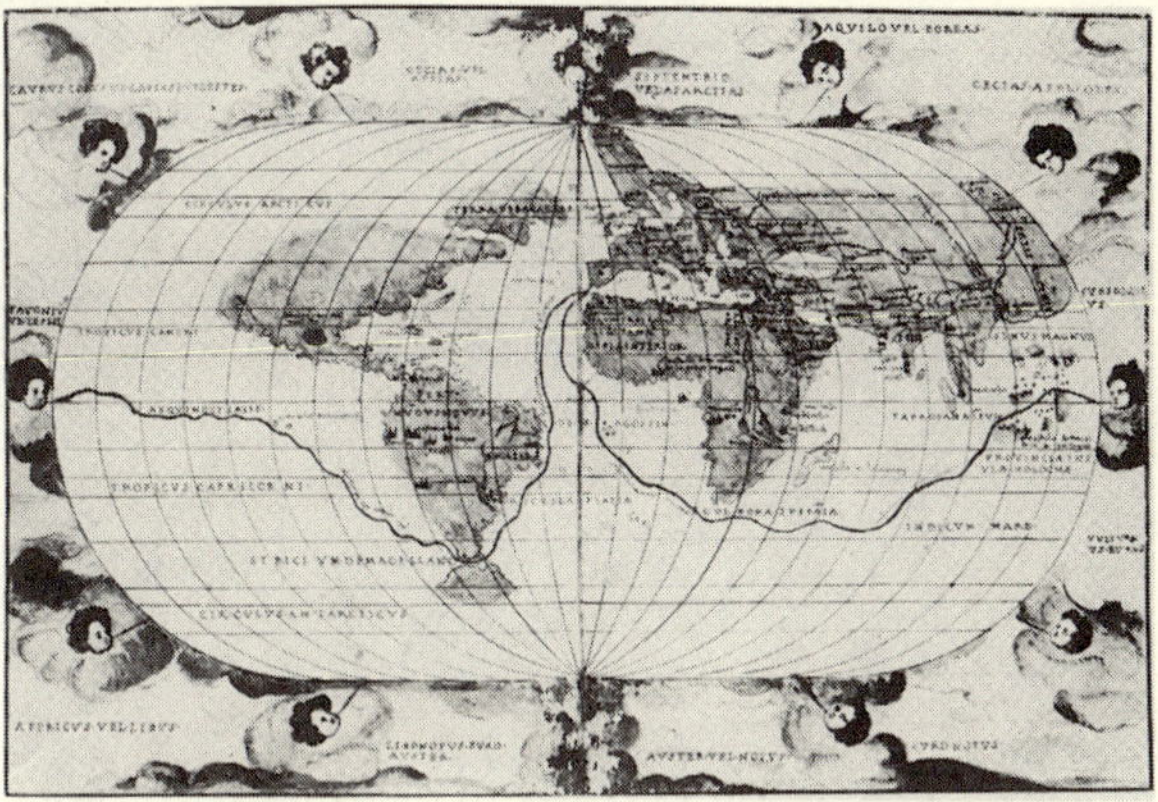

42　バティスタ・アグネスの世界図

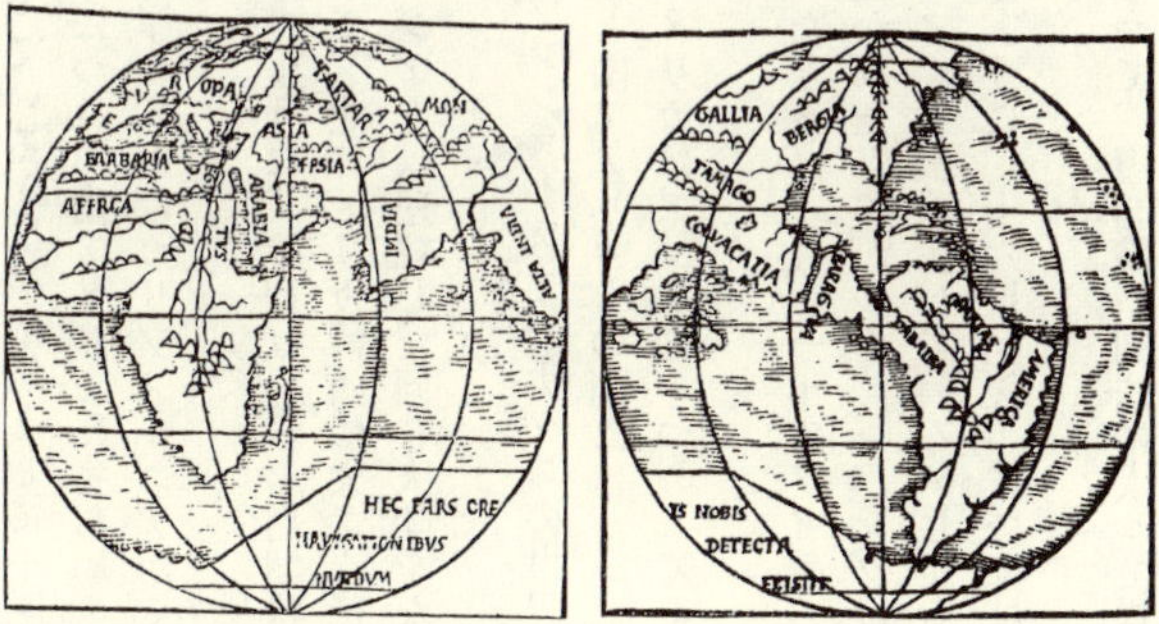

43　モナクスの世界図

になったが、それから北へ太平洋がどのように拡がっているかは、依然として不明であった。また一方、北アメリカも東海岸の探検が進捗するにつれ、南アメリカに劣らぬ大きな大陸であることが知られるようになったが、しかし西海岸の探検はカリフォルニアから以北には及ばなかった。

したがってさきのシェーネルの地球儀の北アメリカのように、最初は小さな島嶼状をなすとみなされていた北アメリカが拡大されるにともなって、北アメリカは西に大きく延びて、コロンブスがはじめ想像したように、北アメリカとアジアとは連続した同じ大陸をなすという考えが再びあらわれるようになった。

それを示す最初のものとしては、一五二九年のフランシスクス・モナクスの世界図があり、この地図ではマゼラン海峡のほかに、北アメリカと南アメリカとの間には、シェーネルの地球儀と同じように架空の海峡が存在し、また北アメリカはアジアと一つの大陸をなしている。

モナクス以後も十六世紀中ごろまでの世界図では、たとえば一五三一年のフィネの世界図など、北アメリカとアジアとは連続する大陸として描かれたものが多く、ジパングはこれを示す余地がないので消失し、また北アメリカの部分にアジアが混在している。しかもこの見解は一五九〇年のミュリティウスの世界図にみられるように、十六世紀後半まで支持されたのである。

これに対して、一五三一年のフィネの世界図にならって、複心臓型図法によって描かれた

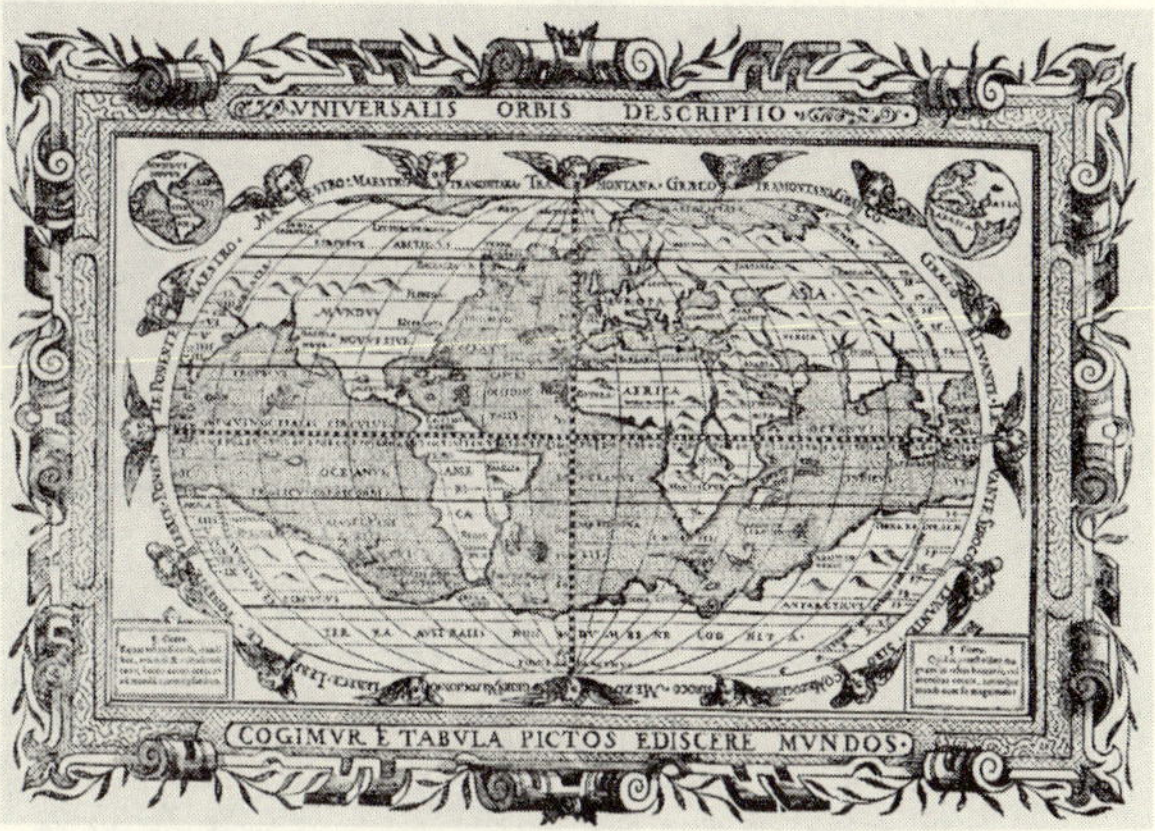

44　ミュリティウスの世界図

一五三八年のメルカトルの世界図は、北アメリカをアジアとは広い海によって隔てられた独立した大陸とみなし、アメリカの名称を北アメリカにも適用して、南アメリカ（Americae pars Merdionalis）と北アメリカ（Americae pars Septentrionalis）とを区別した最初の地図である。

さらにガスタルディは一五六二年に、アジアと北アメリカとの間には太平洋が北に向かって大きく拡がってジパング島が所在し、また両大陸はアニアン（Anian）海峡という仮想の海峡によって分離されているという新しい見解を発表したが、アニアン海峡を地図に最初に記載したのは、ツァルテリウスの一五六六年の世界図である。

その後、アニアン海峡説はメルカトルの有名な一五六九年の世界図や一五七〇年のオルテリウスの地図帖にもとり入れられた

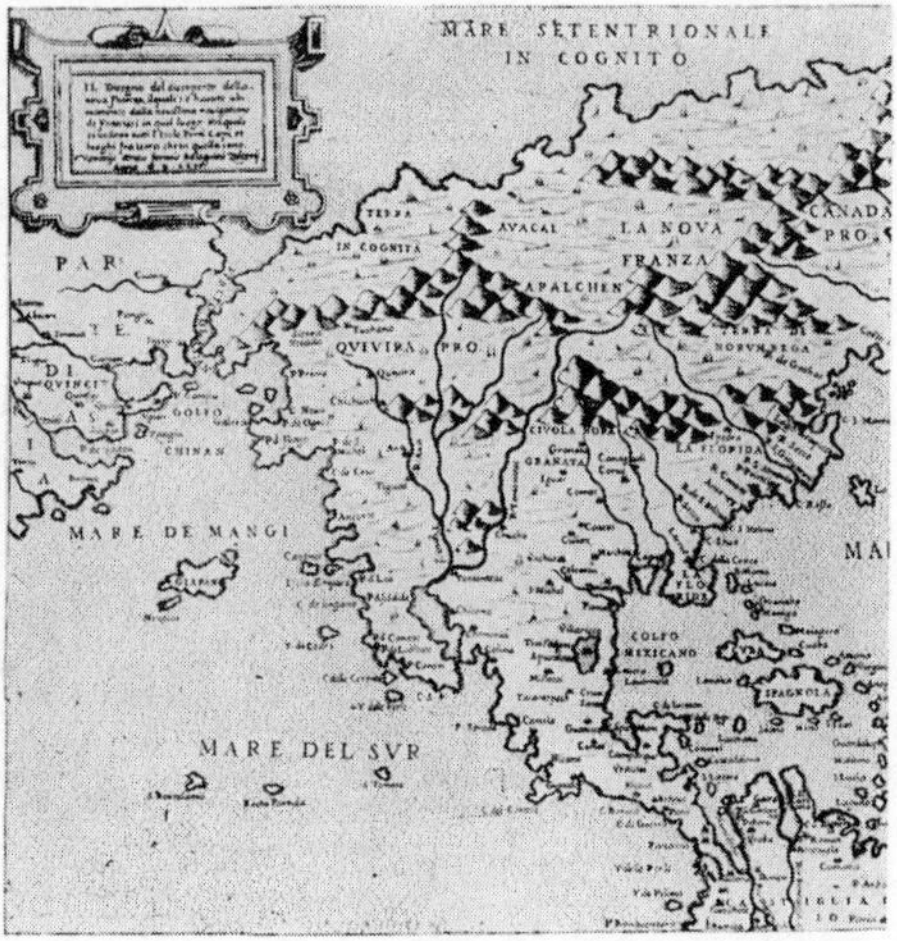

45　ツァルテリウスの世界図

ので、十六世紀後半ごろから、両大陸連続説にかわって、北アメリカとアジアとはアニアン海峡によって隔てられた別個の大陸であることが、一般に認められるようになったのである。

もっともアニアンとはガスタルディが、マルコ・ポーロにみられるアニア*という地名がアジアの西北端に位置するものと誤って、この想像上の海峡に付したのであるが、実際に両大陸がベーリング海峡によって隔てられていることが証明されたのは、一七二八年のロシアのベーリングの発見によるものである。

* 「この湾（ケイナン湾）は、北上すれば航行二ヵ月を要する広さをもって拡がっている。湾の東南に接するのはマンジの一地方だけであるが、西北界ではアニア、トロマンをはじめ、いろいろな地方と境を接している」（『東方見聞録』第六章一七七）。アニアは元代の雲南行省安寧州を指すものと思われる。

北方への道

地理的発見時代におけるヨーロッパ人の活動は、スペイン、ポルトガル両国ばかりでなく、いわば全西欧的な動向であり、そのなかにはポルトガル人やスペイン人のほかに、イタリア人をはじめ、イギリス人やフランス人なども含まれ、また国家としても、イギリスやフランスなどの諸国は早くから探検事業に関心をもっていた。それは西欧諸国における絶対主義の成立と商業的発展にともなう必然的な動きであったからである。

なかでもイギリスでは、フランスとの百年戦争と、それに続いて起こった薔薇《ばら》戦争の内乱によって封建貴族の勢力は失墜し、チューダー王朝の始祖としてヘンリー七世（在位一四八五～一五〇九）が即位した。かれは絶対王権の確立につとめ、また商工業を奨励したのみならず、前述のようにカボットの探検航海を積極的に援助したのであるが、まだ内乱後の国内治安の回復をはからねばならなかったために、カボット以後、イギリスの探検航海は一時中断せざるをえなかった。

しかしその間、イギリスではチューダー王朝の諸王の保護によって、毛織物工業の発達がいちじるしく、国民的産業となり、その輸出に国の繁栄がかかる有様であった。そのためイギリスの毛織物商人たちは、国王の特許によって「冒険商人組合」という独占的な団体をつくって、ヨーロッパ市場に活発に進出したのであるが、まだアジアなどへの商品の海上輸送は、スペイン、ポルトガルの圧倒的な海上権によってきびしく阻止されていたのである。

このような情勢に対して、冒険商人の一人であったロバート・ソーンは「もはや発見すべき航路はただ一つ、北方に進むだけである。すでにスペインがインドと西方の海のすべてを発見し、ポルトガルがインドと東方の海のすべてを発見した」と述べているように、アジアへの通路としてイギリスに残された唯一のものは北方への道、すなわちアジアの北辺を迂回する「北東の道《ノース・イースト・パセージ》」か、北アメリカの北辺を迂回する「北西の道《ノース・ウエスト・パセージ》」の探索と考えられ、一五五〇年ごろから、イギリスでは冒険商人たちを中心に、にわかに探検航海活動が活発に開始された。

しかし北方の海は、一年の大半ははげしい風雪や厚い氷に閉ざされ、また北へ向かうほど羅針盤の偏差がいちじるしくなって、正確な方角を定めがたいなど、航海にはきわめて困難な条件が存在していた。

それにもかかわらず、当時それが可能と信じられたのは、ソーンによれば、「人間の住めない土地や航海のできない海はない」とみなされ、またメルカトルの北極圏図にもうかがわれるように、十六世紀後半ごろには、北極を中心とした陸地の周囲には広い海がめぐらされ、それがアニアン海峡をもって太平洋とも連続して、アメリカとアジアの両大陸を分かっていると想像されていたからである。

北東航路の探検

北方航路のうち最初に開発されたのは、イギリスの碩学として知られていたジョン・ディ

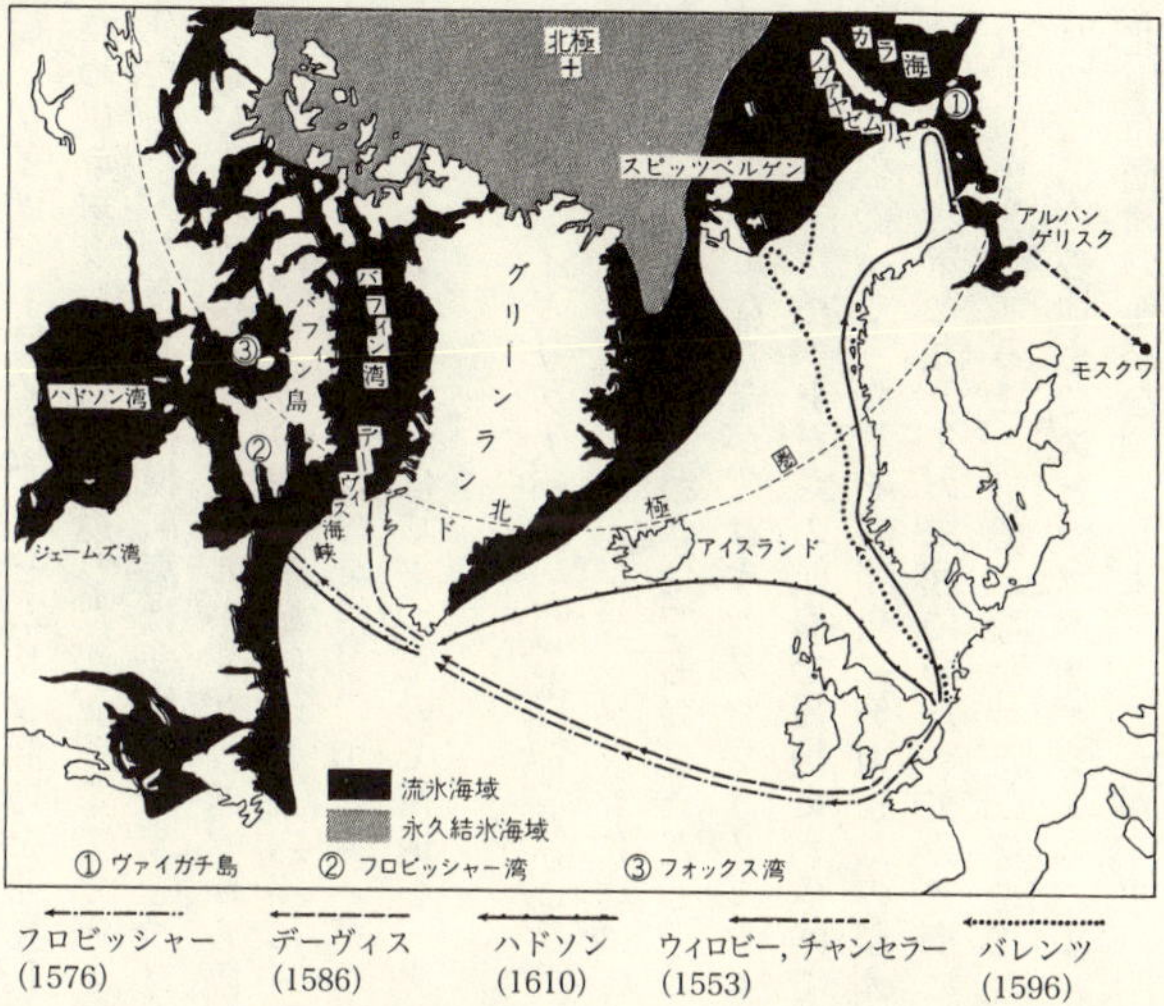

46　北東・北西航路の探検

ーなどの主張による北東航路であり、それには二つの理由があった。

その一つは、アジアの北岸を東進して、アジアの北端に突出すると想像されたタビン岬を越えれば、陸地は南東に転じて、アニアン海峡からカタイ（中国）に達しうると信じられた。さらにいま一つの理由としては、北アジアの住民は早くからカタイの影響を受けて、おそらく文化も高く、したがってイギリスの毛織物のすぐれた市場となり、またそれと交換に中国の絹や南方の香料などとも交易しうると考えられたのである。

そこで一五五三年に、ヒュー・ウィロビーとリチャード・チャンセラーが三隻の船でカタイに向かって出発したが、嵐にあって船隊は離散し、ウィロビーはノヴァヤゼムリャ群島を発見した。しかし冬がせまってきたので、越冬のためにラプランドに引き返したが、そこで寒気と壊血病のためにウィロビーをはじめ全員が死亡した。こうして探検航海は悲惨な結末をつげたが、他の船に乗っていたチャンセラーは幸運にも白海にのがれ、アルハンゲリスクから陸路モスクワに向かい、ロシアとの交易の開始に成功した。つぎの探検航海は一五五六年にステファン・バローによって行なわれた。かれは勇敢にもわずか八人の乗組員の小船でノヴァヤゼムリャに到達し、その南端のカラ海峡を発見したが、結氷がはじまったので後退し、アルハンゲリスク付近で越冬して、翌春帰還した。

その後、イギリス人の関心は北西航路の開発に向けられていたが、一五八〇年にアーサー・ペットとチャールズ・ジャックマンによって再開され、かれらはカラ海峡を通ってカラ海にまで進出した。しかし夏でもおびただしいカラ海の流氷群にさまたげられて、ついに帰還することになったが、ジャックマンはノルウェー沖で難破し、乗組員全員が死亡した。

イギリスはペットたちの航海を最後に、危険で犠牲の多い北東航路の探検を放棄したが、その後を継いで、なおその開発に努力したのがオランダのウィレム・バレンツである。かれは一五九四年と九五年の二回にわたってカラ海に進入したが、氷のために航行を阻止されてカラ海を突破することはできなかった。そこで九六年の第三回航海では、北に進路をとり、北緯八〇度の地点でスピッツベルゲン（スバールバル）諸島を発見し、さらに北に向かって北極海横断の航路を開発しようとしたが、氷に閉ざされてノヴァヤゼムリャの東北岸に達し

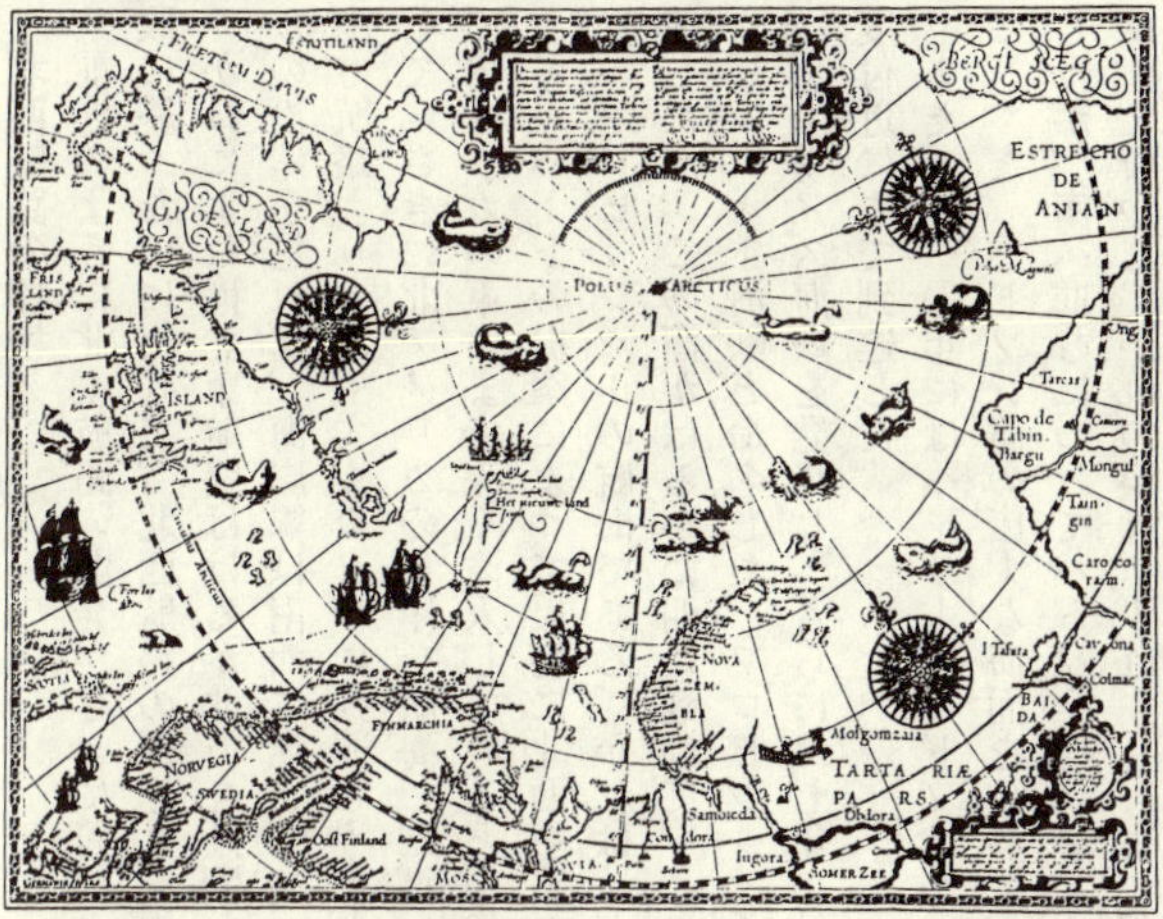

47　リンスホーテンの北極圏図『イティネラリオ』(東方案内記) 付載の地図。バレンツの第三航海によって描かれ，メルカトルの地図にみられる架空の北極の陸地はなくなり，ノヴァヤゼムリャや「新しい土地」と記されたスピッツベルゲン諸島などが記されている。しかし，タビン岬やアイスランドの南にも実在しないフリスランド島がみられる

て越冬することになった。越冬中にバレンツなどは壊血病に倒れ、生き残った乗組員も翌年ロシアの船に救われてようやく帰国することができた。

　バレンツの探検航海もカタイへの通路を発見しえなかったが、スピッツベルゲン諸島の近海はクジラの好漁場をなすことが判明し、十七世紀における北欧諸国の捕鯨業の発達をもたらした。またこれまで想像で描かれていた北極圏の地図も、リンスホーテンの地図にみられるように、バレンツの航海などによって大きく描き改められた。

北西航路の探検

前述のように北東航路の開発がさきに着手されたが、ウィロビーやバローの探検航海も失敗に終ったのに対して、北西航路の優越性を提唱したのはハンフリー・ギルバートである。かれによれば北東航路ははるか北方を迂回しなければならないが、北西航路ではラブラドルの沿岸を廻れば、海岸線は南西に転じてアニアン海峡に連続し、ポルトガルやスペインの南方航路よりもたやすくカタイに到達しうると論じた。またかれの論拠を裏書きするものとして、さきに北アメリカの東岸を航海したヴェラツァノも、太平洋がヴェラツァノ海となってアメリカの東岸まで深く湾入していると想像した。

ギルバートの提案によって最初に北西航路の探検を行なったのは、一五七六年のマーティン・フロビッシャーの航海である。かれはハドソン海峡の入口に接するフロビッシャー湾に達したが、この湾がはるかに西に延びてアニアン海峡に連続するものと想像して、これをフロビッシャー海峡と命名した。フロビッシャーについではジョン・デーヴィスが一五八五年にデーヴィス海峡を発見し、さらに八七年の航海ではデーヴィス海峡を北上して、北緯七三度付近にまで到達した。

また一六一〇年にはヘンリー・ハドソンがハドソン海峡を通過して、はじめてハドソン湾に入った。ハドソン湾の広大な海面を眺めて、これこそ太平洋につながるものと考えて南下したが、南へ進むにつれてハドソン湾はますます狭くなって、ついにジェームズ湾で行きどまりとなって、かれの夢はくずれ去り、また部下の反乱によってハドソンは消息をたった。

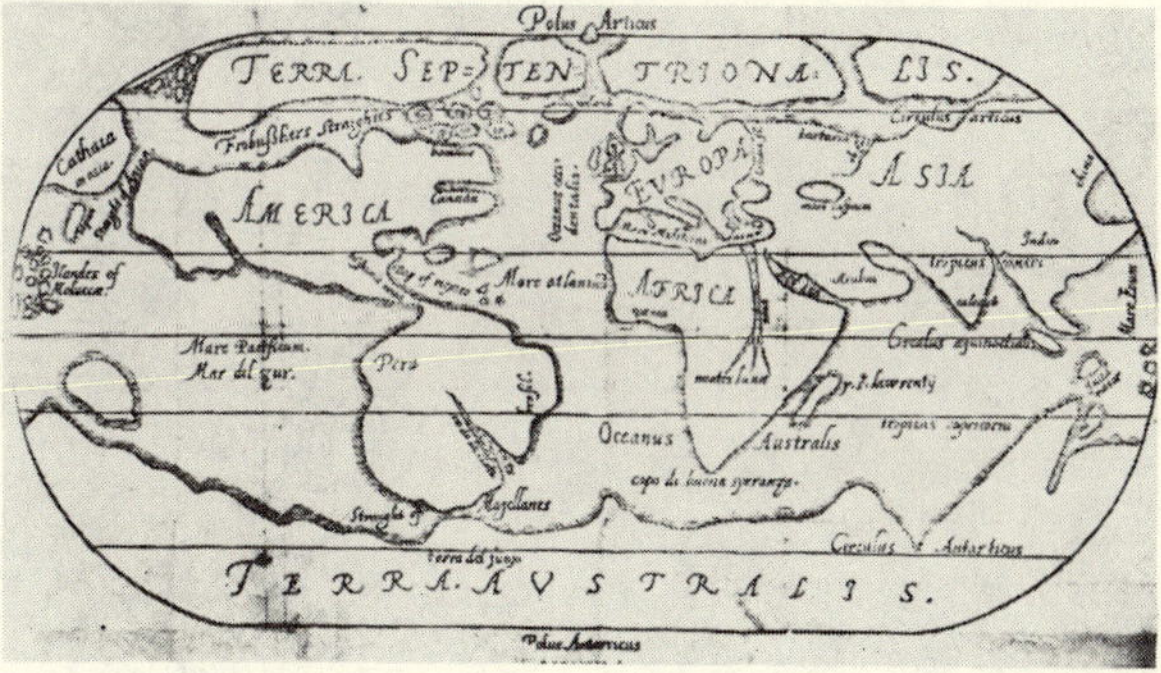

48　フロビッシャーによるベストの世界図（1578年）　北アメリカと「北の陸地」(Terra Septentrionalis) の間には，フロビッシャー海峡が東西にのびてアニアン海峡につらなり，アニアン海峡の周辺にはカタイ，日本，モルッカ（香料）諸島が描かれている

しかしハドソンの航海によって、ハドソン湾の南端には太平洋への出口がなくても、西岸のどこかに存在するに違いないと考えられ、イギリスでは商人たちが中心となって北西航路発見会社が設立され、一連の探検隊が派遣された。なかでも一六一六年には、「デーヴィス海峡を北に八〇度まで向かい、のち西南に六〇度まで下り、この緯度にあるエゾ（蝦夷）にコースをとる」という指令によって、ウィリアム・バフィンがデーヴィス海峡を北上してバフィン湾に達し、その北端の北緯七八度の地点でランカスター海峡を発見したが、結氷に固く封鎖され、デーヴィス海峡の北方には西への通路を見出しえないことが判明した。また一六三一年にはルーク・フォックスによって北西航路の最後の航海が行なわれたが、ハドソン湾の北につらなるフォックス湾を発見したにとどまった。

49　フォックスの北極圏図（1635年）　ハドソン湾にはフォックスの航路が記入され，ハドソン湾の形態は正確である。またハドソン湾と同じ緯度にエゾが位置している

このように発見時代の最後をかざった北西航路や北東航路の探検航海は、北極海の気候や結氷の状態についての知識が乏しく、また当時の船舶の構造からしても不可能であり、いずれの航海も目的を達することはできなかった。

しかし北西航路の場合でも、探検はやがて商業的活動に席をゆずり、十七世紀には毛皮貿易のハドソン湾会社の設立をうながした。また、これらの探検航海によって、グリーンランドから以西のバフィン島、ハドソン湾の諸島をはじめ、沿岸の形態が正しく地図に記載されるようになった。

未知の南方大陸

イギリス人やオランダ人による北方航路の開発は、いずれも失敗に帰したとはいえ、十六世紀末には北極圏周辺のかなり広範な地域にわたって、その地理的事情が解明された。これに反して南半球では、十六世紀でも大西洋から太平洋やインド洋にまたがる南方の広大な海域は、まだ全く不明のままに残されていた。

南半球に巨大な陸地が存在するという考えはすでにギリシア時代にはじまり、ギリシア人はヨーロッパからアジアにまたがる北半球の大陸に対して、南半球にもこれと均衡する広大な陸地が、当然「対蹠《たいせき》大陸」として存在するものと想像した。プトレマイオスの世界図でも、アフリカは南方に無限に拡がり、またアジアとは内海をなすインド洋をめぐって、連続しているとみなされた。

このような考えは中世を通じて、近世初頭の発見時代になると、いっそういちじるしく復活し、世界図にも南半球に巨大な南方大陸が出現するようになった。すなわち、さきのシェーネルの地球儀にすでに南方に架空の大陸がみられるが、一五二一年に、マゼランがマゼラン海峡を通過した際、この海峡の南岸に望見されたティエラ・デル・フエゴ島こそ南方大陸の一角をなす陸地であると考えられた。

こうして幻想の南方大陸はますます現実的なものとみなされるようになり、前記のモナクスの世界図をはじめ、メルカトルやオルテリウスの世界図など、十六世紀の地図にはすべて、マゼラン海峡からニューギニアの北岸を含めて、南方に延々とつながる大陸が描かれ、「未知の南方大陸」(Terra Australis incognita)、あるいはマゼランの名にちなんでMagallanicaなどと記され、わが国にも江戸時代に利瑪竇《りまとう》(マテオ・リッチ)の「坤輿《こんよ》万国《ばんこく》全図」を通じて、墨瓦蠟泥加《メガラニカ》の名をもって伝えられた。

南方大陸の探索

十五世紀後半から十六世紀末にかけて、世界の海洋のほとんど三分の二の海域にはすでに探検航海が行なわれたが、南方大陸を含む南半球の海洋だけは、まだ神秘のヴェールに閉ざされていた。

十六世紀における南半球の支配勢力はポルトガルとスペインであったが、赤道を越えて南太平洋に進むのは、当時の帆船では南半球の南東貿易風によって北方に追いやられてしまうので、ほとんど不可能に近かった。

そこでスペインのペドロ・フェルナンデス・デ・キロスは南方大陸の発見をめざして、ペルーのカヤオを出帆し、一六〇六年ニューヘブリデス群島北端のエスピリッツ・サント島に到着し、これを南方大陸の一部と誤って、アウストラリア・デル・エスピリッツ・サントと命名し、南極にいたるまでの地域の領有を宣言した。

もちろんエスピリッツ・サントは大陸でなく、小島嶼にすぎなかったが、キロスの命を受けて、かれの部下のルイス・バエス・デ・トレスはニューヘブリデス群島からさらに西に進み、ニューギニアとオーストラリア大陸の間のトレス海峡を通過し、ヨーロッパ人としてははじめてオーストラリア大陸を望見することができた。

しかしスペインの秘密主義と、一五八八年にスペインの無敵艦隊がイギリスに敗れたことによる国力の衰微によって、キロスの探検航海がスペインの最後のものとなった。そのためトレス海峡の発見はまったく忘却され、ようやく一七六七年にイギリスのアレクサンダー・ダールリンプルによって再認識され、この海峡にトレスの名が与えられるまではトレスの航海は知られなかったのである。したがってまた、十七世紀以降におけるオーストラリア大陸の発見は、スペインやポルトガルにかわって、オランダとイギリスが主導権をとることになった。

一六〇二年に東インド会社を設立したオランダは、モルッカ諸島からポルトガルの勢力を駆逐し、一六一九年にはジャワのバタビア（現在のジャカルタ）に根拠地を建設して東インド貿易を独占したが、オランダ人によるオーストラリア大陸最初の探検は、すでにトレスの航海と同じ年の一六〇六年にウィレム・ジャンスによって行なわれた。かれはニューギニアの南岸からトレス海峡西端を南下したが、かれもトレス海峡の存在を気づかずに、カーペンタリア湾に入ってヨーク岬半島の西岸を航行した。

また一六一六年にはダーク・ハートグが西部オーストラリアの沿岸を航海するなど、その後一〇年間に、オランダの航海者はオーストラリアの北岸から西岸や南岸の一部も探検し、新発見地を「新オランダ」（Nova Hollandia）と命名した。しかし新オランダが南極にまでつながっているかは不明であったので、東インド会社総督ファン・ディーメンは南方大陸の全貌を明らかにするために、アベル・タスマンを探検航海に派遣した。タスマンは航路をなるべく南方にとる必要から、まずバタヴィアからマダガスカル島の東に位置するモーリシャ

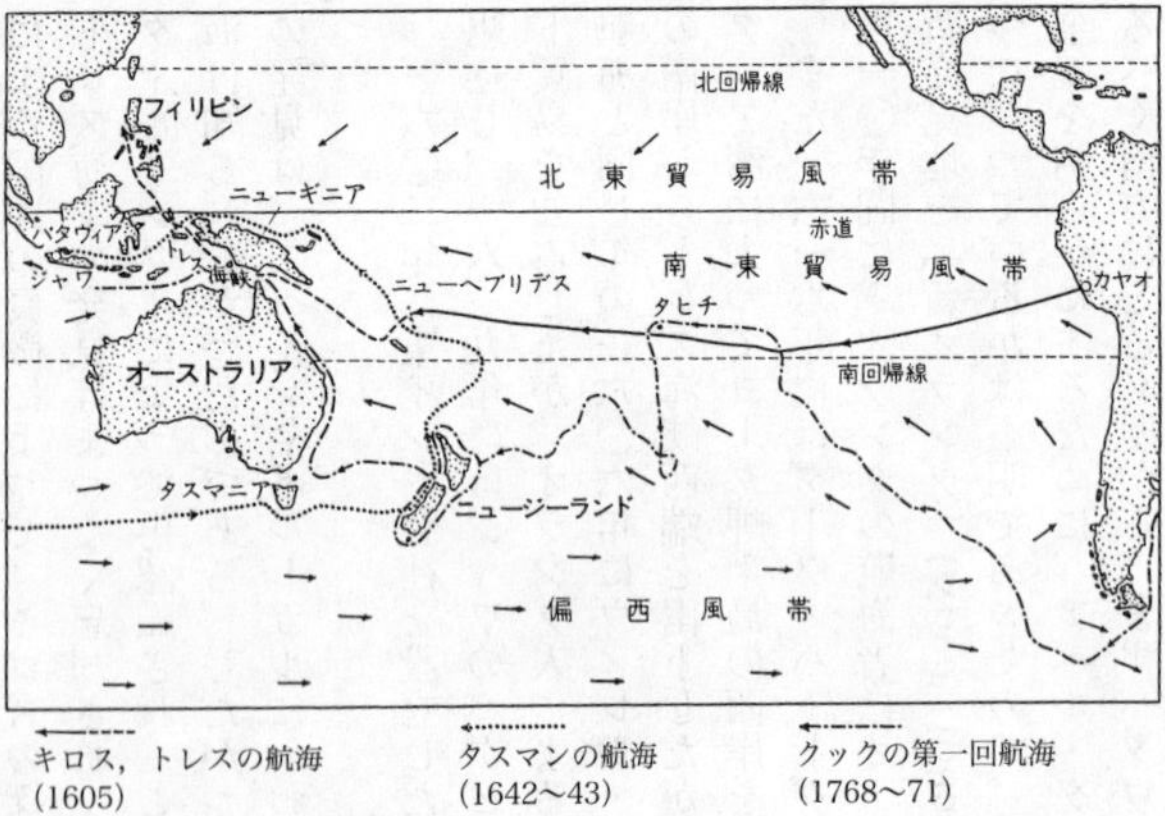

50　南太平洋の探検航海

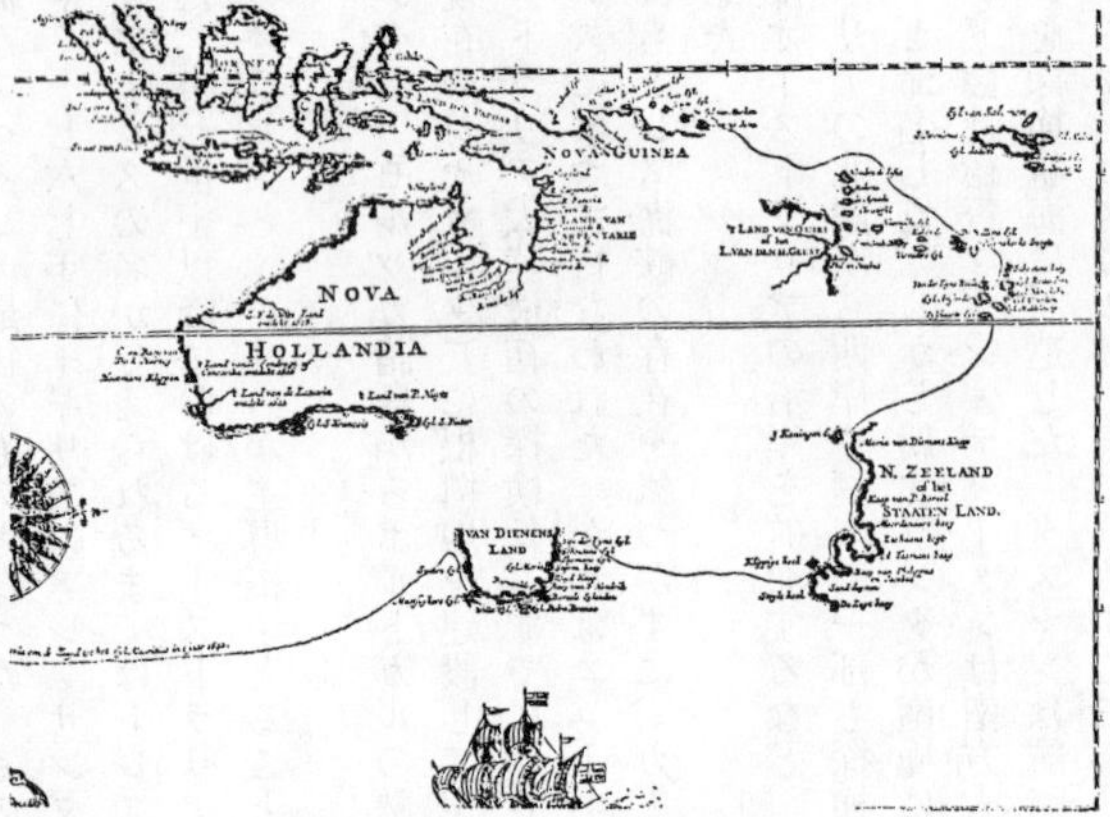

51　タスマンの探検航海を示した地図　1726年のフランソア・ヴァレンティン地図

ス島に向かい、さらに南緯四九度まで南下して、それより南半球の偏西風帯に沿って一路東に進み、一六四二年にタスマニア島に到着し、ファン・ディーメンス・ランドと名づけた。さらにかれはタスマニア島の南岸を周航して東に航行を続け、ニュージーランドの西岸に達したが、ニュージーランドを南東に拡がる南方大陸の一部であるとみなし、これをスターテン・ランドと命名した。またニュージーランドからは北上して帰航につき、フィジー群島やトンガ諸島なども発見した。

このように、タスマンの航海によって、想像上の南方大陸はニュージーランドから以東に限定されてしまった。しかしオーストラリアのうちで、最も肥沃で気候の温和な東岸から東南岸にかけての部分は、タスマンの探検航海でも取りのこされてしまったため、オランダ東インド会社はオーストラリア北岸や西岸の荒寥《こうりよう》とした沿岸の状態から判断して、新オランダは開発に値しない土地と考え、オーストラリアの探検を放棄してしまったのである。

その結果、タスマン以後も、オーストラリアの実体は依然として不明であり、世界図において南方大陸の幻影が完全に消失し、オーストラリア大陸の現実の姿が明らかとなるのには、なお一世紀後のクックの探検航海をまたねばならなかった。

クックのオーストラリア大陸発見

十八世紀はイギリスの太平洋探検時代であった。一七六三年のパリ条約によって、フランスとの植民地争奪をめぐる七年戦争に勝利をおさめたイギリスは、世界の植民地帝国としての地位を確立しつつあった。それに産業革命の段階に入ったイギリスにとって、海外貿易の飛躍的な発展をはかるために、七つの海の海上権を確保することは国家的要請であり、それには、ダールリンプルが力説したように、未知の南方大陸を含む未占有の太平洋の探検と支配とが何よりも必要であった。

しかしまた十八世紀は近代科学や技術の発達がはじまった時代である。したがってこのような時代を背景として、探検も発見時代のような、単に商業的利潤の獲得や征服のみを目的として行なわれるのではなく、綿密な観測や調査のための科学的探求が基礎になって行なわれるようになった。この点において、当時最もよく準備された装備をもって進められ、また大きな成果をあげたのが、ジェームズ・クック(一七二八〜七九)の太平洋探検航海であり、クックの航海はこの意味で近代的探検の先駆をなすものであった。ことに一七六一年にハリソンによって発明されたクロノメーター*がクックの航海にはじめて用いられたため、これまで測定が困難であった経度が航行中でも簡単に、しかも正確に求められたことは、太平洋の地図の発達に重要な意義を有している。

クックは一七六八年、エンディヴァー号に乗船してイギリスを出帆し、翌年タヒチ島から西に進路をとって、タスマンが南方大陸と誤ったニュージーランドに到着し、三八〇〇キロメートルに及ぶニュージーランドの沿岸を周航して正確な地図を完成し、またニュージーランドが植民地として将来性に富むことを明らかにした。

一七七〇年にはニュージーランドからオーストラリア東岸の南緯三八度の地点に達した。

ニュージーランドの場合と同じく、クックは北端のヨーク岬までの三二〇〇キロメートルにわたる沿岸を測量しつつ北上して、オーストラリア東岸の地図を作成したばかりでなく、ヨーク岬からトレス以来はじめてトレス海峡横断に成功して、トレスの発見をうらがきし、ニューギニアがオーストラリア大陸とは連続していないことが確認された。またオーストラリア西岸の新オランダがオランダ人の発見によるにしても、オーストラリア東岸はかれが最初の発見者であることを確信し、トレス海峡のポゼッション島において全東岸をニュー・サウス・ウェールズの名の下に、イギリスが領有することを宣言した。

52　クックによるニュージーランドの地図　海岸線は正しい形態を示し，クックの探検航路が描かれている

こうしてクックの第一回探検航海は、測量や地図の作成など、多くの科学的成果をおさめたばかりでなく、オーストラリアのイギリス植民地建設の基礎となった点においても重要な意義をもつものであった。

さらに一七七二～七五年のリゾリューション号による第二回探検航海では、クックは南緯六〇度に近い海域に沿いながら、南極圏を三回も通過して、南極大陸を除いた南半球の海洋を徹底的に探索した。そして「過去二世紀にわたって海事国の心を奪い、あらゆる時代の地理学者の注意をひき続けてきた南方大陸の探求に完全な終止符をうった」とクックみずからが述べているように、この第二回航海によって、ギリシア時代以来の幻想の南方大陸は、世界図から全く消え去ったのである。なおクックは一七七六年には、リゾリューション号とディスカヴァリー号を率いて、第三回航海に出発し、サンドイッチ諸島（現在のハワイ諸島）からベーリング海峡を越えて北氷洋にも入り、また北太平洋や北米沿岸の地図も完成したが、帰途、ハワイ島で先住民に襲撃されて非業《ひごう》の死をとげた。

クックの探検航海は興隆期のイギリスの国力を背景としたものであるが、多くの地理的発見とともに、科学的な調査を行なった点において、これまでのいかなる探検航海よりも、はるかに信頼しうる知識や正確な地図をもたらした。この意味から、クックの探検航海は、発見時代以来の古い探検航海と、新しい近代的科学的な探検航海との、まさに橋渡しの役割をなしたものといえる。

＊ 地球は二四時間に経度三六〇度を自転するので、経度を時間にすれば一五度は一時間、五分は一分、一五秒は一秒に相当する。したがって一七六一年にジョン・ハリソンによって発明された精密な時計のクロノメーター（時辰儀あるいは経緯儀）を用いて、グリニッジ標準時と任意の地点の天文観測による地方時との時差を求むれば、直ちにその地点の経度を知ることができる。

第七章　メルカトルから近・現代地図へ

オランダの黄金時代

発見時代の先鞭をつけたポルトガルやスペインでは、探検航海の進展するにつれて、つぎつぎと新しい地図がつくられたが、いずれも手描きの官撰図か、それに準ずるものであったので、地図はまだ一般に普及するには至らなかった。しかし十六世紀には、ヨーロッパ人の世界に対する地理的知識は急速に高まって、地図の需要はますます増大し、また一方、銅版彫刻印刷技術の発達によって精密な地図もたやすくできるようになったので、何枚もの地図をつなぎ合わせた壁掛け用の大型の世界図や、あるいは多数の地図を一定の大きさにまとめて本にした地図帖など、さまざまな地図がつくられた。

さきにあげたヴァルトゼーミューラの世界図や、ミュンスターの「コスモグラフィア」は木版図であったが、そのさきがけをなしたものであり、またイタリアでは多くの銅版地図がつくられ、地図帖などもつくられた。

しかし十六世紀から十七世紀にかけて、メルカトルをはじめ、多数の有名な地図作成者が相ついで輩出したのはオランダであった。オランダは一五七〇年代までは、なおスペインの

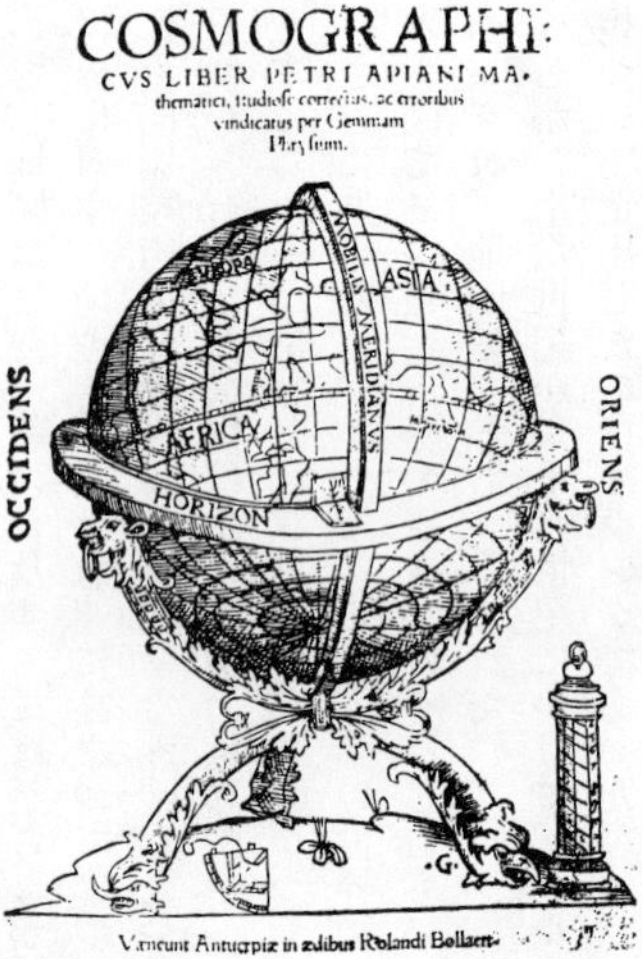

53　アピアヌスの『コスモグラフィア』の扉

支配下にあったが、すでに毛織物業が発達し、またハンザ同盟にかわって北欧貿易を掌握していた。さらに八一年の独立宣言以後は、新興のオランダは東アジア方面にまで進出し、ポルトガルにかわって東洋貿易を独占して世界で最も富裕な国として繁栄し、学問や芸術の面でも最盛期を迎えた。したがって地図の作成においても黄金時代をなし、オランダではおびただしい地図や地球儀が作成され、ヨーロッパ諸国に輸出された。

メルカトル

ゲルハルドゥス・メルカトル（一五一二〜九四）はフランドル地方に生まれた十六世紀の最も傑出した地図学者であり、ノルデンシェルドは「プトレマイオス以来、地図学史においてメルカトルに比肩するものはない」と評している。

メルカトルはルーヴァンにおいて、数学者であり地理学者であったヘンマ・フリシウスに師事し、フリシウスの地球儀・天球儀の作成に協力したことが地図学者としてのかれの生涯を決定づけたのであり、一五三八年には前述のようにフィネの地図を修正して複心臓型図法による世界図を刊行し、一五四一年には地球儀を作成している。

しかしこのころフランドル地方ではスペインの支配を強化するために新教徒への弾圧が加わったので、メルカトルはルーヴァンを去ってデュイスブルクに移り、一五五四年には一五図幅からなるヨーロッパ図を出版した。この地図の編集にあたって、メルカトルはポルトラノ型海図をはじめ多くの資料に基づいて、従来の地図を大きく訂正している。ことに地中海の東西の距離は、これまでプトレマイオスにしたがって経度で六二度にわたるものとみなされていたが、メルカトル図では五三度（それでもなお一〇度三〇分ほど過大）にまで縮小され、また陸地の輪郭や内陸の状態も、バルト海から黒海にかけての東欧の部分や、北欧のスカンディナヴィア半島の部分などがいちじるしく改められた。

54　メルカトルの「アトラス」の扉

さらに一五六九年には、メルカトルの名を不朽ならしめた世界図が完成した。一八図幅からなる一・三二×一・

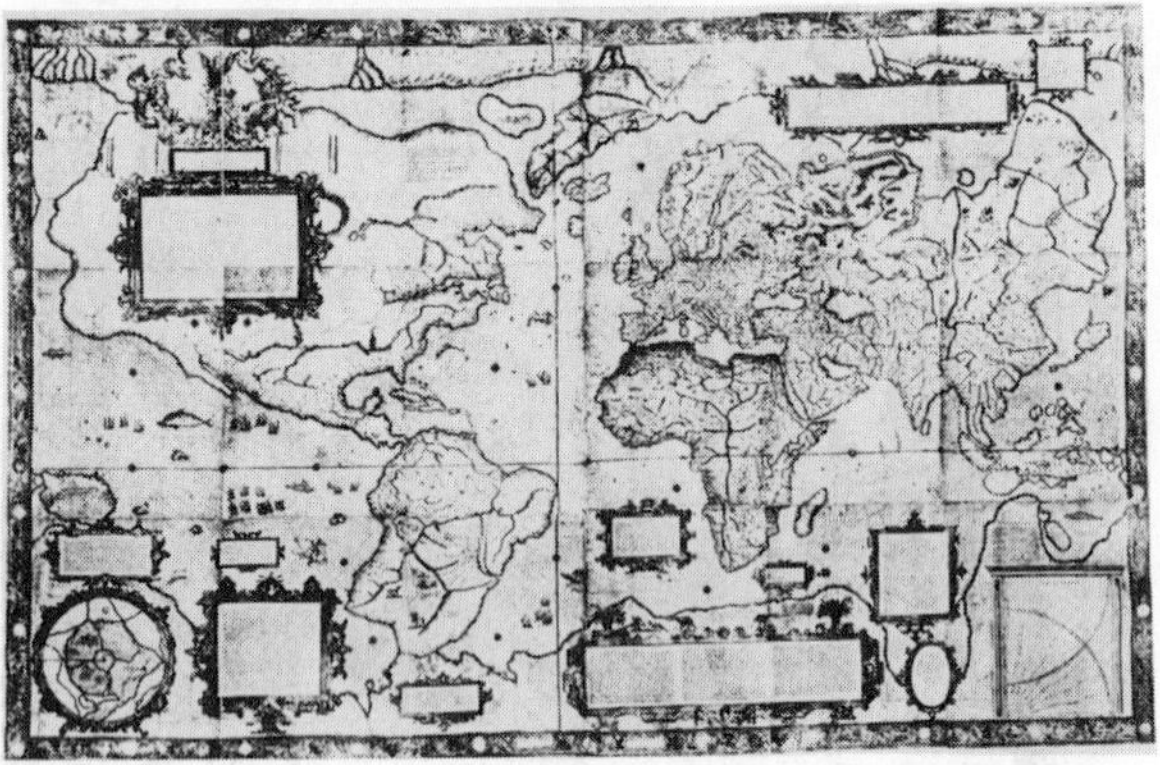

55　1569年のメルカトルの世界図

九八メートルの大型の地図であり、地図に記載された地名は豊富で、多くの注記も記されている。

この世界図ではヨーロッパやアフリカの形態はすでにプトレマイオスの影響から脱しているが、東アジアやアジア・アフリカの内陸の部分では、まだプトレマイオスやマルコ・ポーロの記述によったところが多い。アメリカ大陸は地名からみても主にスペインの資料を用いて描かれているが、メルカトルは注記に「新インド（アメリカ）がアジアと同じ大陸を形成するという考えが間違っていることは明白である」と記しているように、ガスタルディにしたがって、アジアとアメリカはアニアン海峡によって分離されているとみなしている。またこの世界図にも、南半球には巨大な南方大陸が横たわっている。

しかしメルカトルの世界図の最も特色とす

るところは、経緯線のほかに、海洋の部分は方位盤《コンパス・ローズ》から放射状に派出する多数の方位線、すなわち等角航程線が直線をもって引かれていることである。

方位盤から放射する方位線は、さきに述べたようにポルトラノ型海図にはじまるが、ポルトラノは地球を球体とみなした投影図法に基づく近代的な地図ではなく、経緯線を欠いているが、たとい経緯線が記入されていても、それは単に方眼に引かれたもので、経線の極への収斂《しゅうれん》の関係は全く無視されている。そのためポルトラノの世界図では赤道を離れるほど地図の歪《ゆが》みは増大し、地図上の角の誤差はますますいちじるしくなる。

しかも他方、海上交通の発達によってポルトラノが対象とする海域も、地中海から大西洋、さらに世界全体へと拡大されるようになると、ポルトラノに描かれている方位線によっては、航海者が必要とする正確な舵角を求めることができないばかりでなく、ときには誤った舵角の測定が海難の原因とさえなったのである。

そこでメルカトルは、円筒図法では各経度における緯線の長さは赤道と同じ長さに拡大されているので、いま赤道からの各緯線距離も、緯線の長さの拡大率と同じ比率でもって拡大するならば、地図上の任意の方位線（等角航程線）は直線で表わされ、同時に方位線と経線とのなす角が常に正しい舵角を示す正角円筒図法が描かれることを考案した。また正角円筒図法を用いて作成したこの世界図の表題にも、とくに「航海用」*と記しているのである。

したがって正角円筒図法は一般にメルカトル図法とも呼ばれ、こんにちでも海図に最適の図法として利用されている。**

またメルカトルは早くから世界各地の地図を総合した世界地図帖を編纂する計画をもっていたが、原図となるような信頼しうる各国の地図を入手し難いことや、地図の銅版彫刻に多大の時間を要するため、計画は容易に実現されなかった。

しかしようやく一五八五年、その第一輯《しゅう》としてフランス、ベルギー、ドイツの五一図が、また四年後の八九年には第二輯として、イタリア、スラヴォニア、ギリシアの二三図が出版されたが、一五九四年にメルカトルは没したので、その翌年の九五年に、息子のルモルドによってイギリス、その他のヨーロッパ諸国と、アフリカ、アジア、アメリカの諸図を加えた一〇七図より成る地図帖が完成し、メルカトルの遺志に基づいて、ギリシア神話の天空を支える巨人の名にちなんで「アトラス」(Atlas)の表題をもって出版された。このメルカトルのアトラス以来、地図帖はアトラスとよばれるようになったのである。

しかしその後、メルカトルの地図帖の銅版は、アムステルダムの地図作成者ヨドクス・ホンディウスに譲り渡され、ホンディウスはこれに新図三六図を加えて一六〇六年にアムステルダムから出版された。これがメルカトル・ホンディウス版アトラスとよばれるものであり、好評を博して、一六四〇年までにおよそ三〇版を重ね、ラテン語版のほかに、フランス語、オランダ語、ドイツ語などの諸版も刊行された。

* 世界図の表題は「航海用に最適の新世界全図」(Novaet aucta Orbis Terrae descriptio ad usum navigantium emendate accommodata)

** メルカトルの時代には、まだ積分法は知られていなかったため、赤道からの緯線距離の算出をメルカトルは級数の和として近似的に計算したにとどまり、作図に必要な数学的根拠を明らかにしえなかったので、メルカトル図法はまだ普及するにはいたらなかった。

しかし一五九九年にイギリス人のエドワード・ライトが積分法を用いて、$Y = R \cos\varphi \log^{e} \tan (45^{\circ} + \frac{\varphi}{2})$ の緯線距離式を導き出し、作図に必要な数表を作成したので、メルカトル図法はライト以後、海図をはじめ、世界図にもひろく用いられるようになった。

オルテリウス

メルカトルとほぼ同時代で、またかれと親交のあったアブラハム・オルテリウス（一五二七〜九八）は、メルカトルのような地図学者ではなかったが、当時の最もすぐれた地図作成者であり、また地図出版者であった。かれの代表的な作品は一五七〇年に刊行された「地球の舞台」（Theatrum Orbis Terrarum）と題するフォリオ判の大地図帖であり、五三図幅七〇図からなっているが、メルカトルやオルテリウスの地図がヨーロッパ諸国で名声を得たのは、地図の印刷が美麗、鮮明で、文字の書体も洗練されていたばかりでなく、多くの地図や資料に基づいて当時の最新の知識が示されているからであった。

ことにオルテリウスの地図帖は、メルカトルの「アトラス」にさきだって出版された最初の近代的な地図帖であり、したがってオルテリウスの地図帖はヨーロッパ諸国で大いに歓迎され、初版が出版された同じ年にすでに四版を重ね、かれの死後も出版は継続され、一六一二年までに四一版に達し、ラテン語版のほかに、メルカトルの地図帖と同じく各国語版が出版されたことから、オルテリウスの地図帖がいかにヨーロッパ諸国に流布したかがうかがわれる。また新しい地理的知識の増加に対応するため、増補版も回を重ねて付加され、一五九五年までに一〇八図の新図が追加された。

ブラウ

メルカトルやオルテリウスの後を継いで、十七世紀のオランダにおける最大の地図出版者はアムステルダムのブラウ一族である。ブラウ家の初代を築いたウィレム・ヤンスゾーン・ブラウ（一五七一〜一六三八）はデンマークの天文学者ティコ・ブラーエに師事し、はじめは天文学や航海用の観測器具や天球儀・地球儀の作成に従事していたが、新しい印刷方法の発明によって、アムステルダムに大きな印刷工場を開設し、地図の出版に着手し、一六五五年には六巻からなる「新地図帖」(Novus Atlas) が刊行された。

またウィレムの後を継いだヨハンネスは、弟のコルネリウスと協力して、一六六二年に「大地図帖」(Atlas Major) を完成した。それぞれラテン語、オランダ語、ドイツ語、フランス語、スペイン語の解説が付された五種類の版がつくられ、全部で一二巻に及ぶ厖大なフォリオ判の地図帖であり、その後もブラウの地図帖にまさる規模のものはみられなかった。

また一六四八年には「新世界全図」(Nova totius Terrarum Orbis Tabula) と題する二・〇六×二・九八メートルの大型の世界図が刊行されている。両半球図で、すでにオランダのタスマンの探検航海の結果をとり入れて、南方大陸は消失して、オーストラリアやニュ

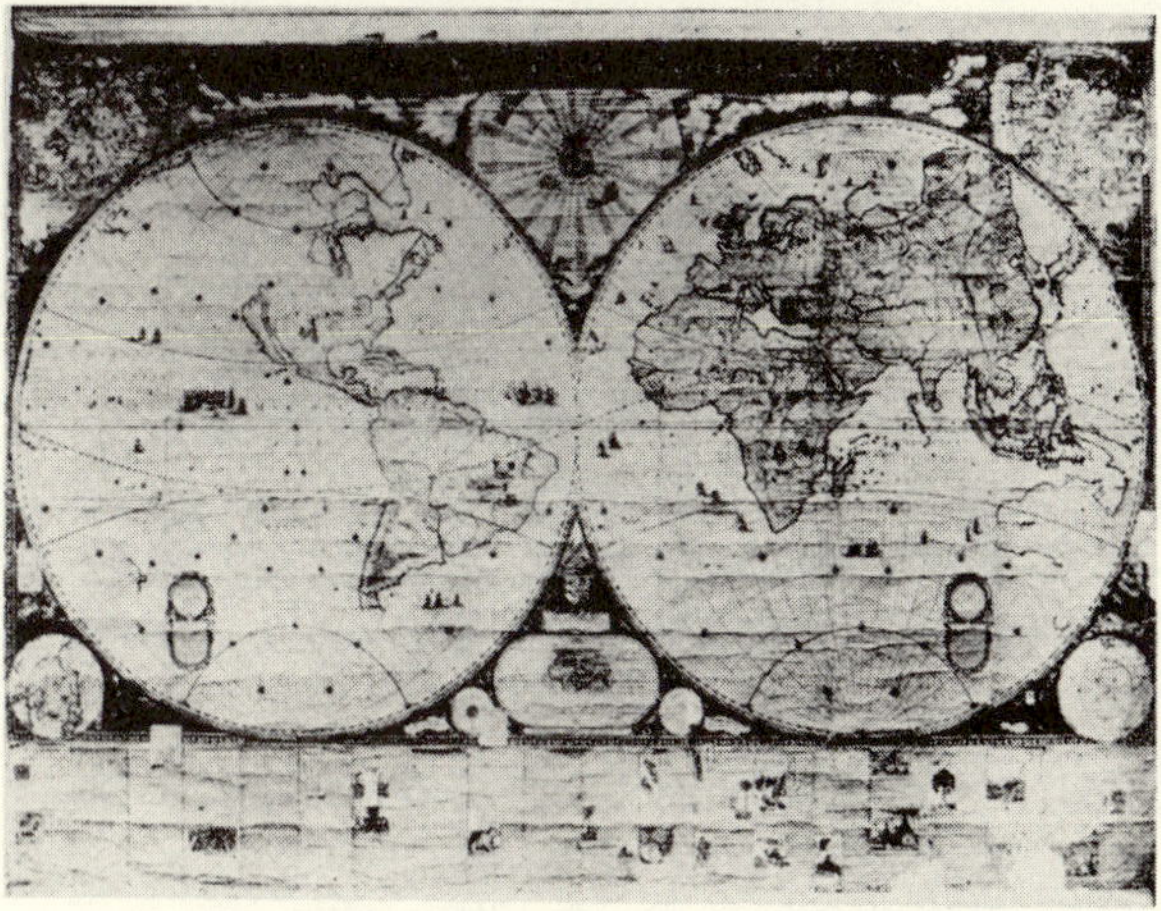

56　ブラウの1648年の「新世界全図」（東京国立博物館蔵）

ージーランドの一部が描かれている。そのほか、中国の部分は「広輿図」によったマルティニの地図に基づき、また北方航路の開発によってハドソン湾やスピッツベルゲン（スバールバル）諸島の一部も示されているが、新大陸では依然としてカリフォルニア半島が大陸から独立した島となっている。

このブラウの世界図はこんにちではわずかしか残っていないが、日本には、オランダ人から江戸幕府に献ぜられ、新井白石の潜入キリシタンのシドッチ訊問にあたってこの図が用いられ、現在国立博物館に所蔵されている。下欄に説明文をともなった初版の完全な地図としては世界で唯一のものであろう。

しかしオランダの地図作成技術の最高を示したと云われるブラウ家の地図作成

事業も、一六七二年の地図印刷工場の火災によって終末をつげ、おびただしい地図の原版は焼失し、焼け残った銅版もオランダ後期の地図作成者ドゥ・ウィットに売り渡された。

その他の地図作成者

十六世紀から十七世紀にかけては、メルカトル、オルテリウス、ブラウのほかに、オランダでは多数の地図作成者が数えられた。そのうちの主なものについて述べれば、ルーカス・ヤンスゾーン・ワーヘナールが西ヨーロッパ海域の海図およびスカンディナヴィアからイベリアに至る詳細な沿岸図を集成した「航海の鑑」(De Spieghel der Zeevaerdt) を一五八三〜八五年に刊行し、一五八八年にはイギリスでその復刻版が出版された。

またペーテル・プランシウスもオランダの東インド会社の設立に参画し、オランダ人のアジアへの進出のための地図の作成をはじめた。プランシウスは地図帖はつくらなかったが、一五九二年には両半球図による一・四六×二・一四メートルの大型の世界図を完成している。そのほか、ブラウと同じころヤン・ヤンソンも多数の地図や地図帖を出版している。

しかし繁栄を誇ったオランダの経済的地位は、イギリスやフランスの強国の圧迫を受けて、十七世紀後半に入るとともにしだいに衰微し、ドゥ・ウィットやペーテル・シェンクなどの地図作成者もみられるが、オランダの地図の黄金時代は去って、十八世紀にはフランスにその地位を譲るにいたった。

近代地図の成立――フランスの測地事業

フランスでも十七世紀にはサンソンなどによって多数の地図や地図帖が出版されたが、まだ多分にオランダの影響がみられた。しかし十七世紀後半は「太陽王」とよばれたルイ一四世の親政のもとに、フランス絶対主義の最盛期をむかえた時代であり、フランスはヨーロッパ随一の強国となったばかりでなく、ヨーロッパ文化の中心として繁栄した。ことに王の財政総監コルベールは重商主義政策をすすめ、富国強兵や海外植民を大いにすすめるとともに、軍事や芸術におけると同様にフランス科学の振興をはかるために、王立科学学士院を設立した。

したがってコルベールの要望に応じて、学士院では地球の子午線弧の長さ、すなわち地球の大きさの精密な測定方法を確立するとともに、測地学的基礎に立つ科学的な近代地図の作成が提案され、カッシニ一族によって、フランスにおいてはじめて三角測量に基づく正確な地形図が完成した。また十八世紀末から十九世紀にかけてはフランスにならって、ヨーロッパ諸国などにおいて地形図の作成が国家的事業としてひろく行なわれるようになった。

地球の大きさの測定はエラトステネス以後、九世紀にアラビアのアル・マムーンの時代にみられたが、三角測量による最初の測定は一六一五年にオランダのスネリウスによって行なわれた。三角測量の方法については、メルカトルが師事したフリシウスがすでに述べている*が、スネリウスはライデン―ハーグ間を基線として三角測量によって、緯度一度の長さを三パーセントほど少ない五万五一〇〇トワーズ**（一〇七・四キロメートル）と測定した。当時はまだ測量には望遠鏡も使われておらず、測角器も不備であったので、誤差も大きいのはまぬがれなかった。

これに対してフランスでは、パリの天文台長ジャン・ピカールがパリを通過する子午線によって弧長測量を行ない、測量にあたってはじめて十字線のついた望遠鏡が測角に使用されたが、ピカールは一六八二年に亡くなったので、その事業はジャン・ドミニックおよびジャック・カッシニ父子によって受け継がれることになった。

父ジャン・ドミニック・カッシニ（一六二五〜一七一二）はイタリアの天文学者であり、木星の衛星の運行表を作成し、木星の衛星の掩蔽《えんぺい》を経度測定に利用しうることを明らかにして、地図の作成に大きな貢献をなした。またかれはイタリアからフランスに招かれて、ピカールの死後パリ天文台長となり、弧長測量の精度を高めるためにピカールの測定を延長して、パリを通過してフランスを南北に縦断する三角鎖について測量を一六八三年から開始したが、この事業の財政的支持者であったコルベールやかれ自身も亡くなったので、ようやく一七一八年に息子のジャック・カッシニによって測量が完了した。

その結果、緯度一度の長さはパリから南の方が北の方よりも長く、したがって地球は完全な球体でなく、子午線一度の長さは赤道に向かうほど増す、南北に長い扁長楕円体であるという結論に達した。ところがはからずも、そのころ重力に関する研究から、ニュートン、ホイヘンスたちによって唱えられた地球は、逆に南北に短い扁平楕円体であり、子午線一度の長さは赤道から極に向かうにしたがって増すという理論とは真向から対立することになった。

そこでフランス学士院は、一七三五年に赤道付近のペルーに、翌年には北緯六〇度付近のラプランドに弧長測量のために調査隊を派遣したが、その結果、子午線一度の長さはペルーで五万六七三四トワーズ、ラプランドで五万七四三八トワーズと測定され、ニュートンなど

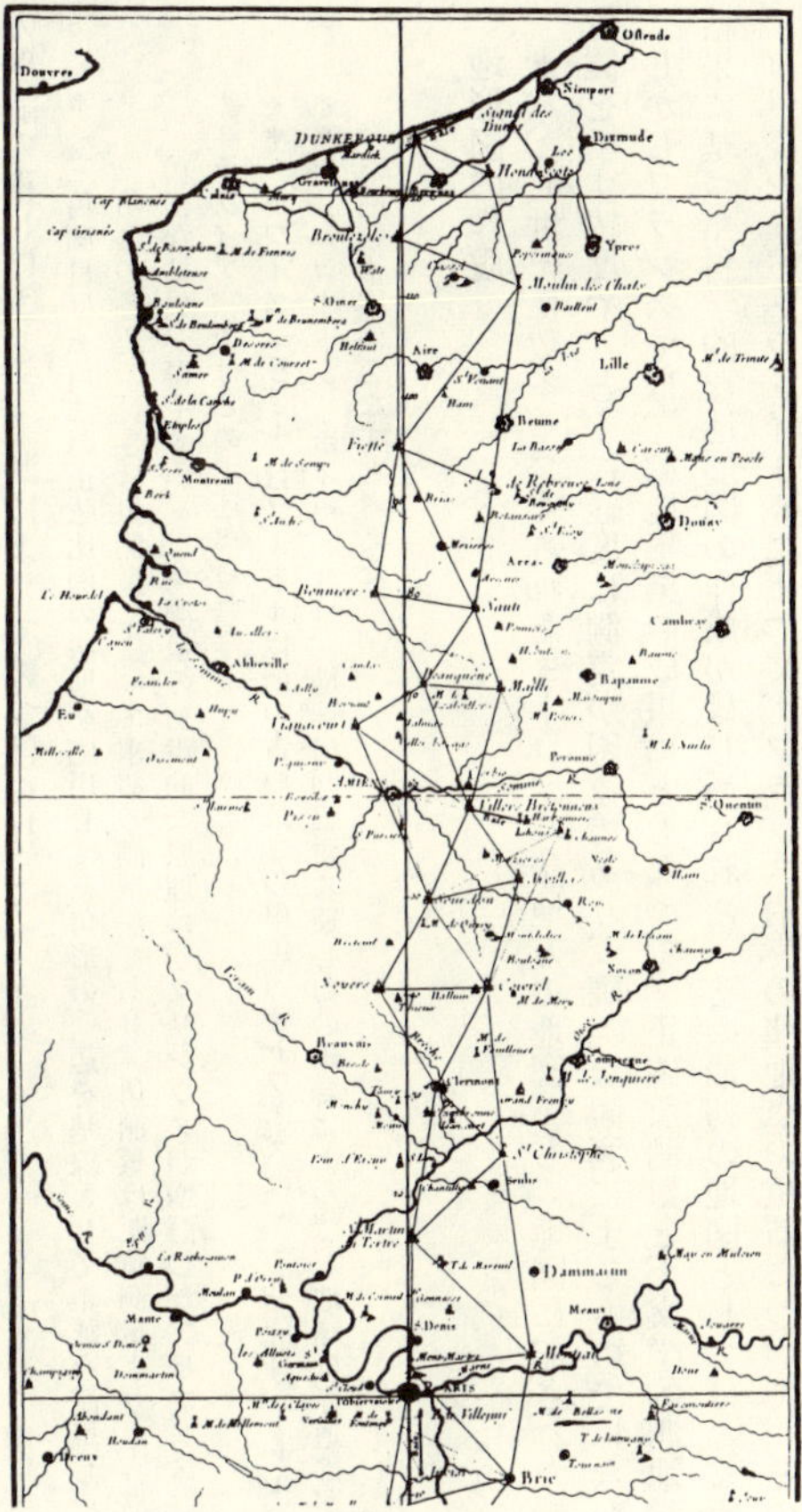

57　パリーダンケルク間の三角鎖

の理論の正しいことが実測によって裏づけられた。

＊ 三角測量は三角法の正弦比例の法則を応用して三角形の一辺を基線として距離を測量し、その他の三角形の各辺の長さは角測量によって求める測量法であり、角測量は距離測量よりも容易で、かつ精密な結果が得やすい。三角測量の初歩的な原理は、フリシウスが増訂したアピアヌス『コスモグラフィア』ではじめて述べられた。

＊＊ トワーズ（toise）はメートル以前の古い長さの単位。一トワーズは一・九四九メートル。

＊＊＊ ニュートン、ホイヘンスは、地球の回転する遠心力の影響によって、地球は赤道部がふくらんだ回転楕円体をなすと考えた。

地形図の作成

十六、七世紀に数多くつくられたヨーロッパ諸地方の地図でも、地図に記された諸地点の位置を示す緯度や、とくに経度は測定が困難であり、確実な観測によるものではなかった。しかしフランスでは、測地事業の成果にともなって、正確な測量と天文学的測地学的観測結果に基づく科学的な地形図の作成がはじめられた。その最初の地図としては、ピカールとフィリップ・ド・ラ・イールによって、フランス沿岸の諸地点の位置について、その緯度とカッシニによる木星の衛星の掩蔽を観測して経度を決定し、一六九三年にはその結果に基づくラ・イールのフランス輪郭地図が学士院に提出された。

この地図によって、従来の地図に描かれたフランスが経度で約一・五度西に、緯度で約〇・五度南に寄りすぎていることが明らかとなり、ルイ一四世をして不幸な戦争によるよりも、もっと広い国土を失ったと嘆ぜしめたと伝えられている。

また前述のように地球が扁平な楕円体であることが確かめられたので、フランス学士院はカッシニの扁長楕円説の原因となったフランス国内の弧長を再測量することに決定し、この測量事業に従事したのがジャック・カッシニの息子のセザール・フランソア・カッシニ（その生地にちなんでカッシニ・ドゥ・テュリとも呼ばれる）である。

一七四〇年から事業は着手され、四四年にはパリを通過する子午線と、これに直交する大圏の三角鎖をはじめ、測定された一九本の基線とおよそ八〇〇個の三角網に、フランス全土が覆われることになった。こうしていまやフランスでは、三角測量による大縮尺の地図を作成するための基礎が完全につくられたので、一七四七年にルイ一五世はセザール・カッシニにフランス全土の地形図作成を命じた。

セザールはただちに地形図の縮尺は八万六四〇〇分の一、全国一八〇図幅で、毎年一〇図幅ずつ刊行して一八年間で完成する計画を立案し、この大事業に必要な経費はすべて国家から援助されることになった。

しかし一七五六年には、イギリスとの七年戦争の敗北による国庫の窮乏を理由に、国家からの財政的援助は全面的に打ち切られてしまったのである。そこでセザールは出資者をつのって測量会社を設立し、作成された地図を一般に販売して、その利益を出資者に配当する計画をたてるなど、全精力をあげてその事業の継続をはかり、かれが他界した一七八四年までには、ブルターニュ地方を除いた大部分の地形図が刊行された。

セザールの死後は、その子の（コント・ドゥ・）ジャン・ドミニック・カッシニが事業を継ぐことになったが、その後、フランス革命の勃発やナポレオン時代にはその事業が政府に接収されたりして中断されたため、最後の地図が完了したのは一八一八年である。

このように、弧長測量を含めてフランスの地形図が完成するまでには約一世紀間を要し、また一般に「カッシニ図」とよばれるように、カッシニ一族四代にわたって作成されたのであるが、一国全域を三角測量によって組織的に測量し、大縮尺をもって地表の状態を正確に統一的に表示した最初の科学的な近代地図である。したがって地図の表現方法も従来の伝統的な方法を離れて、都市は平面図、その他の集落や教会、風車などの一般の地物をはじめ、森林や道路も記号を用いて表示されるなど、現在の地形図の原型がすでに認められる。

ドゥリールとダンヴィル

フランスではカッシニによる地形図の作成のなかに、新しい測量や資料の批判の上にたって、ドゥリールやダンヴィルによる多数の地図、地図帖がつくられ、世界図をはじめ一般の地図においても、旧来の地図とは一線を画した近代地図が作成されるようになった。

ジローム・ドゥリール（一六七五〜一七二六）はカッシニのもとで天文学を学んだ後、地図の編集、出版に従事するようになり、一〇〇図ほどの地図を出版したが、十六、七世紀の地図作成者と比較するとその数は少なく、地図帖もかれの死後に出版された。しかし地図の作成にあたって、資料を選択して正確さを期したために、地図出版者としてのドゥリールの名声は高く、ロシアのピョートル大帝もかれの後援者の一人であった。

ドゥリールの代表的な作品は、一七〇〇年に描かれた東西両半球図による世界図で、その後も新しい資料によって改訂を加えて出版された。ドゥリールの世界図はこれまでの世界図

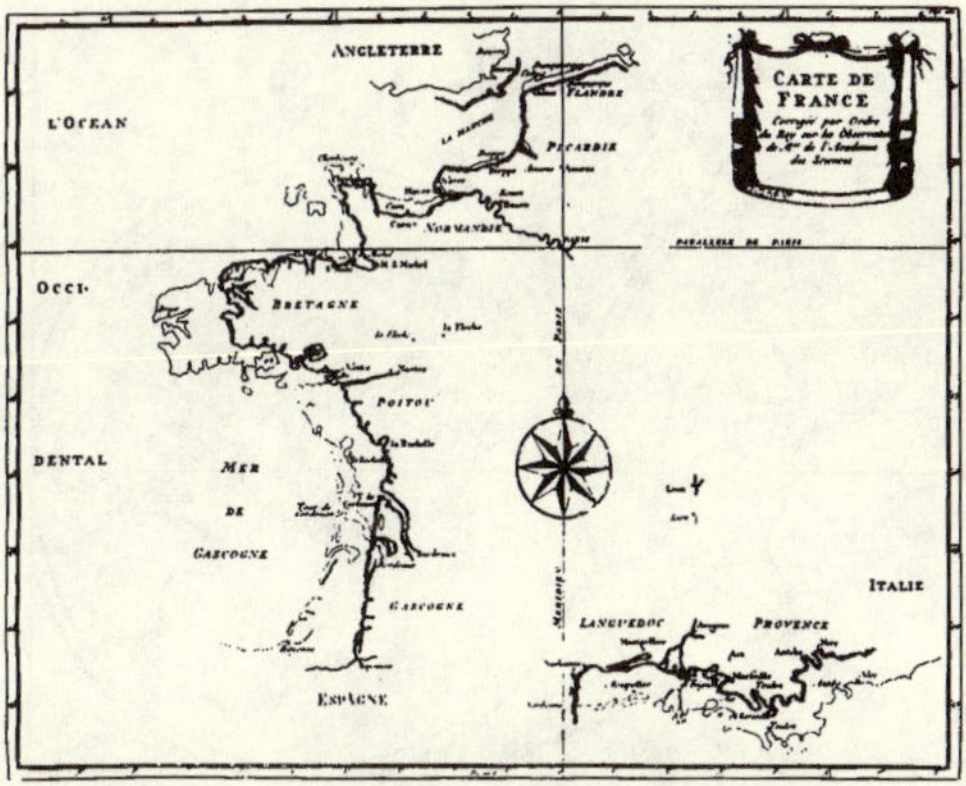

58　ラ・イールのフランス輪郭地図　地図の表題は「王の命により，科学学士院の委員の観測に従って修正されたフランスの地図」と記され，サンソンの地図（1679年）の輪郭は細線，ラ・イールの輪郭（1693年）は太線で描かれている

59　カッシニの地形図　リヨン市東部

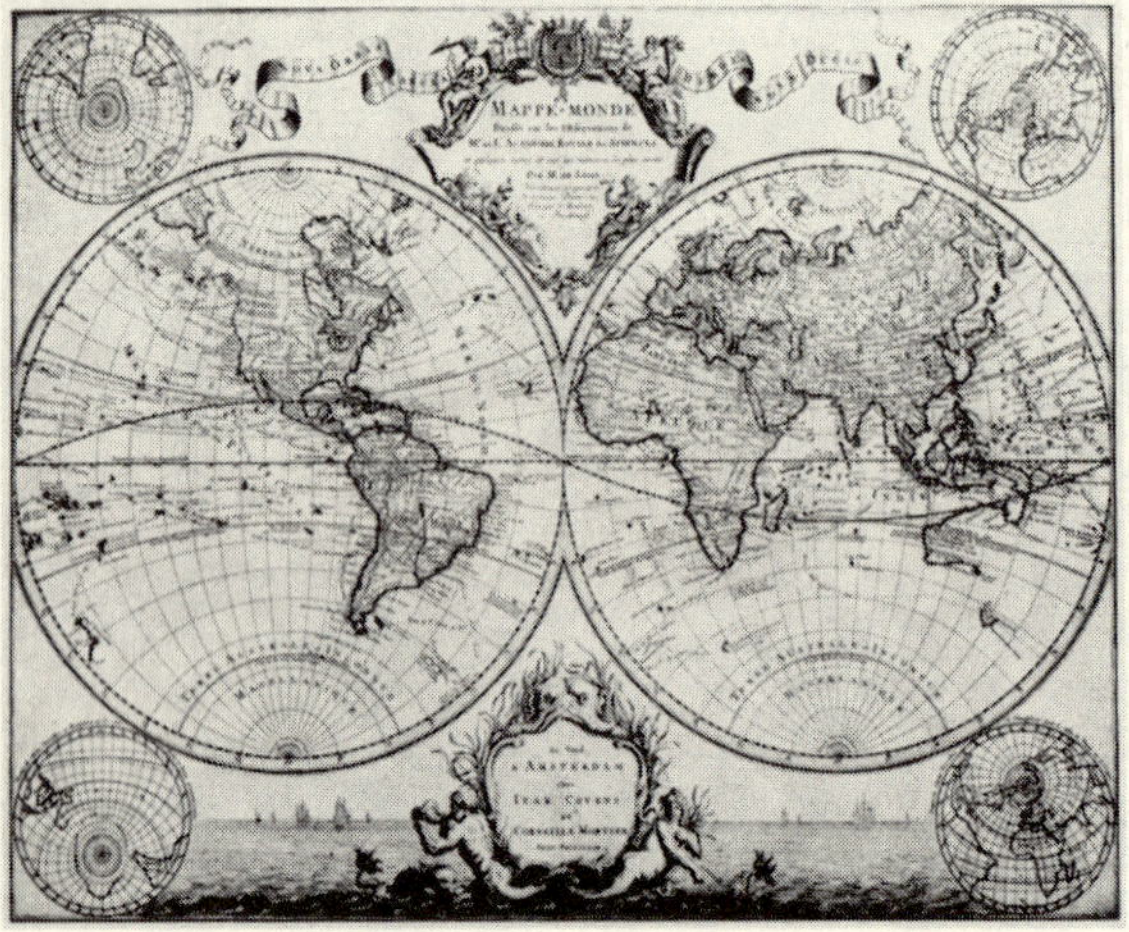

60　ドゥリールの世界図

にくらべて、陸地の形態がはるかに正確となり、ヨーロッパでは地中海の東西の幅が、ドゥリールによってはじめて正しく経度で四二度に縮小された。

またアフリカの緯度や経度、南アメリカの輪郭も正確であり、アフリカの内陸ではプトレマイオス以来のナイル河の上流に当たるとみなされた架空の湖が消失している。しかしオーストラリアはまだ西半部とニュージーランドの一部が示されているだけであり、北アメリカの北西部では、日本の北辺を探検したドゥ・フリースによって想像されたコンパニースランドが、アジアに向かって大きく突出している。

地図作成にあたって、資料を評価選択するドゥリールの批判的方法を、さらに厳密に適用したのがドゥリールの後継者のブルギニョーヌ・ダンヴィル（一六九七〜一七八二）である。かれは当時の最もすぐれた地理学者であり、地図学者であった。現在パリの国立図書館の所蔵に帰しているが、ダンヴィルは地理書などとともに、一万点以上の地図類を蒐集し、これらの豊富な資料に基づいて調査校合《きょうごう》を行ない、従来の地図の因襲的な記載や作図者の恣意的な想像の加わることを避けて、正確な地図の作成につとめたのである。

これをブラウとダンヴィルのアフリカ図について比較してみると、ブラウの地図では内陸の部分に、プトレマイオスや中世の地図に由来する河川や湖沼をはじめ、実存しない山脈や地名などが一面に書きこまれ、また地図の余白の部分にはさまざまな動物や怪獣、帆船とか、地図の欄外にはアフリカの住民や港市の景観が描かれ、多分に装飾的である。

これに対してダンヴィルの地図では、絵画的な要素はまったくなくなり、また架空の、あるいは不確実と考えられるものはいっさい除外され、十六、七世紀の地理学者たちが解釈していたようなアフリカの水系についてのプトレマイオス的表現はほとんど消失してしまっている。そのため、ダンヴィルのアフリカ図では内陸の大部分が空白のままとなっているが、このことはかえって、つぎの世紀にはじまるアフリカ探検の基本図としての役割をなしたのである。

ダンヴィルは世界図や大陸図、あるいは歴史地図や地図帖など、多数の地図を刊行しているが、ダンヴィルの業績としてもっとも注目さるべきものはシナ図の作成である。清の康熙《こうき》時代に、康熙帝の委嘱を受けてフランスのイエズス会士が中心となって中国全土にわたる実

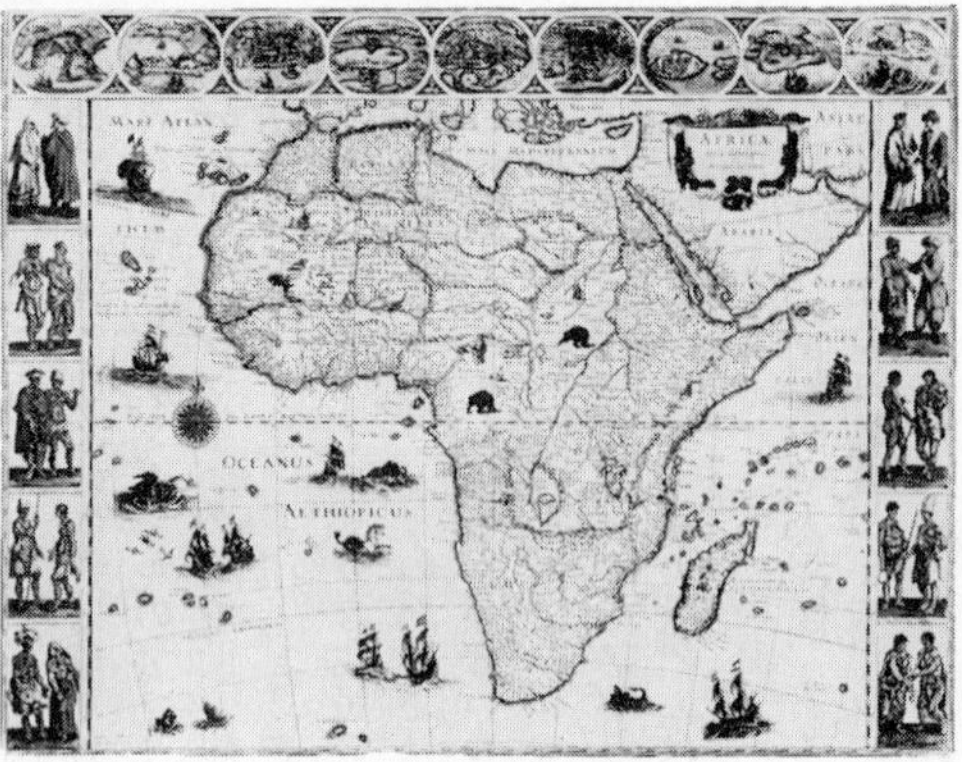

61　ブラウのアフリカ図（1634～62年のアトラス）

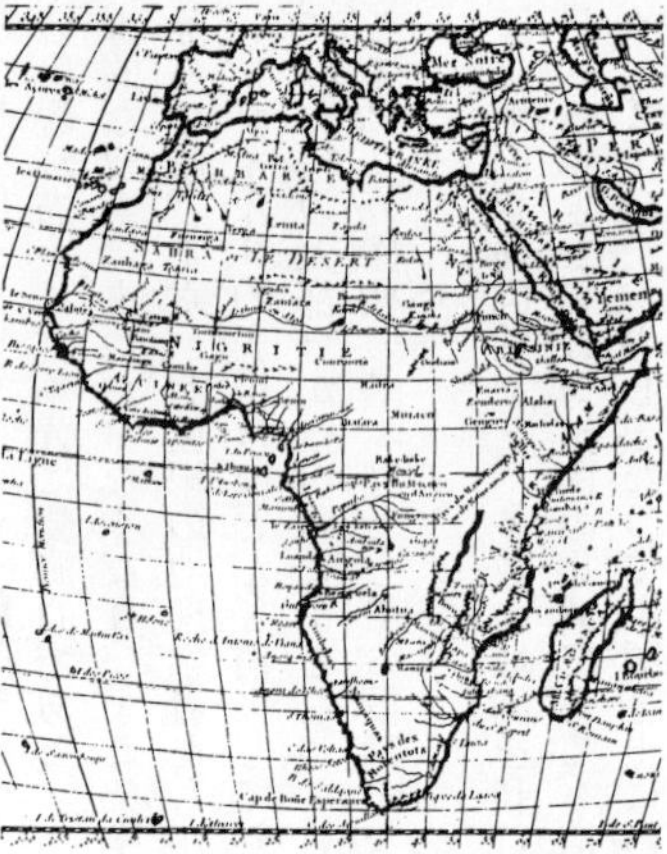

62　ダンヴィルのアフリカ図（1727年）

測を行ない、「皇輿《こうよ》全覧《ぜんらん》図」が完成された。

このとき宣教師たちが作成した地図の稿本図がフランスに送られたので、これに基づいて、ダンヴィルは中国本部の省別図を含む四二葉の地図を作成し、一七三五年にデュ・アルドがイエズス会士の報告によって編集した『シナ帝国全誌』に付図として発表されたが、さらに地図だけを集めて、一七三七年にはオランダのハーグから「シナ新地図帖」(Nouvell Atlas de la Chine) として出版された。中国ではこれ以後は、全国的な測量は行なわれなかったので、ダンヴィルの地図は、ヨーロッパにおける中国図の典拠となったのである。

地形の表現法の進歩

近代地図の発達は、カッシニの地形図、ドゥリールやダンヴィルによる一般の地図ばかりでなく、地形の表現法の進歩によってもたらされた。地図は本来、地表の状態を平面に表わしたものであるため、地表の高低起伏という立体的、三次元的な面を、どのようにして二次元のものとして地図に表現するかはきわめて困難な問題であり、近代以前の地図ではすべて、山地は側面や鳥瞰的にみた形態か、山脈の配列はいわゆる「もぐら塚」(Mole hills) 的な記号によって表現された。

したがってカッシニの地形図でも、現在の地形図とくらべて最も劣っているのは、地形の表現である。カッシニの時代にはまだ精密な水準測量は発達せず、地形測量にあたっては、「ゆるい傾斜か強い傾斜か」(Pentes douces ou fortes) を示すDかFの記号をもって区分するにすぎなかったので、カッシニの地図の地形の表現は傾斜がいちじるしくなっているところだけ、ケバをもって示す程度に限られている。そのためカッシニの地形図ではパリ盆地のような平坦なところも、ジュラ山地のように起伏に富むところも、地形的には明瞭には区

63　アピアヌスの「バイエルン地方図」（部分）

別しがたいのである。

　しかし水準測量が発達するにともなって、正確な地形の表現法が必要となり、その一つがケバ、すなわち暈滃《うんおう》法（ボカシ）の発達である。ケバはカッシニの地図にも用いられているが、これを傾斜角との関係をもって理論づけたのがレーマンである。レーマンの方法では、斜面の方向に短い実線をせまい間隔で平行に引き、線の太さを傾斜角に比例せしめて、急斜面のところでは太く密に、緩斜面のところでは細く粗に描くので、これによって地表の起伏の状態が適確に視覚的に表現される。そのため、十九世紀のヨーロッパの地形図ではケバが多く用いられ、ことに一八三六年のデュフールが作成したスイスの地形図では、ケバづけを北西の方向から斜めに光線をあてたように強調することによって、いちじるしく塑造的な効果をあげている。

　しかしレーマンの方法はたといそれが洗練された形のものであっても、傾斜の差異を表現する範囲には限度があり、また絶対的な高度を示すことができないばかりでなく、表現技術に熟練を必要とするので、いま一つの地形の表現方法として発達したのが等高線法である。

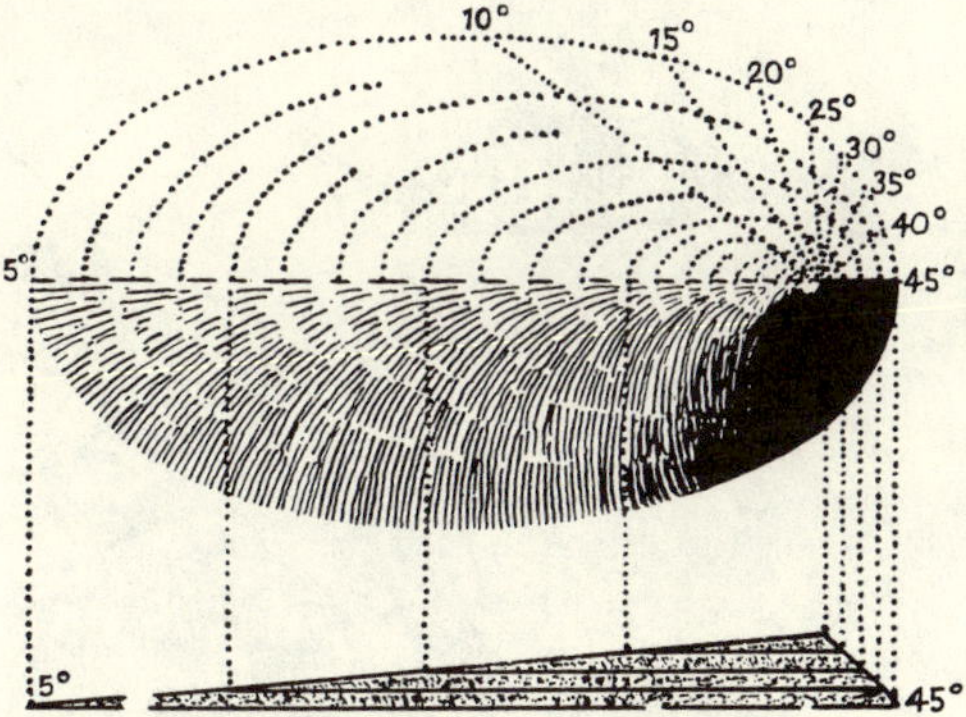

64　レーマンのケバ模式図

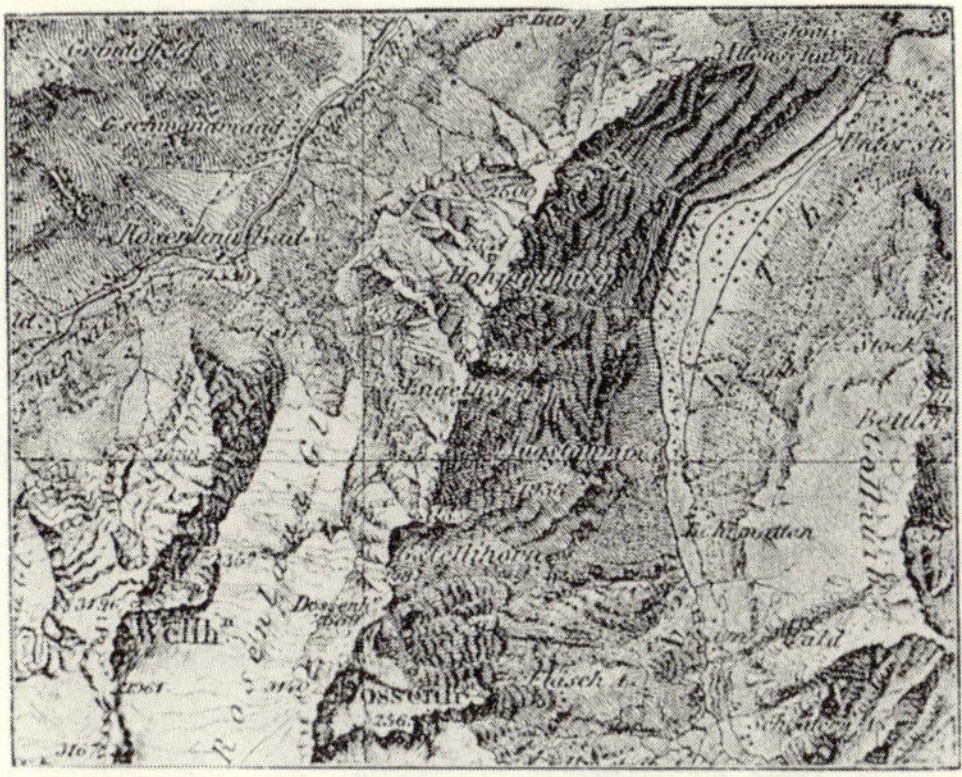
65　デュフールのスイス地形図（原図縮尺1：100,000）

測定値の等しい点を結んで描いた線、すなわち等値線を地図に導入したのは、一七二九年にオランダの技師クルクァイウスが、航行する船舶のために等深線を用いて作成したメルウエデ河口の深度図であるが、かれはおそらく潮汐による汀線《ていせん》の昇降をみて、等深線を考察し

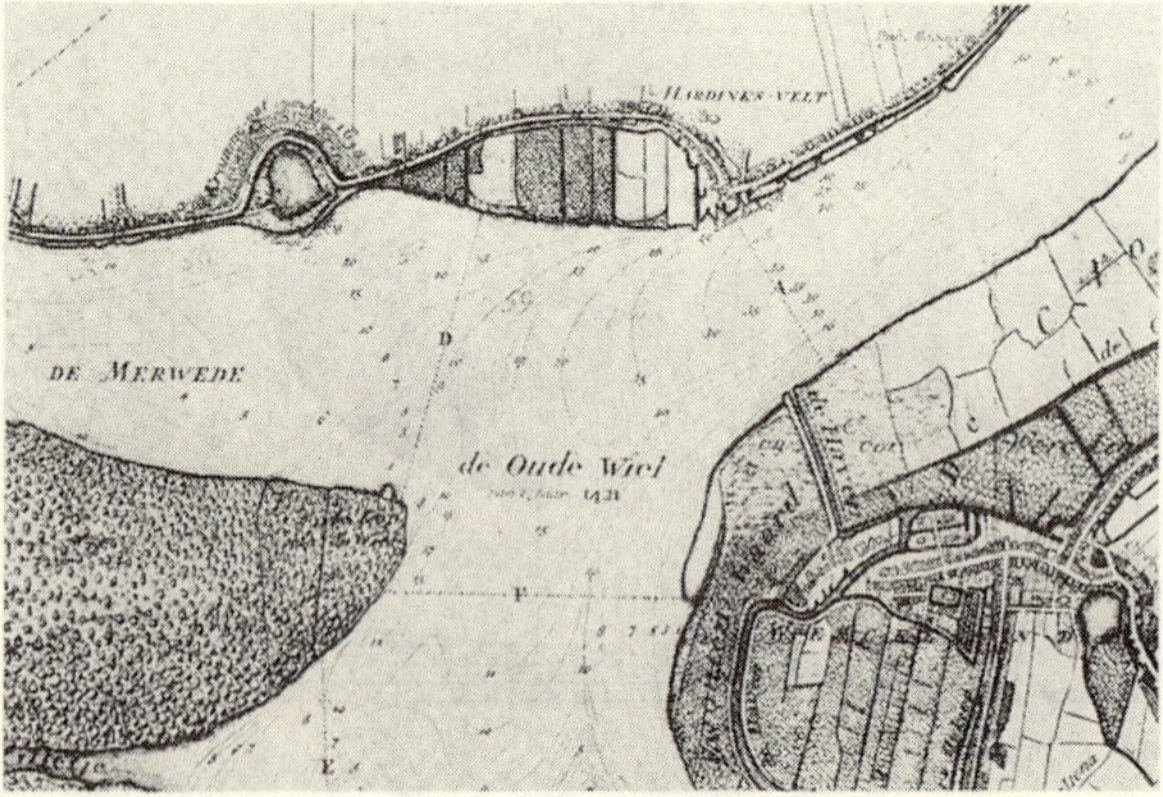

66　クルクァイウスのメルウェデ河口深度図

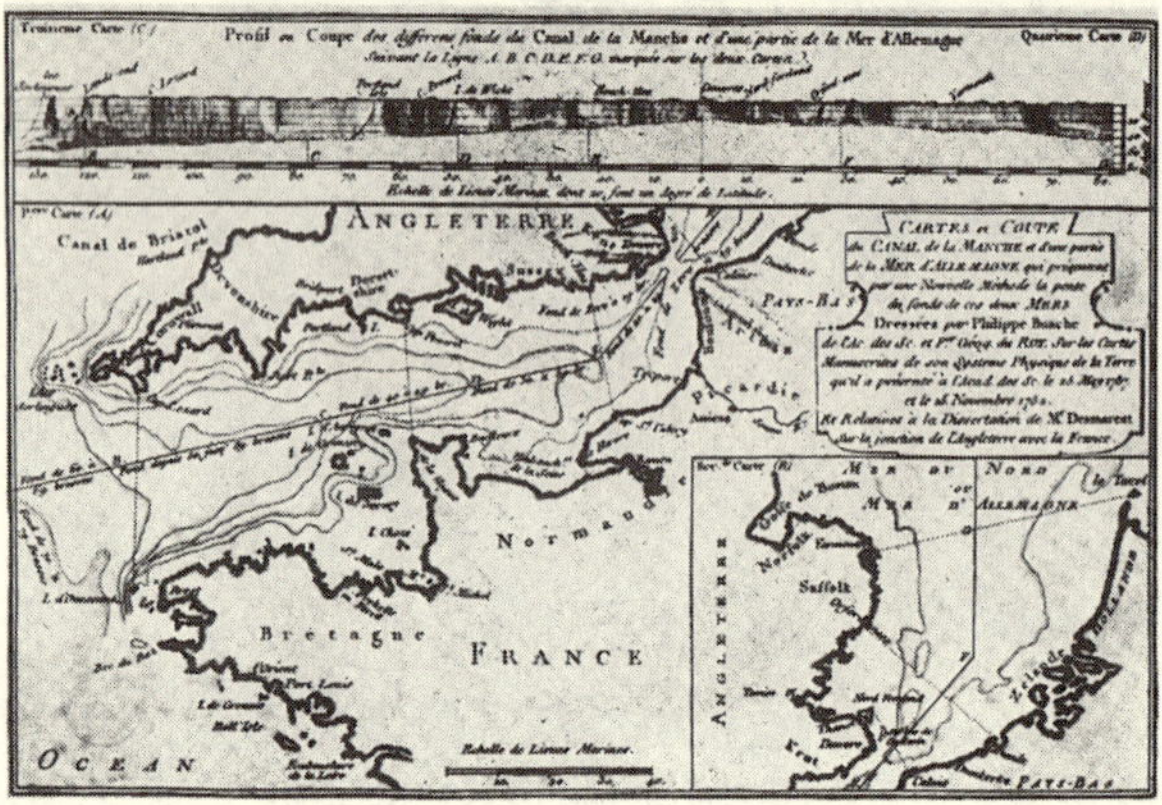

67　ビュアシュのイギリス海峡深度図

たものと思われる。

またこの方法をさらに広い地域に用いたのが、ダンヴィルの後継者であるフィリップ・ビュアシュが一七五二年に出版したイギリス海峡の深度図であり、等深線は一〇尋《ひろ》（約一八メートル）間隔でひかれ、海底の断面図も添えられている。

しかし陸上では水準測量が広い地域には容易に及ばなかったので、土地の高低を示す等高線の利用は深度図よりもかえっておくれ、ようやく一七九九年のデュパン・トリエルによってつくられたフランス地形図が最初である。等高線間隔は一〇トワーズ（約二〇メートル）であり、水準観測値がまだ少なかったので、等高線はやや形式的に引かれているが、モンブランなどのアルプス山地の地形はかなり正確に表現されている。

しかし等高線法が最もすぐれている点は、土地の高低を定量的に表現しうるからである。したがって水準測量が精密に行なわれ、観測点が増加するほど、等高線はますます正確に描かれ、地形の起伏ばかりでなく、等高線の粗密の状態によって、傾斜の緩急も表現されるために、十九世紀後半ごろから、地形の表現には等高線法が主となり、こんにちでは世界各国の地形図はほとんどすべて等高線法を用いている。

十九世紀の地図の発達

十九世紀には地図においてもあらゆる分野にいちじるしい発達がみられた。一八〇〇年代初頭の世界図では、北極や南極をのぞけば、探検航海や沿岸の調査によって、世界の陸地の輪郭はほぼ正確に描かれているが、大陸の内部のところには、まだ空白の部分がひろく残されていた。

しかし十九世紀には、イギリスをさきがけとしていち早く産業革命を達成したヨーロッパ諸国が、世界のいたるところに市場や原料供給地を求めて進出し、アフリカやアジアでは奥地の探検や植民地開発が進められた。したがって一九〇〇年代の世界図になると、わずか一世紀の期間ではあったが、アフリカやアジアの内陸の部分でも、地図の空白の部分はほとんど埋めつくされてしまった。

またフランスで開始された三角測量による精密な地形図の作成は、軍事上や産業開発の目的から、十九世紀にはフランスにならって、ヨーロッパでは国営事業としてひろく着手されるようになった。現在ではヨーロッパ諸国のほかに、日本やインド、また全部は完成していないが、ソ連、アメリカ、カナダ、中国をはじめ、イギリスやフランスなどの旧植民地の一部でも、正確な地形図が存在している。

このように十九世紀には地形図や各種の地図がつくられるようになったので、これらの地図を集成して編纂された現代地図帖も多く刊行されることになった。また十八世紀までは地図の印刷はもっぱら銅版彫刻による手工的な方法によっていたが、十九世紀における石版印刷からさらに写真製版印刷、あるいは石版から亜鉛版製版へと印刷術の発達にともなって、精巧な地図を大量に機械的に印刷することができるようになった。

ことに地図の着色は十九世紀なかごろまでは、すべて手描きで彩色されたのであるが、石版印刷とともに色彩印刷も発達した。色彩の機能は地図の表現能力をいちじるしく高めることになり、とくに応用地図の作成には多色刷り地図は欠くことのできないものであり、十九世紀の地図帖の発達は、地図の着色印刷に負うところがきわめて大きい。さらに十九世紀における近代地理学の成立や関連諸科学の発達にともなって、応用地図としてさまざまな主題図が生まれたが、この傾向はさらに二十世紀にはナショナル・アトラスの刊行となってあらわれ、また国際間の協力による国際一〇〇万分の一地図の作成をもたらした。

イギリスの地図作成事業

イギリスでも十六世紀にはオランダの影響を受けて地図の作成が盛んとなり、ことに十八世紀にはイギリスは世界で最大の海洋国家に発展し、ロンドンはパリとともに地図出版の中心となり、アロースミスなどによって多数の地図や地図帖が出版された。

しかしイギリスにおける十九世紀の地図作成事業として注目されるのは、フランスにつぐ地形図の作成である。イギリスの三角測量は一七八七年にフランスのセザール・カッシニが、パリとグリニッジ両天文台間の緯度と経度のちがいを確定するために、ロンドンからドーヴァー海峡を越えてパリに連なる三角測量を提案したことにはじまる。この作業は、イギリス王立協会が管理し、ウィリアム・ロイによって着手され、これが基礎となって一七九一年に陸地測量局（Ordnance Survey）が設立された。

陸地測量局の事業としては、一八二五年の大ブリテン島の三角測量がほとんど完成し、そ

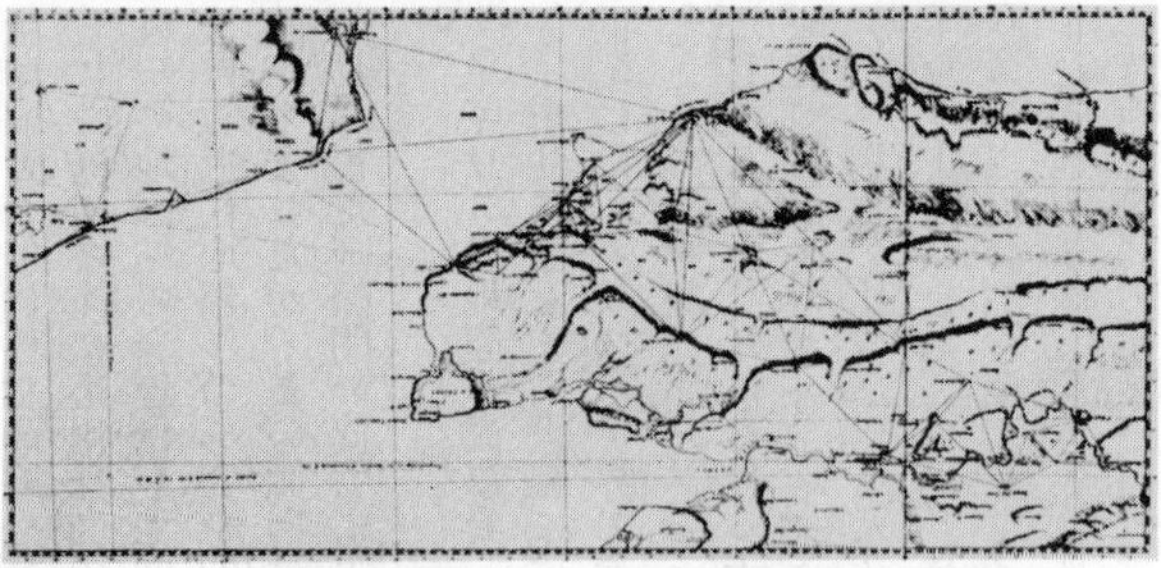

68　ロイの三角測量（1787年）　イングランド東南部およびドーヴァー海峡

れとともにイングランドとウェールズでは一マイル一インチ（縮尺六万三三六〇分の一）の地形図が刊行された。また一八二五年からアイルランドの三角測量が開始され、アイルランドは一マイル六インチ（縮尺一万五六〇〇分の一）に縮尺が拡大され、十九世紀後半にはイギリス全土にも同じ縮尺の地形図が作成されるようになった。そのほかイギリスでは一マイル二五インチ（縮尺約二五〇〇分の一）の大縮尺の地籍図もつくられた。

また植民政策上から植民地の地図作成に最も早くから力を注いだのはイギリスである。ことにインドでは一八〇二年から三角測量が開始され、一九〇〇年代にはヨーロッパに劣らないほどの地形図がつくられた。

その他の諸国の地図作成

十九世紀には、フランスやイギリスにならってヨーロッパの大部分の諸国では、三角測量や地形図の作成が国営の測地事業として行なわれるようになったが、ドイツは一八七一年にドイツ帝国が誕生するまでは、ドイツ連邦内の各国でそれぞれ別個に地形図を作成し、全国的に一様な組織で事業を進めるまでにはいたらなかった。したがってドイツでは統一国家が成立したのち、はじめてドイツ全体の統一的な地形図がつくられることになり、その基本図として縮尺一〇万分の一の帝国図（Reichskarte）が用いられることになった。

また帝政ロシアでは十八世紀のピョートル大帝の時代に地図の近代化がはじまり、一七三四年にはキリロフのロシア地図帖などが刊行され、革命前にはすでにヨーロッパ・ロシアでは測地や地形図作成が行なわれていたが、版図《はんと》が宏大なため、地図の精度は劣っていた。革命後はレーニンによって、「国家の生産力の向上と発展」のための地図の重要性が認められ、最高ソビエト科学技術部に測地局が設立されて大規模に地図作成事業が推進されるようになったが、一九四七年以降は地形測量は平板測量から写真測量に切りかえられたために、こんにちではシベリアなどを含めたソ連邦の大部分の地域にわたって、縮尺一〇万分の一の地形図が作成されている。

アメリカ合衆国では十八世紀前半期までは、東海岸地方の見取図程度のものしかなく、また後半期には西漸運動も盛んになるにつれ、良質の地図がますます必要となったが、しかしまだ各州別々に、しかも精度の劣った地図しかつくっていなかった。

そこでアメリカでも国営事業として正確な地図作成に着手することになり、一八〇七年には沿岸測量局（Coast Survey）が創設され、さらに一八七九年には西部などの内陸地方の調査と地図作成のために地質測量局（Geological Survey）が設置された。現在アメリカでは縮尺三万一六八〇分の一、六万二五〇〇分の一、一二万五〇〇〇分の一の三種の地形図がある。しかしソ連と同じように国土が宏大なため、なおその三分の一近くは正確な地形図を欠いているが、写真測量の発達したこんにちでは、アラスカを含めたアメリカ全土の地形図もいずれ近く完成するものと思われる。

現代地図帖と主題図

十八世紀から十九世紀にかけて、世界の各地について正確な地図がつぎつぎとつくられるようになると、世界についての正しい、また新しい知識を供給するために、これらの地図を基礎にして、縮尺や投影法、あるいは内容や表現方法などを一定の基準に基づいて整えた現代地図帖が各国で出版されるようになった。そのさきがけをなしたのが、一八一七年にドイツのユストゥス・ペルテスから刊行された「シュティーラ地図帖」（Stielers Handatlas）であり、第二次大戦中に廃刊されるまで、一〇四以上も改訂版を重ねた。

イギリスでは、一九二二年の「タイムス地図帖」（Times Atlas）が最も知られ、シュティーラなど多くの地図帖が政治区画別に着目されているのに対して、タイムス地図帖は等高線別の、いわゆる段彩式に着色されているのが特色である。これは一八五五～五八年に、五巻からなる新版が出版された。そのほかフランスやイタリアなどでも、それぞれ古い歴史をもつ地図帖がみられる。

第二次大戦後は、各国で新しい地図帖が多数刊行されているが、ドイツの「ベルテルスマン大地図帖」(Bertelmanns Grosser Weltatlas) などは、地図帖作成におけるシュティーラ以来のドイツの伝統を示すものといえる。しかし最も出色なのはソ連の地図帖であろう。ソ連はすでに一九三七〜三九年に「大地図帖」(Atlas Bolshoi) が出版されているが、一九五四年にはこれにかわるものとして、「世界地図帖」(Atlas Mira) が刊行され、さらに一九六七年には全面的な改訂版と、その国際版として英語版もつくられた。

またこれらの地図帖とともに、十九世紀に主題図 (Thematic map) が作成されるようになったことも、地図の多方面な利用を発達せしめることになった。主題図とは、地質図、植生図、あるいは人口分布図、土地利用図など、ある特定の主題についてとくにくわしく表現した地図であるが、主題図の発達に大きな貢献をなしたのは、ドイツの地理学者アレクサンダー・フォン・フンボルトである。フンボルトはかれの南アメリカに関する研究報告において、多数の地図や図表を挿入しているが、ことに植物の分布と気温の関係を示すために、植物帯の分布に対して、気温の配列を平均気温の等しい地点を結んだ等温線でもって地図に表わしている。

フンボルトの等温線と同じような等値線の方法によって、さまざまな現象の分布の量的関係を地図に表現しうるばかりでなく、また諸現象の分布を地図化することによって、現象相互間の因果関係を把握しうることが明らかとなった。したがってドイツではすでに一八三七年に、気候学、地質学、植物地理学、人類学などの諸分野の項目を主題として、八巻からなるベルグハウスの「自然地図帖」(Physikalischer Atlas) が刊行された。これらの自然地図帖ばかりでなく、人文地理学の発達にともなって、現在では多種多様の主題図や人口地図帖、経済地図帖なども数多く作成されている。

国際地図

十九世紀から二十世紀にかけての交通や通信の発達によって、国際間の関係はいよいよ密接となってきたため、一八九一年にベルリンで開催された国際地理学会議において、ドイツの地理学者アルブレヒト・ペンクにより、国際間の協力のもとに世界の基本地図として国際地図を作成することが提案され、さらに一九〇九年のロンドン、一九一三年のパリの国際地理学会議によって具体化されることになった。

すなわち、この地図は正式には「国際一〇〇万分の一世界図」(IMW)*とよばれるように、縮尺は一〇〇万分の一、図法は変更多円錐(Modified Polyconic)図法を採用し、地形は等高線別の段彩式によるなどの細目が定められた。また各図幅は経度六度、緯度四度ごとに区画され、全世界九七五図よりなり、主要国が分担して作成することが予定された。

しかし第一次大戦が勃発したので、約三分の一の図幅が刊行されたのみで中断されてしまったが、一九六二年のボンで開催された国際会議により、この事業は国連によって継続されることになり、わが国でもこの国際協定にしたがって、戦前の「一〇〇万分の一万国図」のほかに、新たに「一〇〇万分の一国際図」が出版された。

そのほか、第二次大戦後の民間航空事業の急激な発達に応じて、国際民間航空輸送の発展と安全運航確保を目的に、一九四七年には国連に「国際民間航空機関」（ＩＣＡＯ）**が設置された。その報告によって、航空用の国際的な基本地図として縮尺一〇〇万分の一、ランベルト正角（Lambert conformal）図法による「国際民間航空図」（ＷＡＣ）***を国際間の協力によって作成することになり、わが国でも一九五三年以来すでに九図幅が出版されている。

* International Map of the World 1 : 1,000,000
** International Civil Aviation Organization
*** World Aeronautical Chart ICAO 1 : 1,000,000

ナショナル・アトラス

二十世紀の世界の地図作成事業にみられる新しい傾向としては、さきの国際地図の作成のほかに、ナショナル・アトラスの刊行があげられる。ナショナル・アトラスはその名の示すように、国家の代表的な地図帖の意味を有し、一国の自然、社会、経済、文化などを、一般図のほかに、多数の主題図を用いて表現したもので、いわば国土の実態を地図帖の形で総合的に表現した「国勢地図帖」であり、国土計画や地方計画など、国家の総合政策を遂行するためにも重要な基礎資料をなすものである。

ナショナル・アトラスは、一八九九年の「フィンランド地図帖」、一九〇六年の「カナダ地図帖」をはじめ、ヨーロッパ諸国では第二次大戦前からの古い歴史をもつものが多い。

これらは戦後いずれも改訂版が刊行されているばかりでなく、現在では南アメリカ、アフリカ、アジアの開発途上国においてもナショナル・アトラスがつくられ、世界全体では約六〇ヵ国においてナショナル・アトラスが完成あるいは作成中である。ナショナル・アトラスの内容は、それぞれ国によって異なっているが、これらの数多いナショナル・アトラスのなかでは、地図に古い歴史と伝統を有するヨーロッパ諸国のアトラスに、さすがに内容や表現においてすぐれたものが多い。

なおわが国ではこれまでナショナル・アトラスをもっていなかったが、現在、建設省国土地理院が主体となって、その作成が鋭意進行中であり、昭和五二年には主題図など二七六種を含むすぐれた内容のナショナル・アトラスの刊行が期待されている。

第八章　中国における地図の発達

中国の地図の起源

古来、中国でもおびただしい数の地図がつくられたと思われるが、こんにちでは十一世紀以前に溯るものは一つも残っていない。しかし中国においても地図の利用が早くからはじまったことは、『周礼《しゅらい》』によればすでに周代に、大司徒とよばれる官職が地図の作成、職方氏という官職が地図の保管を司ったことが記されている。

もっとも、『周礼』は封建制度のもとにおける理想的な行政制度を著わしたもので、過去においてそのままの制度が行なわれたことを示すものでないが、前二二七年に燕《えん》の太子丹が秦の始皇帝を暗殺しようとして送った刺客荊軻《けいか》が、督亢《とくこう》の地を献ずると称して、「督亢之地図」に隠しもっていた短刀で刺殺をはかって果さず、処刑されたという『史記』の記事は人口に膾炙《かいしゃ》している。

事実、このころには地図がすでによく用いられていたことは、秦の滅亡のとき、漢の蕭何《しょうか》が秦の都咸陽《かんよう》に入城して接収した図書の中に多くの地図が含まれていたことからもうかがわれる。また漢代でも地図に関するいくつかの記事がみられる。たとえば漢の武帝の三王子が采邑《さいゆう》の領域を定めるために地図を奉ったとあり、後漢書には、後漢の明帝が黄河の堤防が決《けっ》潰《かい》したのを修復せしめるために、王景に禹貢《うこう》図を賜ったことなどが記されている。ただ、これらの地図がどのようなものであったかは明らかではないが、中国で紙が発明されたのが二世紀の後漢の蔡倫《さいりん》によることを考えれば、それ以前には、地図は木版に彫りこまれたか、絹に描かれたのであろう。また裴秀《はいしゅう》が指摘しているように、漢代までの地図は見取図の程度のものであったと思われる。

裴秀と賈耽

漢代以後の中国の地図作成に大きな進歩をもたらしたのは、三世紀の晋の裴秀（二二四〜二七一）である。裴秀は晋の司空（建設省長官）であり、「禹貢地域図」一八篇をつくったが、その序文が晋書裴秀伝に記されている。

それによれば、当時残存していた漢代の地図には分率を設けず、準望も考正していないことを指摘し、「製図の体に六あり」として、分率・準望・道里・高下・方邪・迂直の地図作成上における六つのプリンシプルを示している。

分率とは「広輪の度を弁ずる所以なり」とあるから、縮尺の比率を定めること、準望とは「彼此《ひし》の体を正す所以なり」とあるから、方位を正すことを指し、また道里はいうまでもなく距離である。このように裴秀は縮尺・方位・距離に留意したことによって、唐以後の中国の地図にひろく用いられた方格平面図法、すなわち方眼図法の原理が定められたのである。

また高下は高低、方邪は直角と斜角、迂直は曲線と直線のことであり、地図の作成にあたって、地上の坂道や曲り道を歩測した距離をそのまま地図に用うべきでなく、地表の起伏を考慮して、地点間の直線距離を求めて地図上に示さねばならないことを注意しているのである。

裴秀からおよそ五〇〇年後の唐代には、賈耽《かたん》（七三〇〜八〇五）が八〇一年（貞元一七）に「海内華夷図《かいだいかい》」を作成している。賈耽は同年に『古今郡国道県四夷述』と題する四〇巻の地理書を著わしているので、海内華夷図は中国を中心に、広くその周辺を含めた、いわば八世紀の中国人の地理的知識を示した世界図であったと思われる。また記録の伝えるところによれば、海内華夷図は縦三丈、横三丈三尺、すなわち約九×一〇メートルにも達する大幅の地図であるが、裴秀の伝統を継承して、一〇〇里をもって一寸とするとあるから、縮尺約一五〇万分の一の方格図であったと推定され、また当時の地名は朱、古地名は墨で書きわけ、歴史地図の用も兼ねたものであった。

しかし惜しいことには、賈耽の地図も早く失われてしまったのであるが、西安の碑林《ひりん》（現在、西安市の博物館）に、それをしのぶに足る「禹跡図《うせき》」と「華夷図」の二図が一基の石碑の表裏に刻まれて存している。両図とも阜昌七年に石刻されたことが明記されているが、阜昌とは南宋初期に金が前衛国家として建てた斉の国の年号であり、阜昌七年は西暦の一一三六年にあたり、現存する中国最古の地図である。

まず阜昌七年四月に石刻された禹跡図についてみると、その名の示すように禹貢の山川地名に、あわせて古今の主要な地名を加えて記した中国全図である。地図の大きさは縦横ともほぼ三尺すなわち一メートルに満たないが、方一〇〇里の直交する縦横線を施した方格図である。

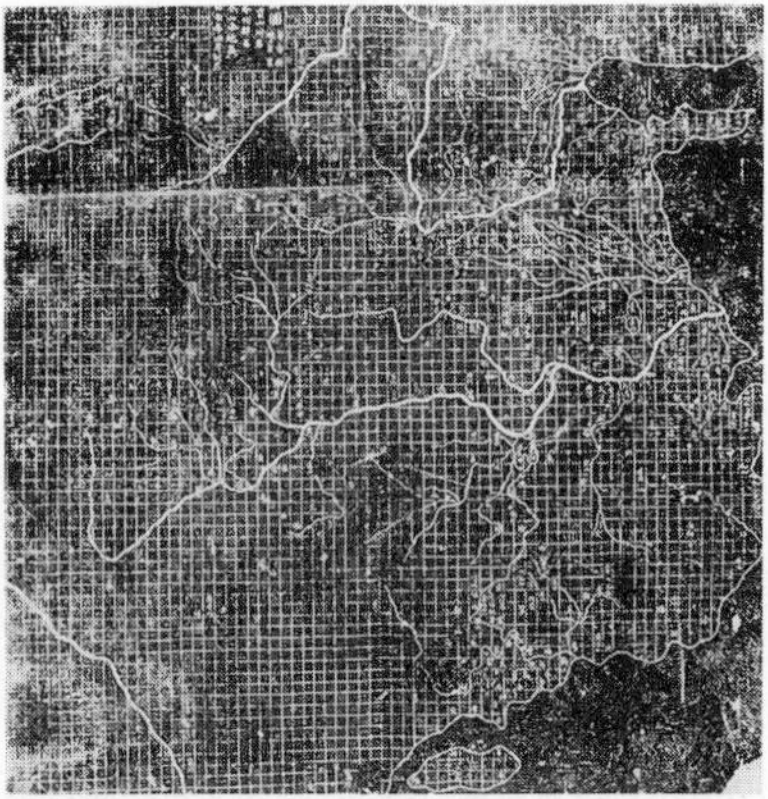

69　禹跡図

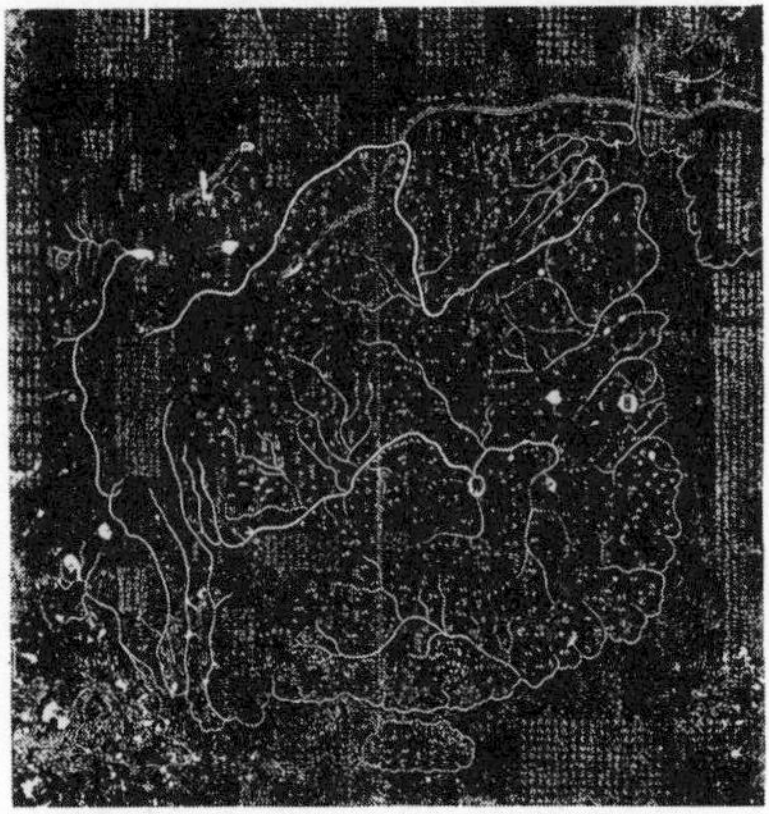

70　華夷図

このように縮尺と関連して、方格にしたがって諸地点間の方位や距離もだいたい正しく表わされているため、海岸線や河道の形状もかなり正確に描かれている。ことに黄河や揚子江の河道の屈曲の有様などは、実際に近いほどである。

禹跡図よりも半年後の同年一〇月に石刻された華夷図も、大きさはほぼ同じであるが、方格図ではないので、図形ははるかにくずれている。しかしその名称が賈耽の海内華夷図を連想せしめるように、賈耽の系統のものであり、おそらく賈耽の地図を一〇分の一に縮めて地名を略し、また方格図の縦横線をとり去り、形状もゆがめたものと思われる。

したがって中国の周辺は華夷図には広く含まれ、西域では、禹跡図は弱水・黒水を図記する程度であるが、華夷図は図幅の関係から東西を圧縮しているにしても、居延沢《きょえんたく》（ガシュン・ノール）に注ぐ弱水（エジン・コール）をはじめ、疏勒《そろく》（カシュガル）や葱嶺《そうれい》（パミール）などの地名もみられる。

宋・元・明代の地図

宋代は北方に興った金の攻略を受けて華北の地を失って、北宋から南宋に移らざるをえなかったが、北宋期には中央集権体制が確立されて、産業や交通もよく発達し、全国図や地方図のほかに駅路図などもつくられた。

宋代の地図で現存するものとしては、前記の禹跡図や華夷図のほかに、十一世紀末に四川の税安礼が撰した『歴代地理指掌図』とよばれる地理書があり、また蘇州《そしゅう》の文廟《ぶんびょう》（孔子廟）には南宋の時代につくられた「地理図」がある。大きさは縦二メートル、横一メートルほどであるが、下部の三分の一は記文で占められているので、地図そのものの大きさは禹跡図とあまりかわらない。地理図は記文によると、南宋光宗のとき黄裳《こうしょう》が献じた地図を四川省で王《おう》致遠《ちえん》が入手し、理宗淳祐七年（一二四七）にこれを石刻せしめたものである。方格図でないため、図形は禹跡図のようにととのっていないが、地名や注記は多く、塞外《さいがい》（万里の長城の外部）とくに東北方面は、当時の政情を反映して詳細に記載されている。

また京都の東福寺栗棘庵《りっきょくあん》には「輿地図」と題する拓本が蔵されているが、求法《ぐほう》のために入宋した仏照禅師によってわが国に将来されたものである。作者は不明であるが、「地理図」よりも三〇年ほど後につくられたものと推定され、原図はおそらく木刻の地図であったと思われる。この地図も方格図でなく、したがって図形は粗雑なところも少なくない。しかし内容はさきの華夷図に近いが、縦横約二メートルに近い大きな地図であるため地名は豊富で、とくに塞外の部分には多くの注記が付され、また宋代には交通がよく発達したので、多数の道路や海路も記載されている。

元代の代表的な地図としては、朱思本（一三〇〇年ごろ）の「輿地図」がある。ただしこの地図は現存していないので、その内容については詳らかでないが、これを増補した明の羅《ら》洪先《こうせん》の「広輿図」によると、朱思本は輿地図を作成するにあたって、滏陽《ふよう》・安陸の石刻禹跡図によったことが記されている。

これらの図がどのようなものであったかは明らかでないが、図の題目や、石刻であることからみて、阜昌七年の禹跡図と類縁のものであったと思われる。だとすれば禹跡図も、また朱思本図を分割したという広輿図の各省図も、方一〇〇里の方格に区切られていることからみて、朱思本の輿地図もまた、裴秀や賈耽以来の伝統的な、毎方一〇〇里の方格図によって描かれた中国全図であったにちがいない。

しかし元代でさらに注目されることは、元の版図はアジア・ヨーロッパにまたがり、したがって中国の地図にも、ギリシア・ローマの地図を継承したイスラム地図の影響がみられることである。

『元史天文志』によれば、中国に来住した西域の天文学者札馬魯丁（Jamalud-Din）が作成した西域儀象の一つに「苦来亦阿児子」（ペルシア語の Kura-i-ard の音訳で地球儀の意）、すなわち地理志（地球儀）があり、木製で球面の七分は緑色に塗られた水面と、三分は白色に塗られた陸面にわかれ、小方井すなわち経緯線に画されていたと記されている。

またイスラム地図の影響がみられる地図としては、京都の龍谷大学に「混一疆理歴代国都《こんいっきょうりれきだいこくと》之《の》図」と称する世界図が蔵されている。この地図は明治になって朝鮮から将来されたもので、朝鮮の役のとき加藤清正が熊本の本妙寺に献納した「大明国地図」などと同じ系統のものである。

混一疆理歴代国都之図は下段にその由来が記されているが、それによれば朝鮮使として明へ派遣された金士《きんし》衡《こう》と李《り》茂《ぼう》が帰国後李《り》薈《わい》に命じて、李《り》沢民《たくみん》の「声教広被《せいきょうこうひ》図」と僧清濬《せいしゅん》の「混一疆理図」もあわせて一図とし、これに朝鮮と日本とを加えて李朝太宗二年（一四〇二）に作成されたものである。

李沢民も清濬の地図も現存していないが、イスラム地図の影響を受けたものとみられる。というのは混一疆理歴代国都之図に、これまでの中国の伝統的な地図にはみられなかったヨ

71　混一疆理歴代国都之図（1402年）（龍谷大学蔵）

ーロッパや舌状をなすアフリカ、アラビア半島と思われるものが突出する西アジアなどが、圧縮されて極めて不完全な形態であるにしても描かれているからである。ことにアフリカでは、プトレマイオスが「月の山脈」から発すると想像したナイル河の特有な流路が示されていることからみて、中国に伝えられたイスラム世界図はプトレマイオス系統のものであったことが推定される。

明代ではさきにあげた羅洪先（一五〇四〜六四）の「広輿図」がある。その自序によれば「訪求すること三年にして」得た朱思本の輿地図をはじめ一四

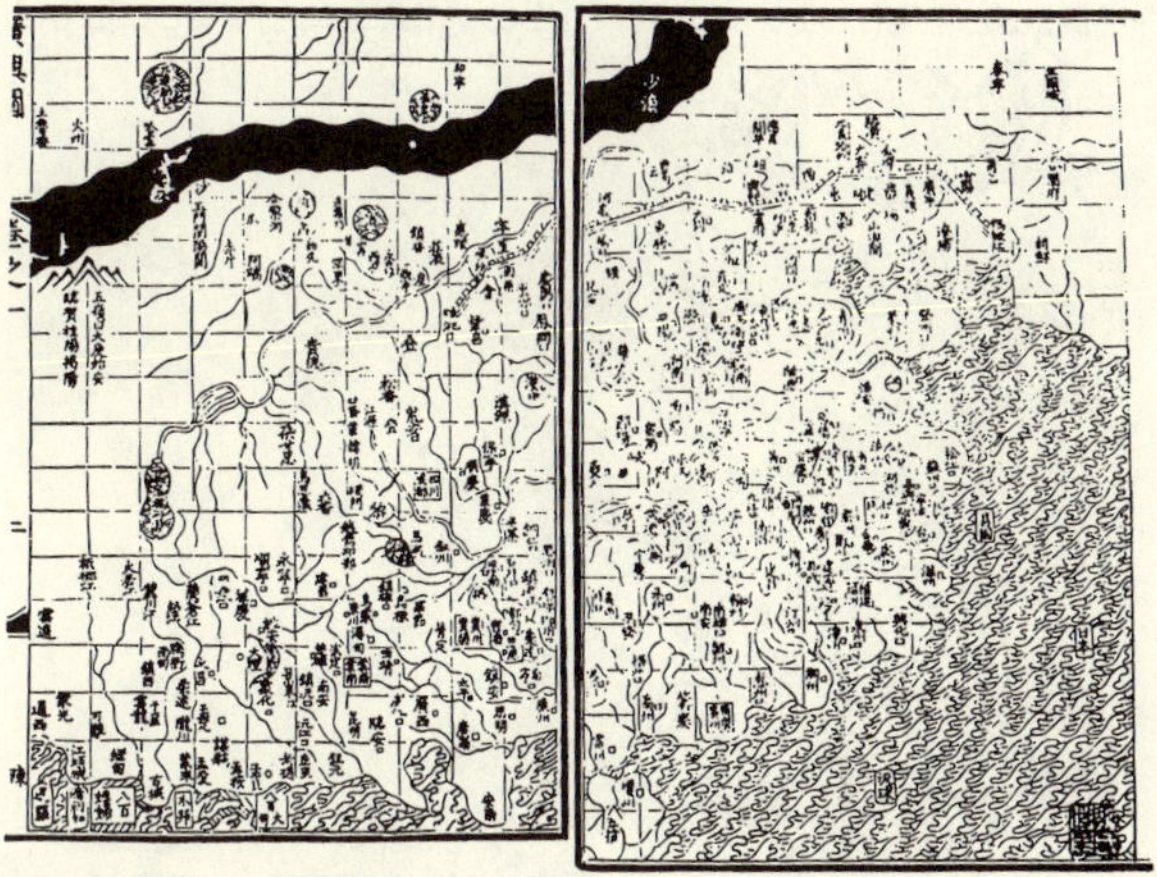

72　広輿図（中国全図）

種の地図を参照し、十余年の歳月を費して、嘉靖三四年（一五五五）ごろ刊行されたのである。広輿図はその名の示すように、朱思本の輿地図を改訂増補したもので、朱思本図が一枚図の中国全図であったのを各省別に分割し、そのほか九辺図や黄河図などを加えた四八図からなる図帖である。

　広輿図も方格図で、方格の大きさは図によって異なるが、前述のように各省図は一〇〇里の方格をもって区画されている。また黄河図では、黄河の河源を星宿海に発するとしているのは、朱思本によっているが、朱思本は中国本土に限られていたので、中国以外の地域を表わした東南・西南海夷図は、主として声教広被図に基づいて補われたのである。

　要するに広輿図は、裴秀・賈耽・朱思

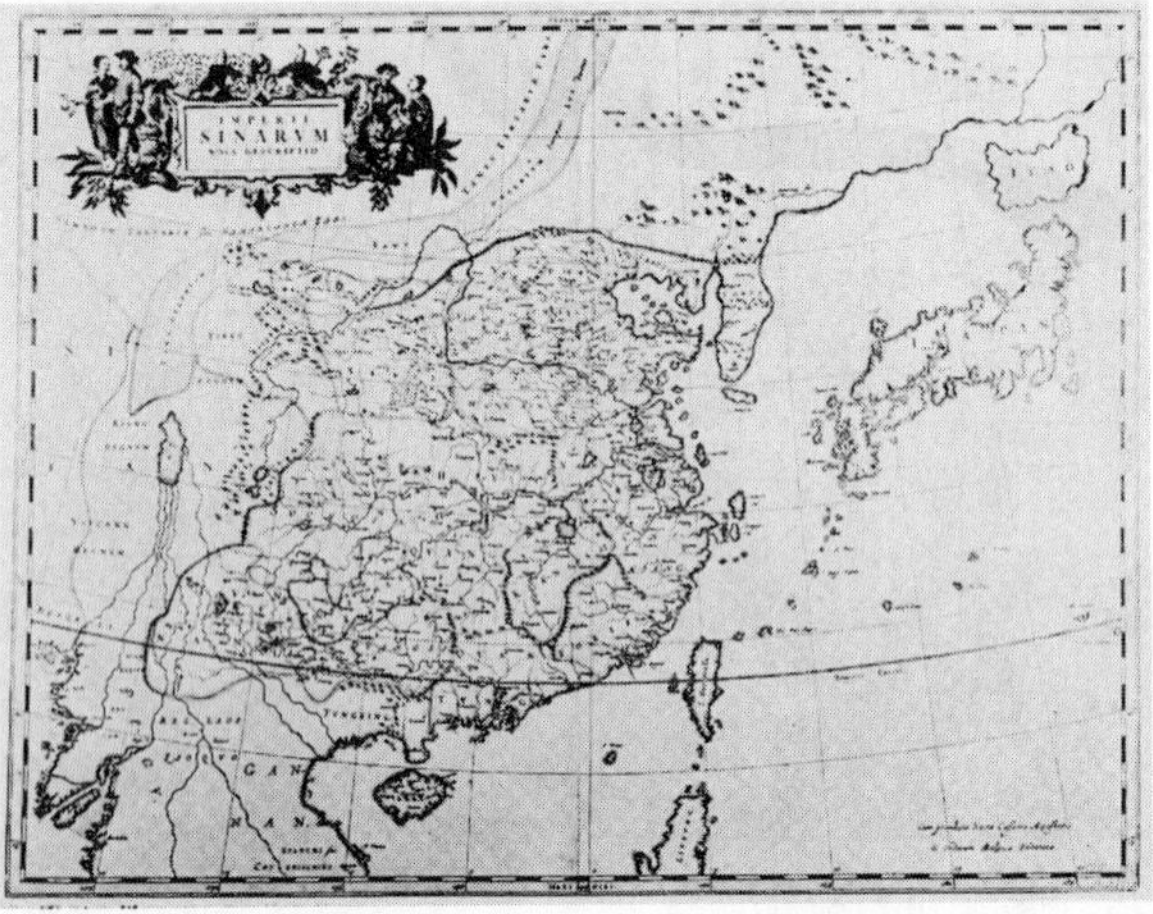

73　マルティニのシナ図

本と継受されてきた方格図によって、明代までの中国固有の地図を集大成したものであり、広輿図は清の嘉慶四年（一七九九）まで七回も版を重ね、さらにこれを増補した陳《ちん》組《そ》綬《じゅ》の「皇明職方地図」も著わされた。また広輿図はイエズス会士マルティノ・マルティニ（衛匡国）の「シナ図」によってヨーロッパにも紹介された。

しかし明末には中国に渡来したキリスト教宣教師によって、ヨーロッパの近代的地図の知識が伝えられ、地球は球体をなすため、土地を平面とみなして、これを方眼で画する方格図法では広域にわたる地図の作図には適しないことが明らかとなり、旧来の中国の地図に大きな変革がもたらされた。したがって広輿図はいわば中国固有の地図時代の最後を飾るものといえる。

マテオ・リッチの坤輿万国全図

ヨーロッパでは十六世紀前半に、ローマ・カトリック教会の権威の失墜と頽廃に対して宗教改革運動が起こり、やがてプロテスタンティズムの諸派が生まれたが、カトリック教会自体の中にも、これが契機となって新しい改革が行なわれるようになった。スペインの貴族イグナティウス・デ・ロヨラがパリでイエズス会（耶蘇会、ジェスイット教団ともよばれる）を設立したのも、そうした動きのあらわれであり、カトリック教会内の精神的刷新運動を起こすとともに、イエズス会の大きな事業としては、新しく発見された南アメリカや東アジアへの布教活動があった。

一五四九年に日本に渡来したフランシスコ・デ・ザビエルもロヨラとともにイエズス会創立者の一人であり、ザビエルはまもなく日本を去ってゴアに帰り、再び中国への伝道を企てたが、それを果せず広東の南の上川島で亡くなった。しかしザビエルに続いて中国への入国に成功したイエズス会士の一人がマテオ・リッチ（一五五二〜一六一〇）、すなわち利瑪竇《りまとう》である。

かれはイタリアに生まれ、数学、天文学などを修めたのち、中国への布教を志して、マカオに渡来した。一五八二年に中国に入国してはじめ肇慶《ちょうけい》（広東省）で伝道に従事し、さらに韶州《しょうしゅう》・南昌・南京を経て、一六〇一年に北京に到達し、明の万暦帝から北京に定住を許さ

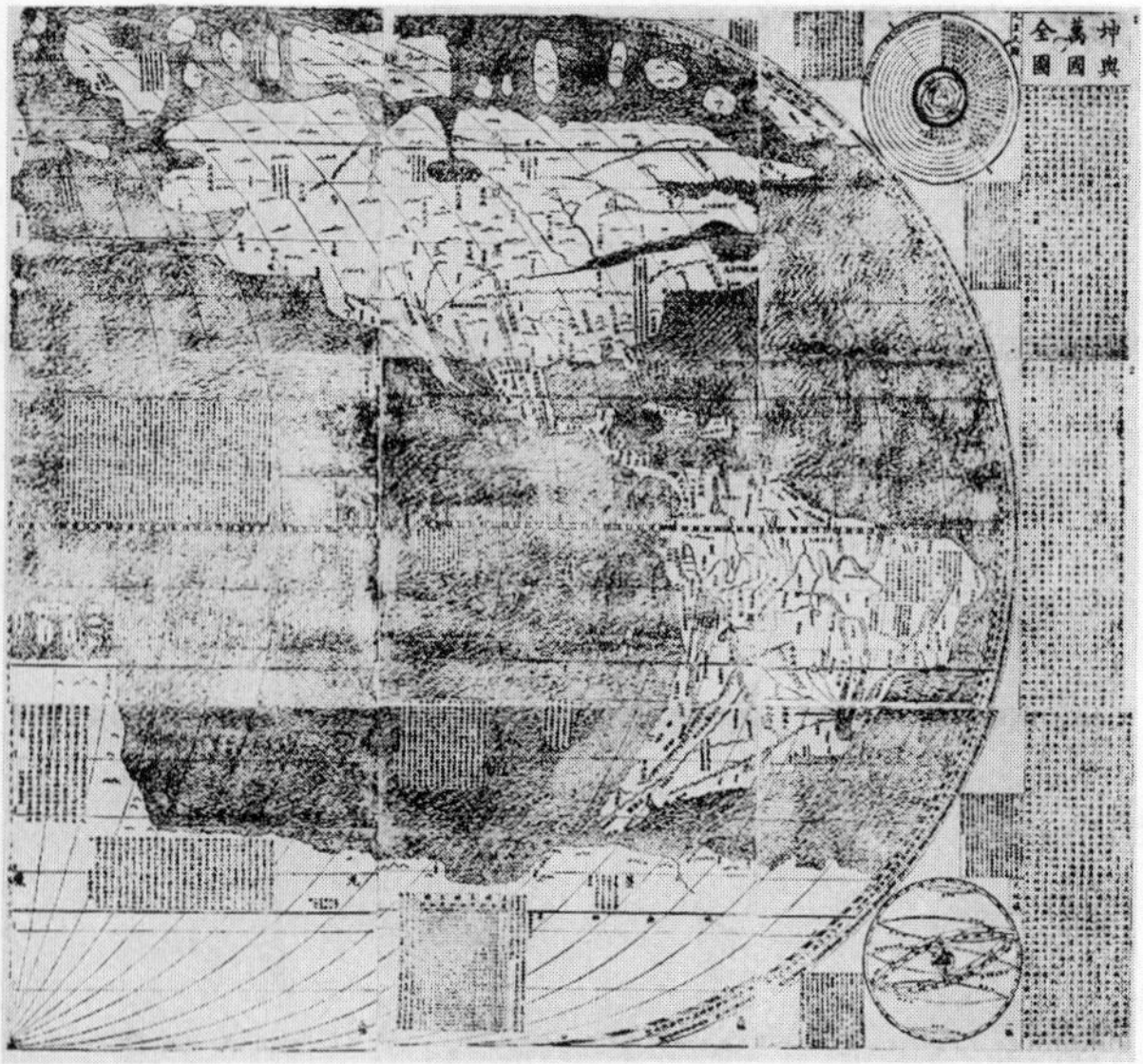

れ、布教活動を開始した。

リッチは中国でキリスト教を布教するのにはまず読書人層に信用を博することが大切であると考え、西洋の学術を中国に紹介、翻訳することにつとめた。なかでもかれの名声を高めたのはユークリッド幾何学の訳本『幾何原本』と世界図の「坤輿《こんよ》万国全図」の刊行である。

リッチはすでに肇慶において世界図を作成し、またこの地図をもとにして、南京で「山海輿地全図」と題する世界図を公刊したが、現存しておらず、その内容を知ることはできない。しかし、リッチの世界図として最も有名な坤輿万国全図は、一六

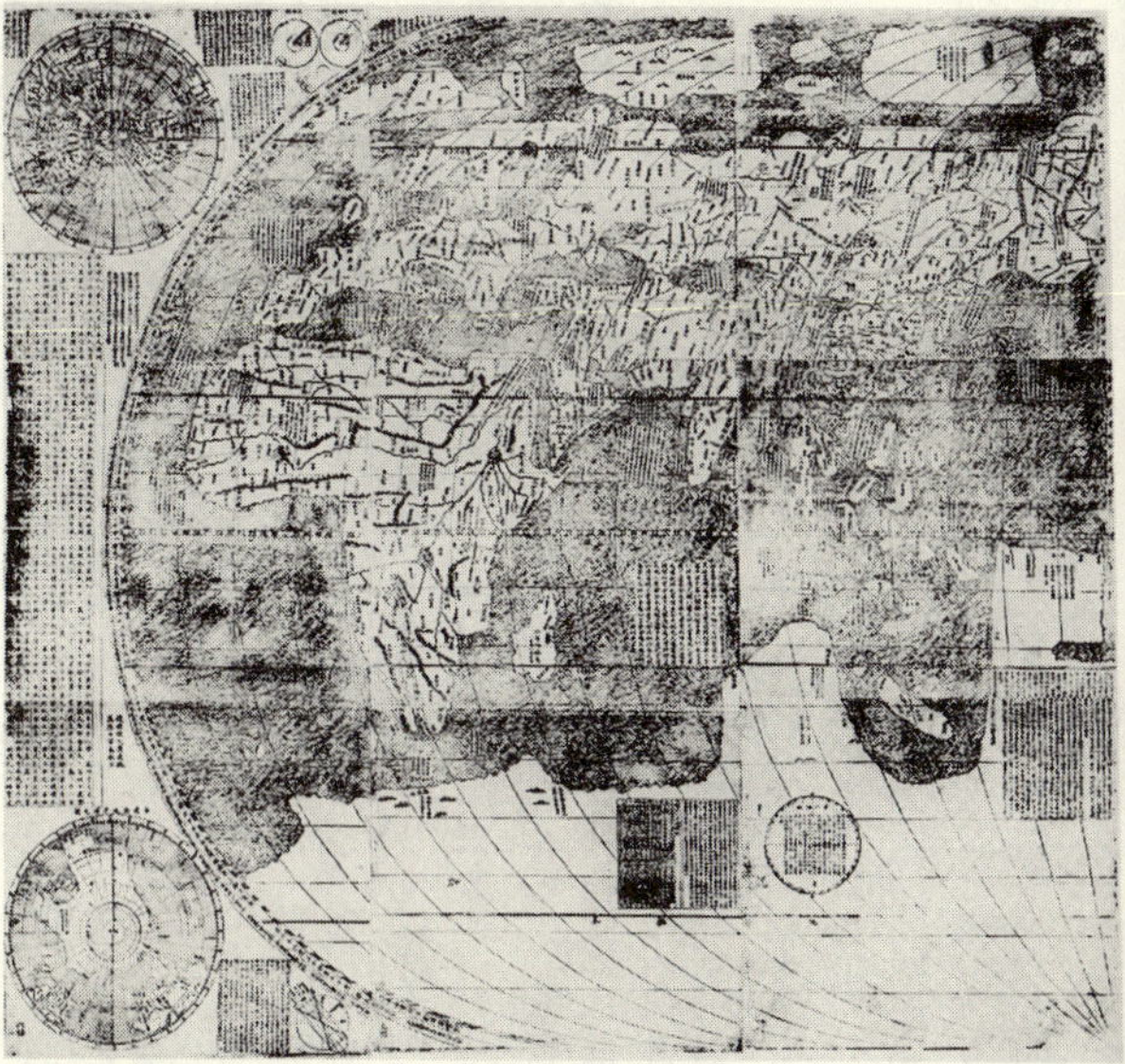

74　坤輿万国全図（1602年）（京都大学図書館蔵）

〇二年（万暦三〇）に北京においてリッチの原図をもとにして、工部の役人で、熱心なキリスト教信者の李《り》之《し》藻《そう》が刊行した木版刷りの地図であり、現在、ローマのヴァチカン図書館、京都大学図書館、宮城県図書館に各一本ずつ所蔵されている。縦一・七九、横四・一四メートルもあるすこぶる大型の地図であるが、六幅に分けられ、折りたためるようになっている。

図形は当時世界図に多く用いられたアピアヌス図法により、全世界を一図面に表わした楕円形の世界図である。またリッチがこの地図の作成にあたって用いたのは、一五七〇年のオルテリウスや一五九五年のメルカトルの地図帖、または一五九二年のプランシウスの世界図などであったと考えられるが、ヨーロッパ製の世界図では図面のほぼ中央に大西洋がくるように描かれているのを、中国が中央を占めるように置きかえ、また中国を中心とした東アジアの部分は、中国側の資料に基づいて描き改めている。

地図のおもな内容としては、世界は欧邏巴《ヨーロッパ》、利未亜《リビア》（アフリカ）、亜細亜《アジア》、南北亜墨利加《アメリカ》、墨瓦蠟泥加《メガラニカ》の五大州に区分されているが、墨瓦蠟泥加は前述のように、マゼランの名に因《ちな》んで付された架空の南方大陸を指している。地名は千百余り記載されているが、アジアとヨーロッパに多く、まだ新大陸の南北アメリカには少ない。そのほか、地図の中には、世界各地の簡単な地誌的記述や、この地図の由来を述べたリッチなどの序文が記され、さらに欄外には、アリストテレスの天体構造論に基づく九重天図や、極投影の方位図法による南北両半球図などが付図として描かれ、また地球球体説や地球の寒温熱五帯の気候帯説についての初歩的な説明が付され、いわば、世界図とともに地理書の役割も兼ねている。ことに地球の球体をなすことは、元代イスラムの地球儀が伝えられているにしても、それがひろく中国でも認められるようになったのは、坤輿万国全図によるものである。

なお一六〇六年には、リッチの指導のもとに李応試が坤輿万国全図を増訂して八幅からなる「両儀玄覧図」を作成したが、この世界図は朝鮮に現存している。また坤輿万国全図の解説のための世界地誌として、同じくイエズス会士ジュリオ・アレーニ（艾儒略《がいじゆりやく》）が一六二三年に『職方外紀』六巻を編述し、さらに清初の一六七四年には、フェルディナンド・フェルビースト（南懐仁）が東西両半球図の「坤輿全図」を刊行している。これら在華イエズス会士によってつくられた世界図や地理書は、わが国にも伝えられ、江戸時代における日本人の世界知識の発達に寄与するところが少なくなかった。

イエズス会士の測量事業

明朝は崇禎帝《すうてい》を最後に一六四四年に滅亡して清朝にかわったが、明末からはじめられたイエズス会士の事業は清朝にうけつがれ、ことに康熙《こうき》末年にはこれらのフランス派遣の宣教師たちの中国における最大の事業ともいうべき中国全土の測量と精密な近代的地図が完成された。康熙帝の治世（一六六二〜一七二二）の時代はフランスのルイ一四世の時代であり、当時のフランスでは前述した測地学が最も発達し、カッシニなどによってフランス全土の近代地形図の作成が進められていた。

また康熙帝はヨーロッパの自然科学に深い関心を有していたので、イエズス会士パランナン（巴多明）からの中国全土の測量と地図作成の建議が容れられ、一七〇七年（康熙四六）にはいよいよ測地事業が開始された。測量にあたってはジャルトゥー（杜徳美）、レジス（雷孝思）、ブーヴェ（白晋）などの宣教師が中心となり、多数の中国人も加わって、まず塞外から着手され、経度は北京を通る経線を本初子午線として東経、西経に分け、緯度は北極星の地平高度により、中国本部をはじめ辺境を含めて七〇〇近い地点について測定された。とくに西蔵《チベット》の測量にあたっては、イエズス会士から数学や測量術を学んだ中国人が起用さ

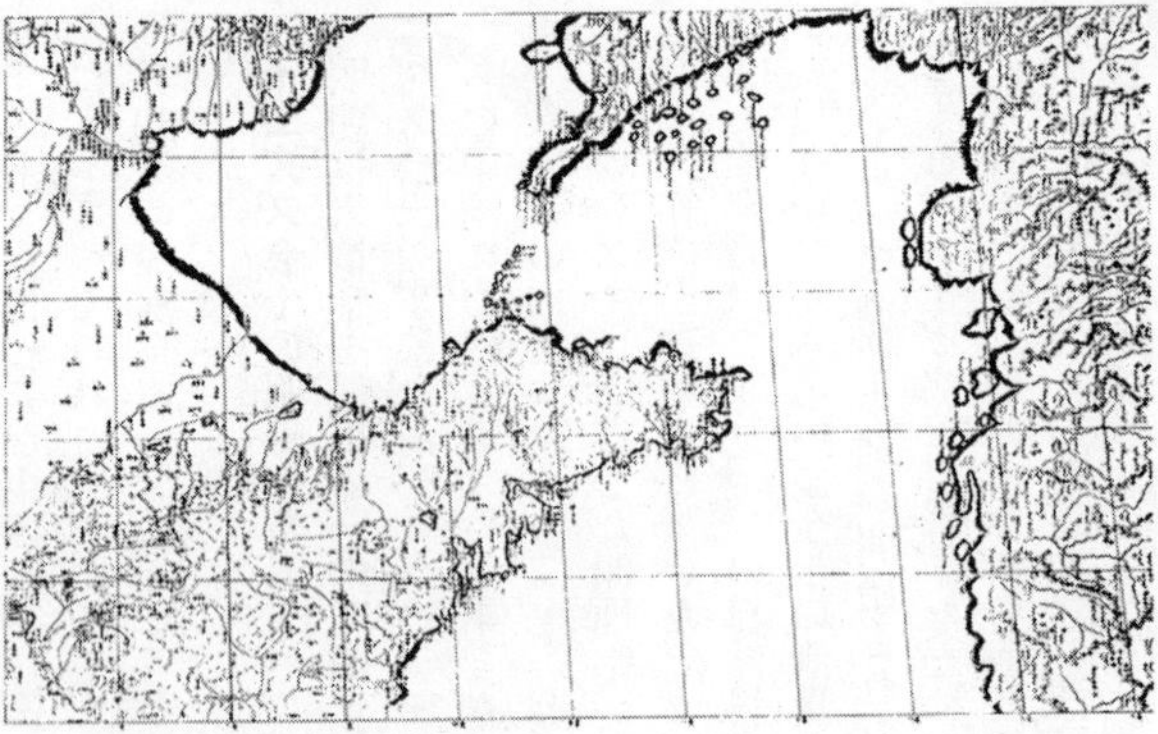

75　満漢合璧清内府一統輿地秘図

れるなど、文字通り心血を注いで一〇年の歳月を費し、一七一七年にジャルトゥーの総管のもとに総図一幅にまとめて上呈され、皇帝はこれに「皇輿全覧図」の名を与えた。

ただしこの中国総図は現存していないが、中国本部は漢字、長城以北は満州文字で地名が記載され、また北極に収斂《しゅうれん》する直線の経線および平行直線で示される緯線の梯形《ていけい》図法により、四一枚の銅版に彫刻された地図が存在する。この地図は「満漢合璧《がっぺき》清内府一統輿地秘図」とよばれるが、総図の皇輿全覧図はこれら四一枚の部分図をつなぎ合わせたものと思われる。また皇輿全覧図の稿本図がフランスに送られ、これに基づいて、フランスでは、さきのダンヴィルの有名な「シナ新地図帖」が出版されたのである。

しかし康熙時代には中国の勢力はまだ新疆《しんきょう》地方に及んでいなかったので、皇輿全覧図も哈密《ハミ》から以西は含まれていないが、乾隆《けんりゅう》帝の時代に新疆地方が平定されると、デ・エスピニヤ（高慎思）、ダ・ローシャ（傅作霖）などの宣教師をしてこの地方を実測せしめ、これにロシア人が献上したシベリア地方などの地図を加え、皇輿全覧図をもとにして、ブノワ（蔣友仁）の監修によって作成されたのが、一七七五年の銅版彫刻による「乾隆内府輿図」である。

この地図は縦一三排（段）からなっているので、「乾隆十三排図」ともよばれ、皇輿全覧図よりも範囲は広く、北極海から南はインド、西は西域から地中海方面の一部にまで及び、中国の周辺地域について新しい知識を提供している。しかし地図としては皇輿全覧図にくらべてそれほど進歩したものではない。ことに中国周辺地方では、梯形図法のような特殊な図法を用いたために、経緯線の斜交がいちじるしくなって地図の歪《ゆが》みがひどくあらわれ、地図の科学的価値を低めている。

76　ダンヴィルのシナ図

以上にみられるように、十八世紀

にフランス・イエズス会の宣教師たちによって行なわれた中国全土の測地および地図作成事業は、ヨーロッパでもまだ実現されていなかったほど大規模な、また画期的な事業であった。しかし中国の国土は極めて広大であり、しかも大部分は交通の不便な地域であったばかりでなく、測量方法は道線測量によったものであり、調査ルート以外の地域は従来の中国の地方図によって補充された。

そのため内容は正確さを欠き、緯度、経度にも誤差が多いことはやむをえなかった。しかしその後、中国では全国的な測量は行なわれたことがなかったので、ヨーロッパでも中国図の基本図としてはダンヴィルの地図が利用された。

乾隆以後の中国では、清末の一八六三年（同治二）に胡林翼《こりんよく》の「皇朝中外一統輿図」（「大清一統輿図」）がつくられたが、ダンヴィルの地図を翻刻したものであり、また旧来の方格図法に梯形図法を併用したいちじるしく矛盾した地図であった。しかし一九三四年（民国二三）には丁文江《ていぶんこう》、翁文灝《おうぶんこう》、曾世英《そうせいえい》の地理学者たちによって「中華民国新地図」（普及版は「中国分省新図」）が刊行された。この地図帖はヘディンなどの探検隊や中国陸軍などによる測量の成果もとり入れ、また各図は多円錐図法を用いて表わされた中国最初の近代的地図帖であるが、解放後の中華人民共和国における地図作成の現状については、まだ明らかでない。

むすび

以上において、ヨーロッパおよび中国におけるそれぞれの時代の地図の発達について概観してきたのであるが、十八世紀以降には、世界図はプトレマイオスの伝統からまったく脱却し、また中世以来の地図にみられた絵画的、装飾的な要素もすべて取り去られて、科学的な近代的世界図が成立するにいたったのである。

ただ大陸内部の状態はまだ不明なところが少なくなかったが、十九世紀にはアフリカではリヴィングストンやスタンレー、アジアではプルジェワルスキーやヘディン、オーストラリアではグレゴリーなど、多くの探検家たちによって、大陸の奥地の調査が急速に進められた。また二十世紀になってからは、北極と南極の大規模な探検や調査が盛んとなり、世界図において現在もなお空白のままに残されているのは、南極大陸と北極地方の一部にすぎなくなった。

それでは今後、地図はどのような発達をみるであろうか。地図の作成技術がますます進歩しているこんにちでは、技術的な問題とも関連して、簡単に答えることはできないが、とくに第二次大戦後は航空機の利用がさかんとなり、航空写真測量の発達にめざましいものがあるため、世界図のこのような空白の部分がまったく消失するのはいずれ近い将来のことであろう。

しかし最近の国連の調査によれば、世界の陸地の七〇パーセントまでは地形図が作成されているが、縮尺一〇万分の一以上の大縮尺の地形図を有するところとなると、まだ三〇パーセントにすぎない。だが地形図がまだよく整備されていないところは、一方からみれば、航空写真測量が最も能力を発揮しうる山岳地帯か、森林・砂漠地帯などであることからみれば、精密な地形図の作成も、航空写真測量の進展にともなって、急速に進められ、世界図はますます正確となることが予想される。

しかし地図の発達は、陸地の輪郭や起伏の状態がますます正確に精密に描出されるだけではない。地形図の精度が加わるとともに、地表に営まれる経済生活や社会生活もいちじるしく複雑化してゆくので、それぞれの主題に応じた多種多様の主題図が作成されることになる。しかし一方では、主題図が多様化すれば、これを総合し、分析することが必要になり、それには電子計算機の利用のために、今後、メッシュ・マップの作成が新しい地図の分野として発達するにちがいない。

メッシュ・マップとは地図を等形、等積などの一定の形で、均質とみなせる程度の大きさの小区画に分割し、地域の人口、産業などや、あるいは地表の自然条件に関する資料をメッシュ・マップ上の小区画単位に数量的に表示したものであり、これを電子計算機の利用によって処理すれば、地域相互間の比較が厖大な資料であっても数量的に迅速に集計把握されるばかりでなく、将来の予測なども解析計算することができるので、地域開発計画や都市計画、防災計画などの諸施策の遂行にあたって重要な指針としての役割を果すものといえる。

いずれにしても、これまでの地図は地表の形態の正確な表現にとどまっていたが、地図はいわば世界共通の言語であり、ナショナル・アトラスにみられるような主題図やメッシュ・マップなど、さまざまな地図を通して、世界の人々の相互の理解や認識は、今後いっそう深められるものと思われる。

日本篇

はじめに

地図とは、大地にしるされた人間の足跡であり、未知の地への飽くことなき願望の証しであり、それはそのまま、それぞれの時代の人間が、どのように世界を把えていたかを、私たちに示してくれる確かな歴史であるといえよう。だが、地図の歴史に関する著書は意外に少なく、ことにわが国の地図研究はヨーロッパにくらべて立ち遅れの観がある。また、幕末以来調べられた一部の地図、地誌類、および江戸時代またはそれ以前に遡《さかのぼ》る幕府、大名、社寺に所蔵されたあまたの貴重な地図もいまだ普通一般には知られていない状態である。

そこで、西洋、中国、日本を含む地図の歴史の執筆を概説的に述べたのが、同じ講談社から刊行された四六判『地図の歴史』であるが、出版してみると各方面から幸いにも好評を得た。その新書判である本書では、世界篇と日本篇を分けて各一冊とし、四六判で意に満たなかったところは増補し、とくにこの日本篇では、二分の一近くを加筆、資料を補った。時間に追われたこともあって不十分なところもあるが、あとは読者諸賢のご叱正をまつのみである。

昭和四十九年　秋

著　者

第一章　古代および中世の地図

大化改新と田図

わが国でいつごろはじめて地図がつくられたかは明らかでないが、文字を持たない未開民族でも、木片や獣皮など、彼らが手近に入手しやすい材料を使って、地図をつくることは知られている。またこのような材料が得られないときには、必要に応じて記憶によって砂や雪の上に地図を描くことが多い。これが「砂地図」とよばれるもので、幕末に蝦夷地《えぞ》（北海道）の調査をおこなった松浦武四郎も「蝦夷漫画」に蝦夷アイヌが砂地図をつくっているところを描いている。

したがってわが国でも、稲作農耕のはじまった弥生時代か、すくなくとも古墳の築造など大規模な土木工事がおこなわれた古墳時代には、すでになんらかの地図が存在していたことは想像される。

ただそれを確証することはできないが、文献にあらわれたところでは、大化二年（六四六）八月の班田収授の実行を国司に命じた詔《みことのり》に、「宜《よろ》しく国々の堺《さかい》を観、或は書し或は図し、持ち来って示したてまつれ」とあるのが、地図作成に関するわが国では最古の記録である。大化改新の目的のひとつが、従来の土地私有を廃して公有となし、男子には二段、女子にはその三分の二の口分田《くぶんでん》を班給することにあったから、班田を実施するには、班田のおこなわれる土地を測量しなければならない。またこれによって区分された耕地の位置を定める方法としては条里制が必要であり、記録にとどめるためには、戸頭《ことう》、姓名、口分町段を記した田籍およびそれを図示した田図が作成されたことは明らかである。

このように、田図の作成は班田制や条里制の進展にともなって、次第に全国的に進められたが、弘仁十一年（八二〇）の官符に「公私用いるあり、永存して見るべし」とあるように、田図は律令国家の収税の基本的な資料であり、訴訟の証験にも欠くことのできないものであったので、すべて民部省《みんぶしょう》に保管された。またそれだけに、時に応じて田図の修正が必要であり、その後も延暦五年（七八六）まで四回にわたって田図の改訂がおこなわれた。

77　松浦武四郎筆「蝦夷漫画」より（南波松太郎氏蔵）

ただ当時の田図はこんにちでは全く散逸してしまって、いずれの年代のものもみられない。しかし奈良の正倉院をはじめ、民間に流出したものも加えて、天平勝宝三年（七五一）の「近江国水《み》沼《ぬま》村墾《こん》田《でん》図」をはじめ、二一四点の東大寺領の

「墾田図・開田図」が千二百余年の歳月を耐えて残されているが、現存する地図としては日本で最古なばかりでなく、地籍図としては世界でも最も古いものであろう。

さきの大化改新によって定められた土地公有の原則は早くも八世紀には、田地の不足を緩和するために開墾を奨励し、開墾地の私有を認めることによって崩れはじめ、その結果、貴族や社寺による大土地所有が進展し、荘園制が発達するようになったのである。* これらの墾田図や開田図は免租の特権を得るために、東大寺の初期荘園の開田地の状態を図示して提出したもので、田図そのものではないにしても、田図の手法をそのまま伝えていると思われる。すなわち、これらの地図は保存に耐えるように麻布に描かれたものが多く、その描法は、当時施行された条里制の碁盤目の地割にしたがった方格（方眼）図法の形態をとり、それに田畑林野の別や田数などを記入し、主な河川や山地、家屋などが絵画的に描かれている。

このように内容は一般に簡略であるが、しかし一定の縮尺をもっているので、現在の地形図と比較しても、地図の精度はかなり高いことがうかがわれる。また田図に用いられた方格図法は、おそらく条里制とともに中国から伝えられたものとみなされる。中国ではすでに三世紀に晋《しん》の裴秀《はいしゅう》により、地図の描法として方格図法の原理が説かれ、この図法は唐以降の中国の地図にひろく用いられている。

＊ 養老七年（七二三）に、太政官によって「このごろ百姓漸《ようや》く多く田地窄狭《さくきょう》なり」として、耕地の開墾を奨励するために、三世一身法が、また天平十五年（七四三）には墾田永世私財法が施行された。

国郡図の作成

大化二年の詔は諸国に国郡図の作成を命じたものであるが、これまでの族制的秩序にかわ

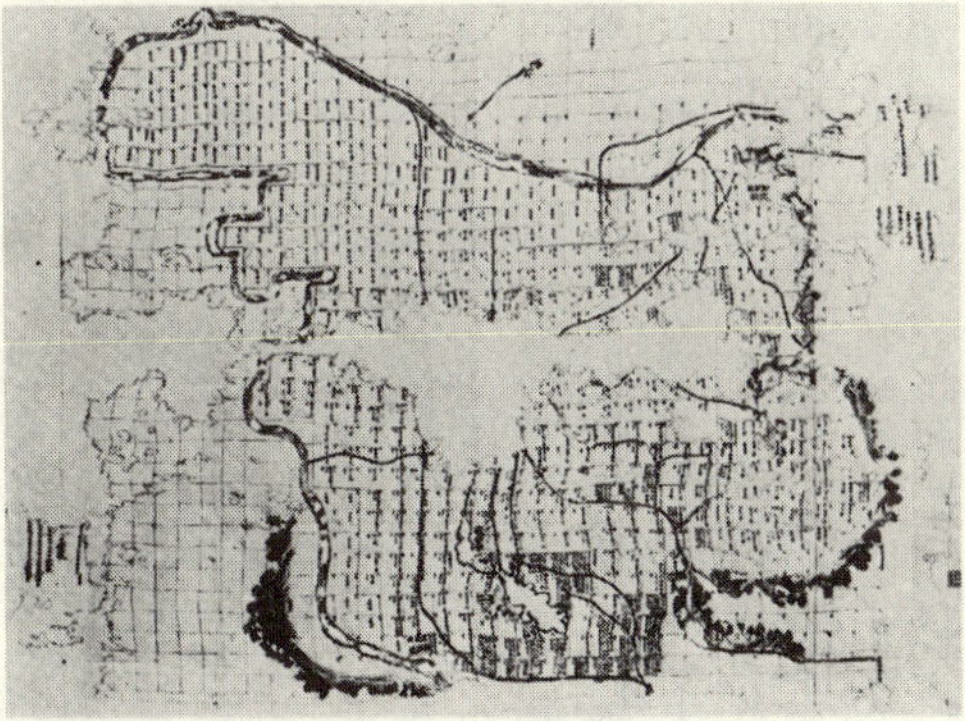

78　越前国道守庄開田図　福井市西郊にあたり，開田図の中央部は欠損しているが，日野川と足羽川の合流する状況など，現在の地形図（左下図）と比較しても一致している

るものとして、大化改新によって新たに国郡制が設置されたのであるから、この詔令によって、はたしてどの程度に国郡図がただちに諸国から提出されたかは疑わしい。しかし天武天皇十年（六八二）には「多禰《たね》国（種子島）図」を、同十三年には「信濃国図」を朝廷から派遣された使臣たちが呈上していることからみて、国郡図の作成は辺境の地方にまで及ぶようになったことがうかがわれる。さらに天平十年（七三八）に、「天下の諸国をして国郡図を造って進《たてまつ》らしむ」という詔が下されているのだが、これよりさきの和銅六年（七一三）には、わが国最初の地理書である『風土記』の編纂がおこなわれていることからみても、このころには国郡図も全国にわたって完成されたものと思われる。

このように勅撰によって国郡図が作成されたのは、国郡制の実施にともない、中央政府の地方統治に対する実際上の必要によるものであったから、国郡図も民部省で保管され、また天平から半世紀後の延暦十五年（七九六）には、ふたたび国郡図の重修がおこなわれた。ただこんにちではこれらの国郡図もすべて失われ、その断片さえみることはできないが、国郡図は田図と異なって広い地域に及ぶものであったから、測量にはよらない一種の見取り図であったにちがいない。

しかし延暦に重修を必要とした理由として、これまでの国郡図は内容が疏略《そりやく》であり、また年数も経て文字の不明なところがあることを挙げ、今回はさらに「郡国郷邑《きようゆう》、駅道の遠近、名山大川の形体と広狭」を漏らさずに記入することを命じているので、すくなくとも重修の国郡図は、『出雲風土記』の記載の体裁などから推定しても、国境や郡界、山川の配置、国《こく》衙《が》・郡衙《ぐんが》の位置や駅路などを記した、かなり詳しい内容のものであったと考えられる。

しかし平安時代の九世紀ごろには、律令制の衰退にともなって、中央と地方との乖離《かいり》はますます著《いちじる》しくなり、中央政府の威令もすでに及ばなくなった。そのため、国郡図の改訂などはもはや望みえないばかりでなく、既存の国郡図も空しく官庫に蔵されて、やがてすべて散逸してしまったのである。

日本図としての行基図

奈良時代から全国の国郡図が存在していたとすれば、それをもとにして日本全図がつくられたことも想像される。また他方、聖武天皇の時代に行基《ぎょうき》（六六八〜七四九）によって描かれたと伝えられ、「行基図」あるいは「行基式日本図」と総称される古拙な形態の日本図が、古くから江戸時代初期まで、いくつかの地図を通じて踏襲されてきた。

この行基図の形式をもつ日本図には、「延暦二十四年改正輿地《よち》図」と題する地図がある。古い行基図のうちでは図形は最も簡略で、本州・九州・四国はいずれも塊状の形態をなし、古い時代に属するものと思われる。しかし原図ではなく、もと京都下鴨社にあったものを江戸時代の中ごろ、写しとったものであり、また国名に、延暦二十四年（八〇五）より後の弘仁十四年（八二三）に新設された加賀国が記載されているなど、写図に記された年号にはなお疑問の余地がある。

そこで、書写年代の明らかなもので最も古いものを挙げれば、鎌倉時代末の嘉元三年（一

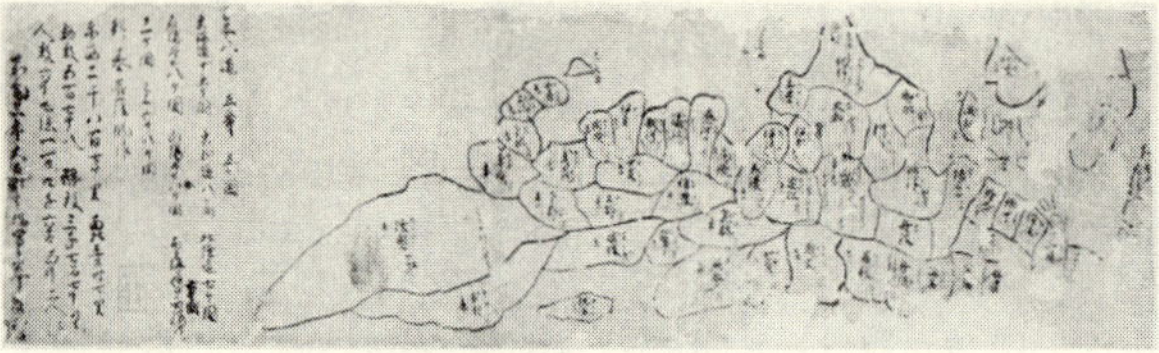

79　行基図（仁和寺蔵）

三〇五）に写された京都仁和《にんな》寺所蔵の「日本図」である。「延暦輿地図」にくらべると、日本の輪郭にはやや屈曲が加わり、陸奥、出羽の先端は丸くならずに、東に向かって大きく突出し、あるいは紀伊の部分は意識的に半島状に描かれている。また他の行基図にも、山城から五畿《ごき》七道《しちどう》に向かう交通路としての道線が引かれているが、この地図では、それが朱線をもって記されている。だが惜しいことには、「仁和寺図」では、九州、四国、および中国の一部を含む西日本の部分が破れてなくなってしまっている。

神奈川の金沢文庫にも、「仁和寺図」とほぼ同じころに写されたと推定される日本図があるが、「仁和寺図」とは反対に、東日本の部分が欠損している。また、なにか呪術的な意味を有するのか、日本の周囲を竜か蛇のようなものがとりまいている異様な図柄を示し、さらに日本の周辺には、竜及（琉球）・高麗《こうらい》・新羅《しらぎ》・唐土《もろこし》・蒙古などの国名のほかに、羅刹《らせつ》国および雁道《がんどう》の実在しない地名が記載されている。

これらの筆写図に対して、刊行された最初のものは、慶長版『拾芥抄《しゅうがいしょう》』所載の行基図である。『拾芥抄』は洞院実熙《とういんさねひろ》（一四〇〇年代）を撰者とする説と、洞院公賢《きんかた》（一二九一〜一三六〇）が撰して実熙が増修したとする説とがあるが、明らかでない。いずれにしても永仁二年（一二九四）の奥付のある『本朝書籍《しょじゃく》目録』に書名のみられるところから、原本の成立はそれ以前であり、その後たびたび追記された中世の百科事典ともいうべきもので、慶長年間（一五九六〜一六一五）にはじめて刊行された。

この慶長版の行基図は、現存の『拾芥抄』の写本にはみられないが、日本の図形や国々の境界がやはり丸みのある曲線で描かれ、古い時代の形態をとどめていることからみて、慶長以前の古い写本にあったものをおそらくそのまま原図に用いたものと思われる。しかしこれまでの地図と比較してみると、日本の輪郭線には多少の出入がみられ、ことに奥羽地方が「仁和寺図」のように東に拡がらずに、北に向かって起きあがった形態をなしているなど、いくらか実際の日本の形態に近づいている。

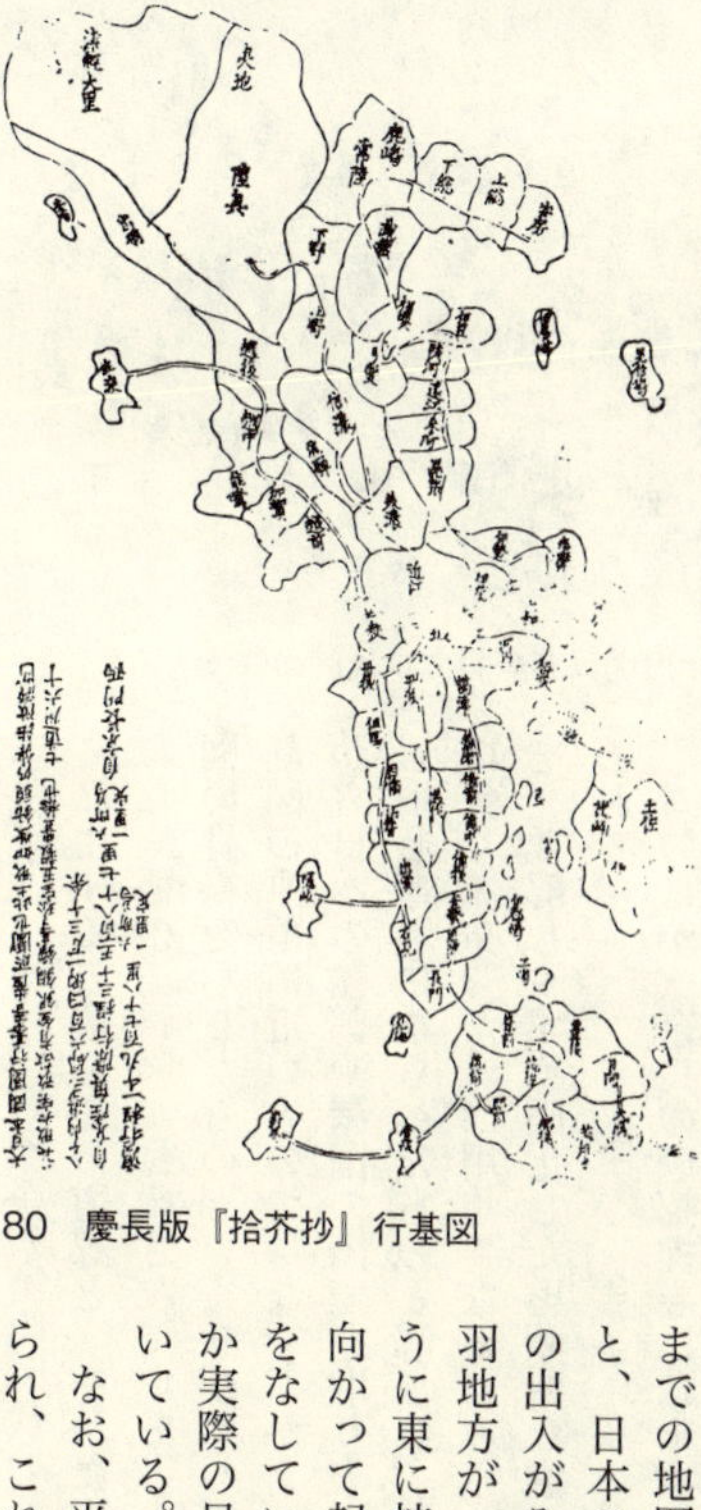
80　慶長版『拾芥抄』行基図

なお、平安時代末につくられ、これも百科便覧的な

81　二中歴図（尊経閣文庫蔵）

『二中歴《にちゆうれき》』とよばれる本の室町時代の写本には、山城から派生する五畿《ごき》七道《しちどう》の道線と、それに沿った国名をつらねた一種の道路図が付載されている。これはいわば行基図の骨格を示したものといえるが、しかしこの地図は行基図の原型に近いものではなく、かえって既存の行基図から日本の輪郭や諸国の国境を取り去って、国名だけを五畿七道別にならべたものと解され、おそらく江戸時代に多く流布した『節用集《せつようしゅう》』などにみられる国名の国尽《くにづく》しを、理解しやすく図化した啓蒙的な意味をもつものと思われる。

　このほか、奈良の唐招提寺には十六世紀中ごろに写された行基図がある。この地図も日本の図形は丸い曲線であらわされているが、九州の西岸をはじめ、日本の沿岸には多くの島嶼《とうしょ》が描かれている。そのなかには、志摩国が本土から離れたひとつの島となっている。また房総半島から陸奥にかけての本州の東岸には、松嶋・東夷東島・伊々島の三島がならんでいる。松嶋は陸前の松島に比定されるとしても、他の二島が何に由来するかは不明であるが、これらの三島は後に述べるように、「日本図屛風」などの日本図にもみられるばかりでなく、ヨーロッパにも伝わって、テイセラの日本図などにも描かれている。また

「金沢文庫図」と同じように、「唐招提寺図」にも日本の周囲には、大唐・羅刹国の文字がみられるが、さらに地図の外側には、郡数、田数、人口などが記されている。このような国土に関する簡単な数字的記載は行基図に一般にみられるところであるが、「唐招提寺図」が最も詳しく、国別の郡数と郡名が一面に列挙されている。慶長版「拾芥抄図」以後も、江戸時代初期には依然としていくつかの行基図が刊行されている。ほかに、豊臣秀吉所持の「扇面

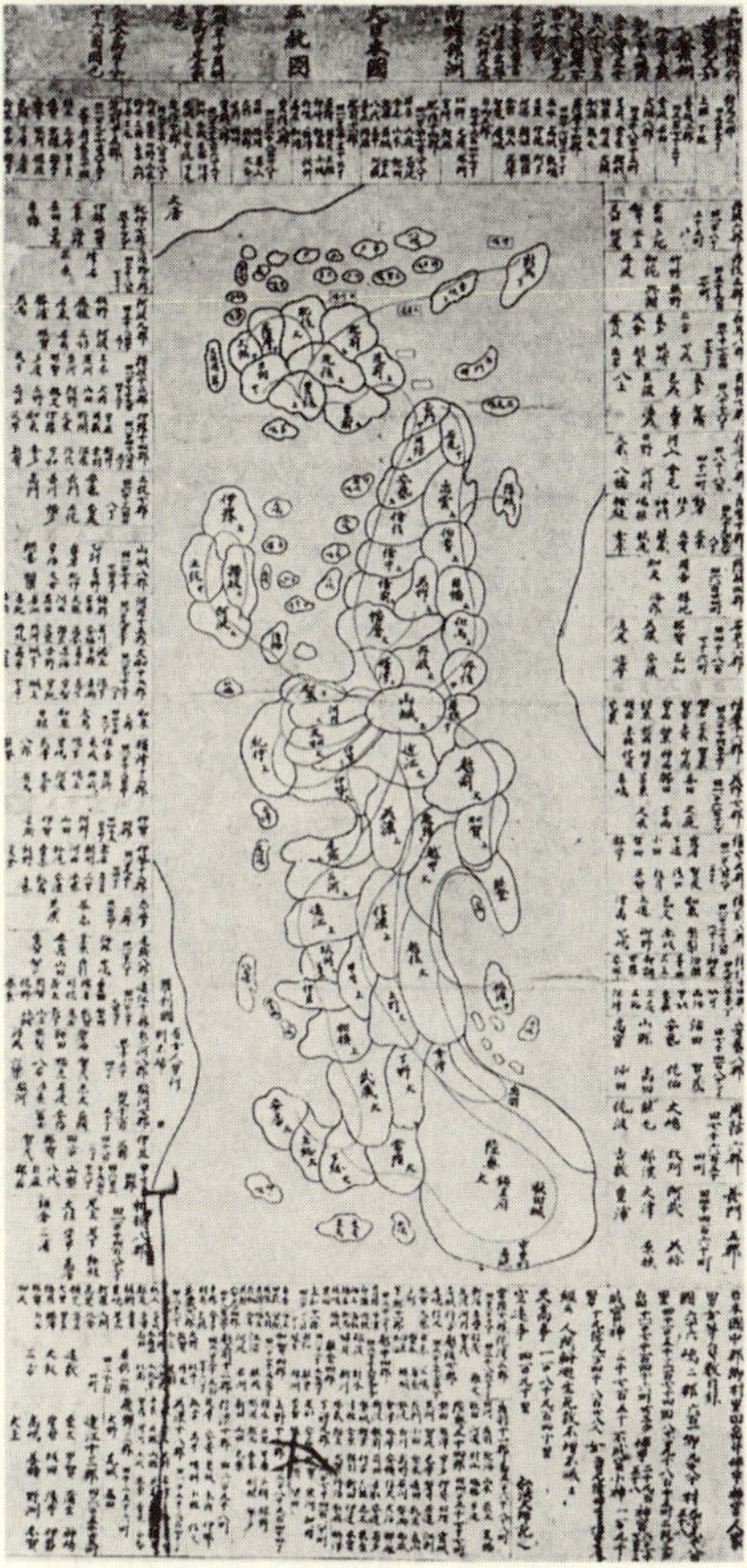

82　行基図（唐招提寺蔵）

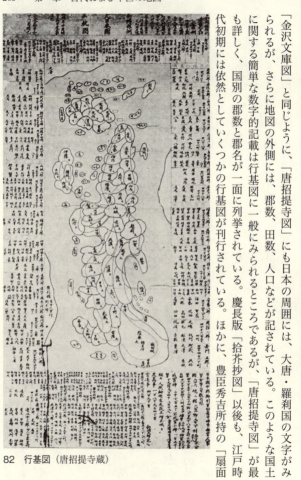

図」や加藤清正の北野神社献納の「大鏡背面」、あるいは小浜発心《ほっしん》寺蔵「日本図屛風」などにも行基式日本図がみられるが、やがてより進んだ日本図が江戸時代につくられるようになったので、十七世紀中ごろの明暦年間の版本を最後に行基図はなくなり、わずかに伊万里や九谷の皿絵などに描かれた装飾的な日本図に、その形態が伝えられた。

行基図の特色

以上にみられるように、行基図は中世を通じてみられる唯一の日本全図であり、また長い期間にわたって転写をかさね、地図によっては、それが描かれた時代の知識も反映し、行基図相互の間にも多少の異同がみられる。

たとえば「延暦輿地図」では、淡路・佐渡・隠岐《おき》・壱岐《いき》・対馬のほかに、止之嶋（飛島）・伊豆嶋（伊豆大島）・多禰嶋（種子島）・鬼界嶋の四島が記されているのにとどまるが、「拾芥抄図」では瀬戸内海のコシマ（児島）・ヤシマ（屋島）などのほかに、二、三の島が加わり、さらに「唐招提寺図」では、前述のように実在しない島も含めて島嶼の数は一段と増加し、ことに九州の西方に志賀嶋・呼戸《よぶこ》・平戸・天草などの諸島が描かれているのは、元寇《げんこう》や大陸との交通の関係によってもたらされたのである。また国名のほかに、「仁和寺図」にシラカワノセキ・アウサカノセキ・サカノセキが片仮名で記されているのは、後の書き込みによると思われるが、「拾芥抄図」では常陸《ひたち》の鹿嶋のほかに、奥羽地方には夷地・津軽大里、「唐招提寺図」には同じく奥羽地方の部分に、会津・秋田城・鎮主（守）府・夷地・宇曾利《うそり》の地名が記載されているのは、奥羽地方への関心が高まったことを示すものであり、ことに夷地・宇曾利のアイヌ関係の地名がみられることは注目される。

しかし全般的にみれば、行基図では山城を中心にして、国々が俵をつらねたように重なりあった形で配列され、したがって日本全体の形態が丸みをおびた輪郭をなし、ただ奥羽の部分のみが大きく東にふくらみ、日本が東西に延びた島となっているのが、ほぼ共通した特色である。また大部分の行基図には、国名のほかに、前述のように交通路として、山城を中心として五畿七道に通ずる道路が描かれ、「仁和寺図」や「唐招提寺図」ではとくに朱線でもって引かれている。

さらに「金沢文庫図」や「唐招提寺図」など、図によっては日本の周辺に琉球・朝鮮・中国・蒙古などの国名のほかに、羅刹国や雁道《がんどう》が記されている。羅刹国は『今昔物語』巻五に、天竺《てんじく》の僧伽羅《から》が五〇〇人の商人と南海の羅刹国に赴いたが、そこに住んでいたのは女人の形をした鬼であり、商人たちは殺され、迦羅のみがようやく逃げ帰ることができたという説話がみられるように、仏典によって伝えられた鬼女の国である。また雁道の由来は明らかでないが、「金沢文庫図」には「雁道、城有りといえども人にあらず」と注記され、異形《いぎょう》の者の住むところと考えられた。いずれにしても、このような空想的な国も含めて、日本の周辺にこれら異国の名を地図に記載したのは、素朴ながら元寇や倭寇《わこう》などが背景となって生まれた、中世の人びとの海外意識のあらわれを示すものといえよう。

行基図の由来

このような行基図がいつごろできあがったか、またその原型がどのようなものであったか、行基図の由来についてはまだ確実なことは不明である。「仁和寺図」にすでに「行基菩薩御作」と明記されているように、行基図の多くは、これが行基によってつくられた旨を記している。

行基は百済《くだら》から帰化した高志氏《こしうじ》の出身で、道昭《どうしょう》について仏教を学び、聖武天皇の東大寺建立や大仏造営にも協力した高僧である。また伝承によれば、行基は諸国を巡歴して民衆を教化《きょうげ》するかたわら、池や堀を掘って灌漑《かんがい》の施設をつくったり、道路や橋を修築するなど土木事業を大いにすすめた。そのため行基菩薩と尊称され、各地でさまざまな行基伝説が生まれたが、前述のように聖武天皇天平十年に国郡図がつくられたとすれば、行基の七十一歳のときであるので、行基によってこれらの国郡図をもとにして作成されたのが、いわゆる行基図であると伝えられている。

しかし行基が日本図を完成したという証拠は何もないので、日本図の作成もこのような行基伝説から生まれたものと思われる。それに現存する行基図は山城から五畿七道への道線が引かれているように、日本図の中心は平城京の大和ではなく、平安京の所在した山城であり、たとえ奈良時代になんらかの日本図が存在していたとしても、現存の行基図の原図は平安時代につくられたことを示している。したがって「二中歴図」や、また疑問の余地はあるが「延暦輿地図」の存在を考えれば、すくなくとも平安時代に、当時なお残存していた国郡図に基づいて一覧図的な略図としての日本図がつくられ、それが広く流布していた行基伝説と結びついて、いわゆる行基図の成立となったのであろう。

海外に伝わった行基図

いずれにしても、行基図は日本の形態をともかく具体的に描きあらわした最古の地図であるため、海外にもかなり早くから伝わった。ことに倭寇の襲来に苦しんだ朝鮮や中国では、それだけ日本についての関心が高まり、行基図を原拠としたいろいろな日本図がつくられた。

朝鮮では、李朝太宗二年（一四〇二）の「混一疆理歴代国都《こんいつきょうりれきだいこくと》之《の》図」と題する世界図の東南の海中に日本がある。この地図は明の朝廷に使した金士《きんし》衡《こう》が中国で求めた地図に依拠して、これに新たに朝鮮と日本とを描き加えたもので、現在京都の龍谷大学に所蔵されている。この地図の日本は、日本の東西の方向が誤って南北へと九〇度ほど右へ廻転された形になっているが、日本は丸みを帯びた曲線をなし、「拾芥抄図」の津軽大里・夷地の地名がみられることから、「拾芥抄図」と同じではないにしても、それに近い行基図によったことがうかがわれる。また李朝成宗二年（一四七一）に、申叔舟《しんしゅくしゅう》が刊行した『海東諸国紀』に日本図が付載されているが、刊行年次は慶長版「拾芥抄図」よりもすくなくとも二十五年は早く、この点では印刷された日本図としては世界で最初のものである。『海東諸国紀』の日本図は朝鮮式の描法をとっているが、志摩が本州から離れた島となっているのは、「唐招提寺図」と

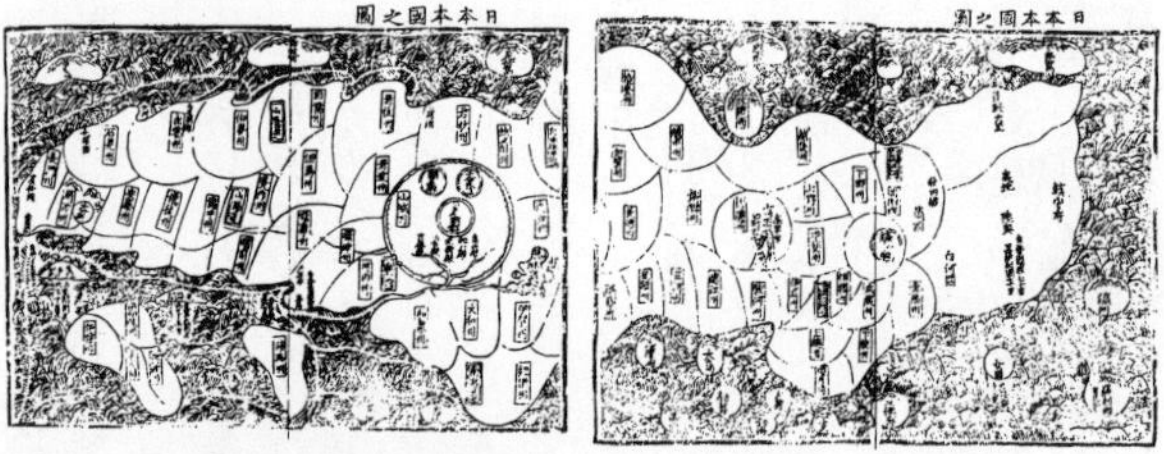

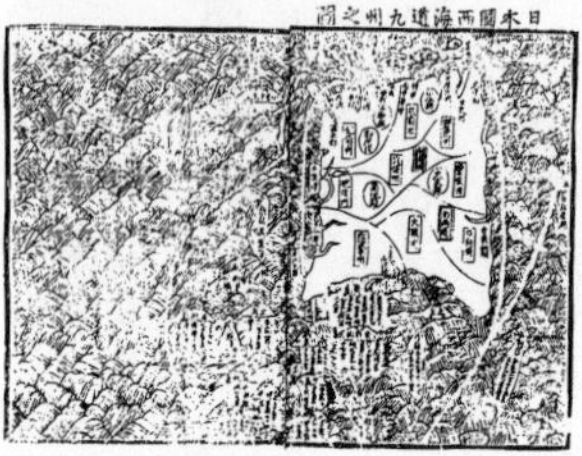

83 『海東諸国紀』の日本図
(1471年)

共通している。また、鎌倉殿・富士山・湖（琵琶湖）・兵庫浦・博多などの地名が記載されているのは、申叔舟が嘉吉三年（一四四三）に朝鮮使として来日したときの知識によっている。

中国では、倭寇が猖獗《しょうけつ》をきわめた明末の嘉靖《かせい》年間に日本図が多くつくられたことは注目される。そのうち最も古いのは嘉靖九年（一五三〇）の『日本考略』所載の日本図で、安房《あわ》・上総《かずさ》・下総《しもうさ》が本州から離れた一島をなすなど、日本図としては欠けるところがある。また鄭若曾《ていじゃくそう》が撰した嘉靖四十年（一五六一）の日本図もかなり変形されているが、鄭若曾の日本図は嘉靖年間に胡《こ》松《しょう》が増補刊行した羅洪先《らこうせん》の『広輿《こうよ》図』、胡《こ》宗憲《そうけん》の『籌海《ちゅうかい》図編』にもとり入れられている。そのほか版本にはならなかったが、日本に渡来したことのある鄭舜功《ていしゅんこう》が嘉靖四十

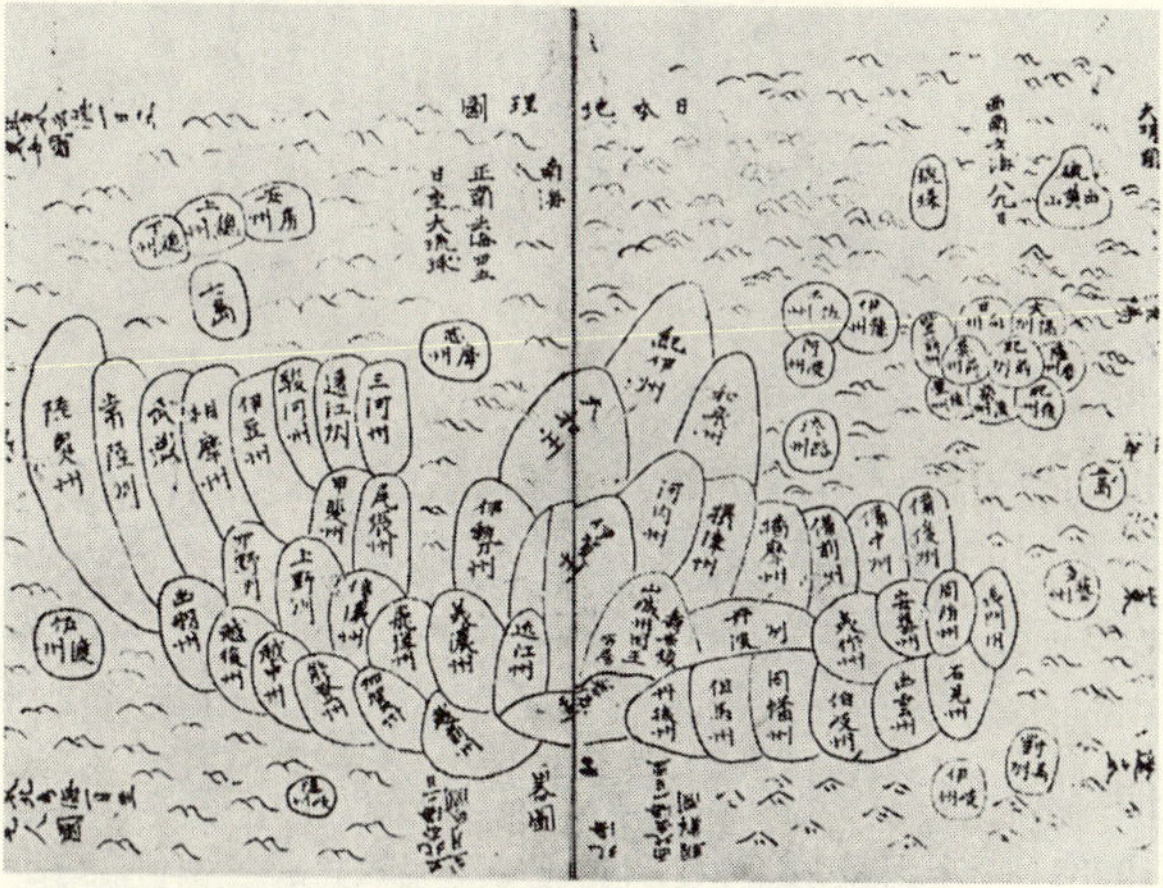

84 『日本考略』の日本図（1530年）（中村拓氏蔵）

五年（一五六六）ごろに著わした『日本一鑑』にも、彼が日本から将来したと思われる「唐招提寺図」に類した行基図が載せられている。また後に述べるように行基図系統の日本図は、キリスト教宣教師たちによって遠くヨーロッパにまで伝えられ、ヨーロッパでつくられた日本図の原拠となっているものもある。

仏教的世界像としての天竺図

日本と朝鮮や中国との交通は早くから開け、ことに大化改新を契機として積極的に中国文化の摂取が進められたが、さらに六世紀中ごろから仏教が伝来するとともに、釈迦の国インドをはじめ、西域諸国の知識も仏典などを通じておぼろげながら知られるようになった。法隆寺には貞治三年（一三六四）に描かれた「五天竺《てんじく》図」が蔵され

85　五天竺図（14世紀）（法隆寺蔵）

ているが、おそらく中国から古く伝えられた図を書写したものと思われ、いくつか現存している、これと同系統のいわゆる天竺図のうちでは最も年代の古いものである。

仏典の説くところによれば、われわれ人間の住む世界は、須《しゅ》弥《み》山《せん》をめぐって存在する四大州のうち、その南にあたる南瞻部《なんせんぶ》州《しゅう》であり、その形は北に広くて南に狭く、また中心は大雪山中の無《む》熱《ねつ》悩池《のうち》で、そこから殑伽（ガンジス）・信度（インダス）・縛芻（オクサス）・徒多（タリム）の世界の四大河川が発源して、四方の鹹海《かんかい》に注ぐと信ぜられた。いま「五天竺図」についてみると、北に拡がる卵形の南瞻部州という空想的な大陸の中心に天竺（インド）を置き、その北に接して大雪山や四大河川の源流をなす無熱悩池があり、また東・西・

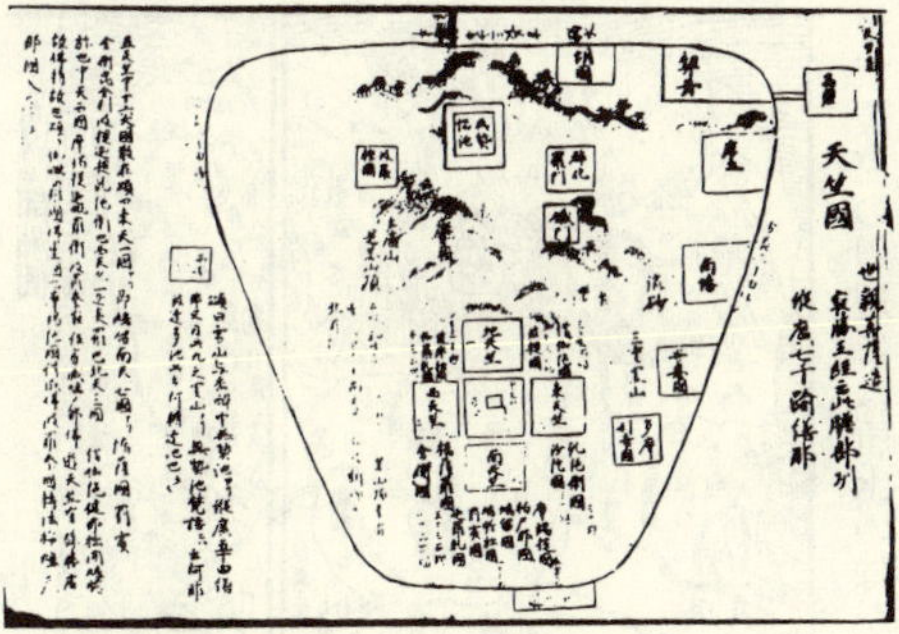

86　『拾芥抄』天竺図（国立上野図書館蔵）

南・北・中にわかれた五天竺には、多くの堂塔仏跡が描かれ、数多くの地名や注記が記されている。これらのほとんどは、有名な玄奘《げんじょう》の『大唐西域記』によったものであり、しかも玄奘の天竺巡礼の跡が朱線で引かれていることからみても、この地図は現実のインドを描いたものではなく、高僧玄奘の求法《ぐほう》の旅を図上に示すことによって、仏国土巡礼の宗教的なあこがれをあらわしたものである。

しかし前述のように南瞻部州は人間の住む世界全体を意味するのであるから、この「五天竺図」でも南瞻部州の東端にはシナ（震旦《しんたん》国）、東北の海中には「九州・四国」と記された日本、東南の海中にはセイロン（執師子国）などが記載されている。したがって、ヨーロッパの中世では、聖書に基づいて聖都エルサレムを中心とするキリスト教的世界観をあらわした世界図(mappa mundi) が多くつくられたように、いわゆる天竺図もインドを中心として、仏教的世界観を表現した世界図なのである。

しかもこのような地図が、古代から中世にかけての日本人が抱いていた地理的世界像として定着したと考えられ、北畠親房《きたばたけちかふさ》は『神皇正統記《じんのうしょうとうき》』の冒頭で、天竺は

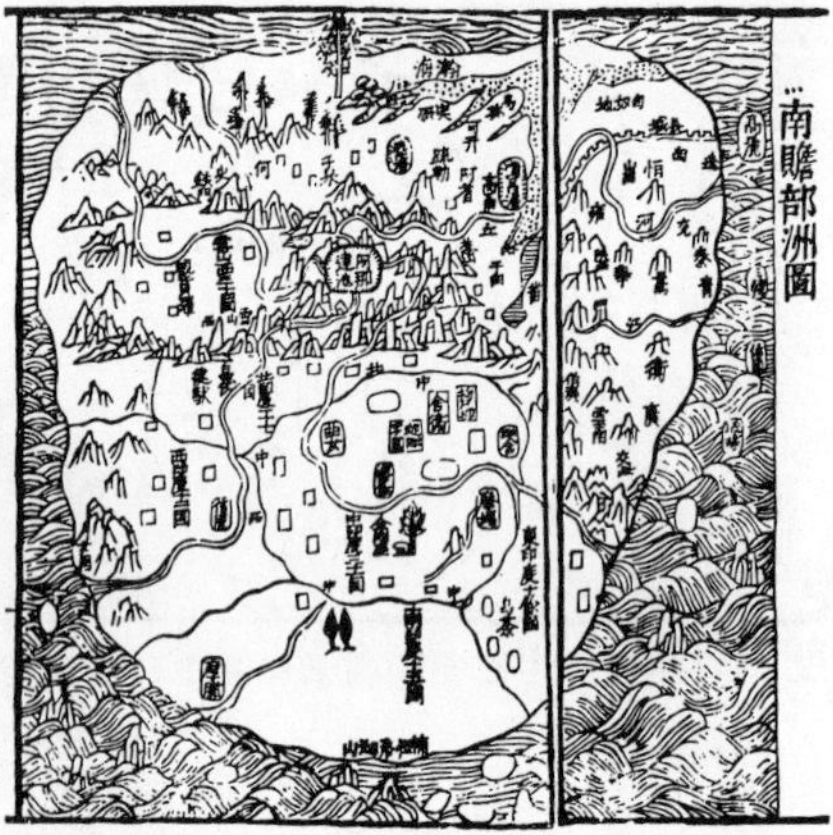

87 『法界安立図』の南瞻部州図（1607年）

南瞻部州のまん中にある大国であり、「震《しん》旦《たん》ひろしといへども五天にならぶれば一辺の小国なり」とみなし、さらに日本については、「されば此国は天竺よりも震旦よりも東北の大海の中にあり。別州にして神明の皇統を伝へ給へる国なり」と述べている。

また慶長版『拾芥抄』にはみられないが、国立上野図書館所蔵の伝紹巴《じょうは》自筆本や江戸時代の『拾芥抄』の諸刊本には、五天竺図を簡略にしたような「天竺国図」が所載されている。しかしいわゆる天竺図の主題であった玄奘の仏国土巡礼の行程はこの図からは消えてなくなり、それにかわって、天竺の周辺には唐土のほかに、胡国《ここく》・契丹《きったん》・高麗・南蕃（南蛮）・安息国（ペルシア）・執師子国（セイロン）をはじめ、『法顕伝《ほっけんでん》』『山海経《せんがいきょう》』『禹貢《うこう》』などによる多くの国名や地名が加えられ、仏教的世界図から離れて、一般的な世界図への志向を示している。

また中国でもこのような世界図がかなり流布していたことは、明の万暦三十五年（一六〇七）に仁潮《にんちょう》が撰述した『法界安立図』に「南瞻部州図」、同じく万暦四十一年（一六一三）

刊行の『図書編』に「四《し》海《かい》華《か》夷《い》総図」が所載されていることからもうかがわれる。しかもこれらの地図とわが国の天竺図とを比較するとよく類似しているので、天竺図の源流が仏教の伝来とともに、中国から古く日本に伝えられたことを物語っている。

中世の荘園図

律令制による日本古代国家は、奈良時代から平安時代へと進むにつれてしだいに変質し、国家権力の衰退によって古代の土地制度は崩壊し、班田制は貴族や社寺などの権門勢家の私的大土地所有による荘園制にとってかわるようになった。

88　備中国足守荘図　嘉応元年(1169)(神護寺蔵)

かくして荘園制がいっそう発達した平安時代の十世紀ごろから、鎌倉・室町時代にかけての中世荘園社会では、荘園を中心として、土地私有の体制のもとに分割支配がおこなわれ、そのため田図もまた班田制の衰退によってその存在の意義を失い、中世ではこれにかわって荘園図が多くつくられるようになった。

このように荘園制の確立期にあ

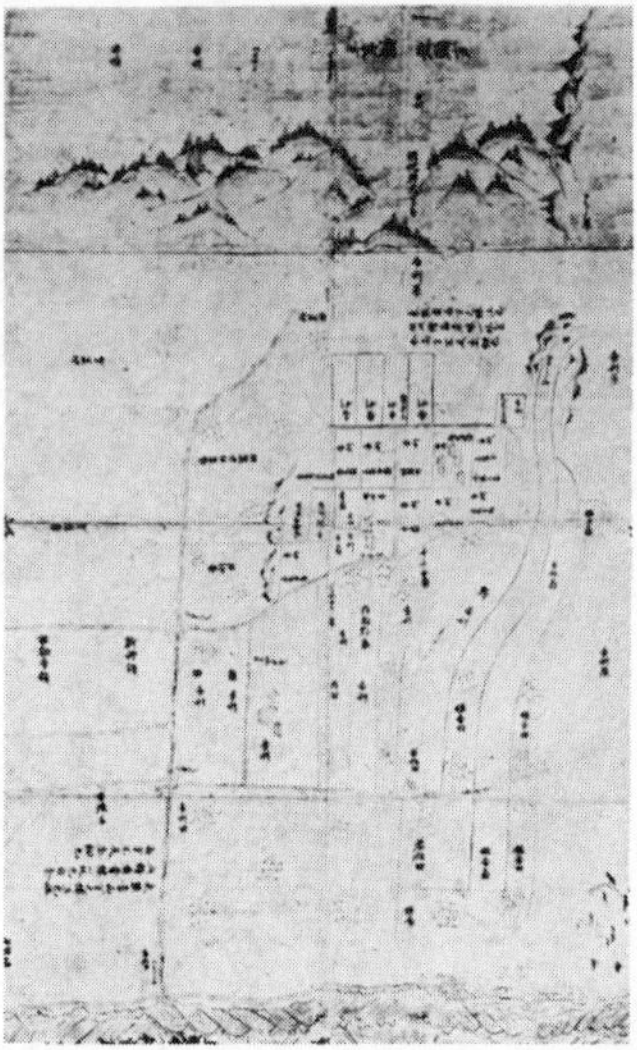

89図　薩摩国伊作荘日置下郷下地中分絵図

らわれたのが中世の荘園図であるが、そのうちまず平安時代末の十二世紀ごろにつくられたのが、「備中国《びっちゅうのくに》足守荘《あしもりしょう》図」のような「四至《しいし》牓示《ぼうじ》図」とよばれるものである。不輸・不入の特権を獲得した荘園において、その支配領域を確定する必要から、荘園の四方の境と標識の位置を図示するためにつくられた地図である。

さらに鎌倉時代になると、荘園の領域的発展にともなって、各地で所領配分の問題から境界論争が生じ、その裁決にあたって作成されたのが「堺相論図」であるが、ことに鎌倉時代後期から室町時代にかけては「下地中分《したじちゅうぶん》図」とよばれるものがみられる。それは鎌倉幕府の地頭《じとう》設置によって、荘園領主と在地の地頭との間に荘園の分割をめぐってしばしば紛争が生じたために、和議の成立によって決定した荘園の分割境界線が朱線で記入されている。

このように荘園図には、荘園の四至を明確にするために作成したものや、所領紛争の和解が成立したために作成したものなど、図によって作成の動機は異なる。しかし、さきの田図が方格図法によって耕地の区画を示すことを目的とした地籍図であったのに対して、荘園図は荘園内の地勢や集落の位置、耕地や道路の配置など、荘園内の概況を具体的に示すことが必要であり、そのため、絵画的な手法をもって鳥瞰《ちょうかん》図的に描いた見取り図風のものが多く、それに荘園の境域や境界線などを書き入れたのが、その特色であるといえる。

　しかし中世末になると、荘民の自立化によって荘園支配は弱体化し、荘園領域の枠を越えて、惣《そう》とか惣中とよばれるいわゆる郷村《ごうそん》が成立する。それにともなって、荘園図も荘園の解体によって変質して郷村図となり、それがさらに発達したのが近世の村絵図である。

90　和泉国日根野村絵図（宮内庁書陵部蔵）

第二章　近世初頭の世界図の発達

日本人の地理的知識の拡大

前章にみられるように、古代から中世までの地図で現存するものは、東大寺の開田図や行基図、それにいくつかの荘園図などにすぎない。地図の場合でも古い時代のものほど散逸しやすいのは当然であるが、近世以前までは、地図は官府や荘園領主など支配者層に専有されていたにとどまり、庶民にとっては全く無縁のものであったばかりでなく、手写以外になかった時代では、地図の作成そのものがきわめて限られていたからである。それに江戸時代初期までの行基図を比較してみても大きな変化が認められないことは、その間、地理的知識の発達もまたほとんど停滞の状態にあったことを物語っている。

ところが近世になると、地図は量的にも質的にも急速な発展をとげ、やがて江戸時代の多彩な地図文化の開花をみるのであるが、わが国でもヨーロッパの場合と同じように、ひとつには近世に地図が手写から印刷の時代を迎えたことがその大きな要因となっている。しかしさらに注目されることは近世初頭において、中世末期から桃山時代、江戸時代初期にかけての日本人の海外発展や南蛮人の渡来によって、日本人の地理的知識は一躍世界的に拡大され、またそれにともなって地図に対する関心が、人びとの間にひろく普及するようになったことである。

日本への南蛮人の渡来はいうまでもなく、天文十二年（一五四三）種子島に漂着した中国船に三人のポルトガル人が乗船していて鉄砲をわが国に伝えたのが最初であるが、さらに天文十八年（一五四九）にはイエズス会のフランシスコ・ザビエルがキリスト教の布教のためにマラッカから鹿児島に渡来し、ついで翌十九年にはポルトガル船、また天正十二年（一五八四）にはスペイン船も平戸に入港し、通商貿易も開始された。このようにして天正年間以後、ポルトガル船の来航やキリスト教宣教師たちの入国するものが多くなった。それにともなって、ヨーロッパの新しい文化やキリスト教とともに、数多くの文物ももたらされ、そのなかには世界図や地球儀も含まれていた。

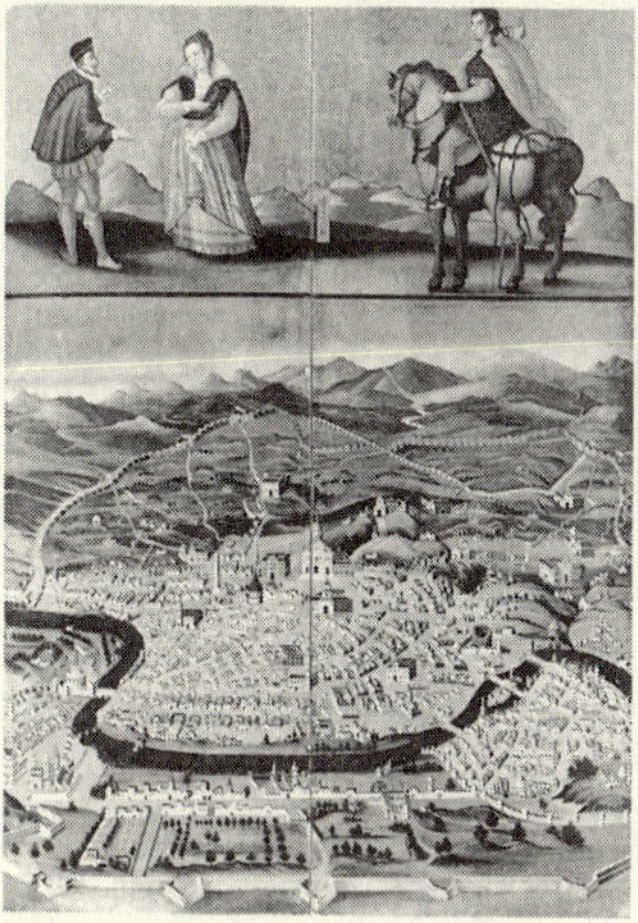

91　都市図屏風（部分。神戸市立南蛮美術館蔵）

また宣教師たちは布教にあたって、仏教徒の須弥山説や儒者の陰陽五行説に基づく世界観・宇宙観を論破するために、カトリック教会公認の天動説や地球球体説を説き、あるいは日本人の関心をひろく世界に向けさせるために、世界地理の初歩的な知識をわかりやすく紹介するなど、布教活動の実をあげることにつとめた。

世界図・地球儀の伝来

古代から中世にかけて、本朝・唐・天竺が世界のすべてであると考えられた世界三国観に久しく閉ざされていた日本人にとっては、近世初頭に、ヨーロッパをはじめ、未知の世界の諸国についての気候や住民、さまざまな物産などの新しい知識を聞き知るに及んで、地理的発見時代当初のヨーロッパ人以上に、ひじょうな好奇心や驚異を感じたことであろう。ことに長年にわたる戦乱もようやくおさまった時代であり、海外に目を向けはじめた為政者や貿易商人たちをはじめ、キリスト教を信奉するようになった人たちの間に、世界について多大の関心が持たれるようになったのは当然であり、そして人びとのこのような欲求をみたしたのが世界図や地球儀であった。

ヨーロッパ製の世界図や地球儀が、いつごろはじめてわが国に舶載《はくさい》されたかは明らかでないが、宣教師たちが布教の許可を得るために切支丹大名などに観象儀・自鳴鐘《じめいしょう》などとともに世界図や地球儀を献上したと思われ、また渡来したポルトガル船やイエズス会の教会を訪れた人たちは、そこにそなえられていた世界図や地球儀を親しく見る機会もあったであろう。

さらに『耶蘇《やそ》会士日本通信』によれば、イエズス会宣教師オルガンチノが天正七年（一五七九）に織田信長に伺候《しこう》したとき、信長はすでに所持していた地球儀を持ち出して、オルガ

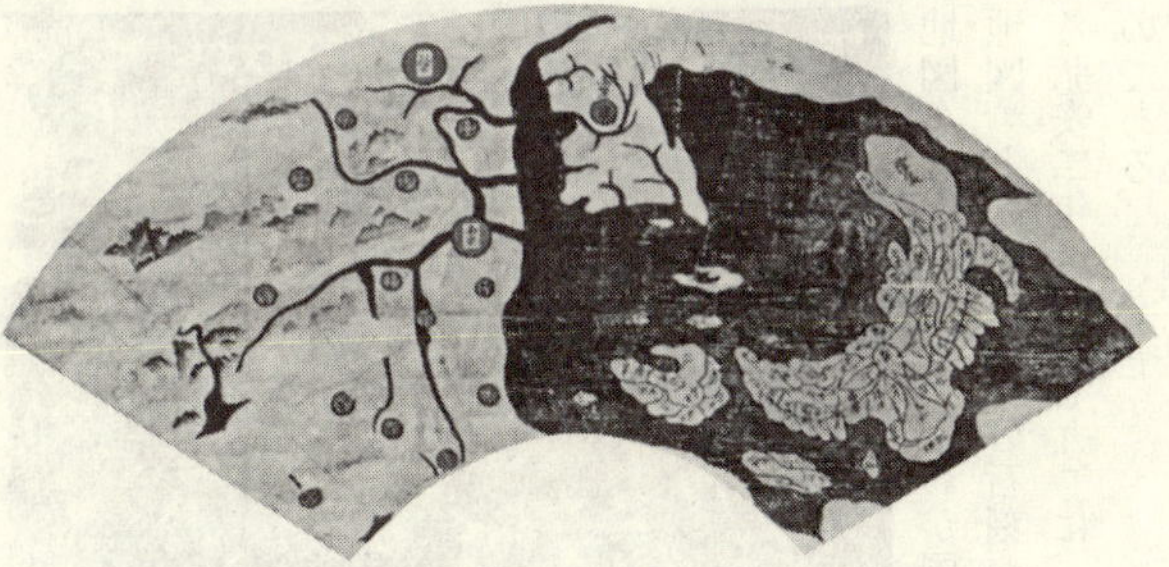

92　秀吉所持扇面図（武藤山治氏旧蔵）

ンチノが来日した経路について説明を求め、フロイスとは世界についての問答をかわした記事がみられる。

また北九州の大友・有馬・大村の三大名がローマに派遣した少年遣欧使節に同行した宣教師ヴァリニャーニも、少年使節一行をともなって日本に帰国した後、彼らとともに天正十八年（一五九〇）に豊臣秀吉に謁見し、彼がインド副王メネゼスから託された親書を秀吉に奉呈し、その際、ヨーロッパから持ち帰った世界図を献じている。それはイタリアのパドヴァで少年使節に贈られたオルテリウスの一五七〇年のアトラスであったと思われ、「地球の舞台」（Theatrum Orbis Terrarum）と題するこのアトラスは、ヨーロッパで刊行された最初の近代的なアトラスであった。

またそれより二年後の文禄元年（一五九二）には文禄の役、ついで慶長の役がはじまったことからみれば、朝鮮や中国については、日本人はすでにかなりの知識を有していたことがうかがわれる。事実、秀吉が所持していた扇面には、日本・朝鮮・中国の三国が描かれている。

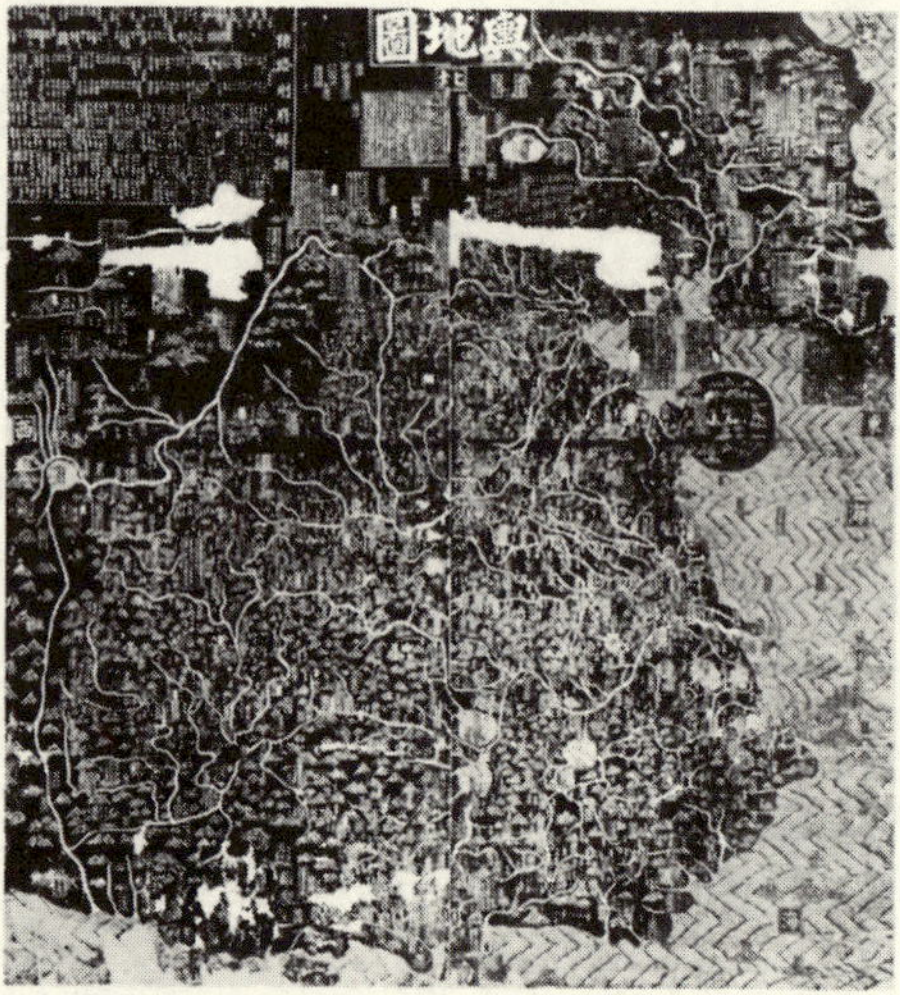

93　南宋拓本輿地図（東福寺栗棘庵蔵）

扇面の地図であるため、たぶんに装飾的であり、日本はまだ行基図の形態をなしている。しかし朝鮮や中国は簡略ではあるが、朝鮮は半島をなし、中国では北京・南京のほかに省名や、揚子江・黄河・白河・大運河が記載されているなど、中国の地図としてははじめて正しい知識を示している。

日本と中国との間には、すでに鎌倉時代から室町時代にかけて、建長寺船や天龍寺船による貿易がおこなわれ、倭寇も朝鮮や中国の沿岸を侵略していることを考えれば、中国の地図などもいくつかはわが国に伝えられていたであろう。現に京都の東福寺栗棘庵《りつきよくあん》には「輿地図」と題する宋代の石刻か木刻の中国図の拓本が蔵されている。この地図は南宋末にあたる弘安二年（一二七九）に、求法のために入宋《につそう》した仏照禅師によって中国から将来されたものである。

世界図屏風

秀吉はキリスト教が庶民の間にひろまり、その勢力があまりに強大になることをおそれたためか、天正十五年（一五八七）に突如、キリスト教禁教令を発布し、この禁令を犯した理由で、宣教師や信者たちを捕え、有名な二十六聖人の殉教をみた。秀吉にかわって政権を掌握した徳川家康も、キリスト教の信奉者が増大することは中央集権的封建体制の確立に障害となることを認め、キリスト教の布教にはけっして好意的ではなかった。しかし家康が秀吉ほどキリスト教に対して弾圧的な態度をとらなかったのは、家康が海外諸国との通商貿易に積極的であり、世界の事情を知ることに大いにつとめたからである。

そのため、たまたま慶長五年（一六〇〇）に豊後《ぶんご》の海岸に漂着したオランダ船リーフデ号に乗船していたオランダ人ヤン・ヨーステン、イギリス人ウイリアム・アダムズを家康は謁見して、江戸に邸宅をあたえて好遇した。ヤン・ヨーステンは後に朱印船貿易に従事し、アダムズは家康の外交顧問として活躍し、ヨーロッパの政治事情や造船技術、航海術などを伝え、アダムズを通じてオランダ船やイギリス船も日本に来航するようになった。

また世界知識に多大の関心を有していた家康は、『駿府記《すんぷき》』によれば、駿府在城中に「南蛮世界図屏風御覧あって、異域国々の御沙汰に及ぶ」と記されている。家康が重臣たちと海外の事情を話し合ったという南蛮世界図屏風がどんなものであったかわからないが、桃山時代から江戸時代初期にかけては、ヨーロッパ人の渡来にともなつて、民衆の間にも世界意識が高まり、当時の風俗や美術に大いに南蛮趣味が流行した。そしてこのような時代の風潮に応じて、諸大名や富裕な商人たちの居室をかざるために、南蛮船の入津《にゅうしん》の光景や上陸する南蛮人の一行の姿などを美しく描いた、いわゆる南蛮屏風が多くつくられた。世界図屏風も南蛮屏風の一種であり、屏風に世界図を装飾風に描いたもので、多くは日本図を描いた屏風とあわせて一双《そう》をなしている。これらの世界図屏風は、鎖国時代には公開をはばまれて、数多く失われてしまったと思われるが、それでも二〇点ほどは現存している。

なかでも福井市浄得寺の「世界図屏風」は「日本図屏風」と対《つい》をなし、重要文化財に指定されている代表的なもので作者は狩野永徳といわれているが確実ではない。しかし「日本図屏風」は、とくに秀吉の朝鮮出兵の基地の名越（名護屋）から高麗（朝鮮）まで朱線が引かれ、朝鮮への兵站《へいたん》輸送路を示していることから、文禄の役の前後につくられたと推定され、地図屏風としては初期の古い様式に属するものである。また世界図の輪郭が、アピアヌス図法をまねた卵形をなし、陸地の形態も秀吉に贈られたといわれる前記のオルテリウスのアトラス所載の世界図に類似しているが、南アメリカなどの形態はかなりちがっている。それにポルトガルのリスボンからインド洋や太平洋を経て日本へ向かう世界一周の航路が朱線で表わされていることからみて、その原図はあるいはポルトガル人が将来したオルテリウスに近い世界図ではなかったかと考えられる。

「浄得寺図」以外の地図屏風も作者や作成年代を確認しうる証拠は何もないが、描かれた世界の陸地の形態からみて、原図はオルテリウス型よりも後のホンディウスやブラウの世界図

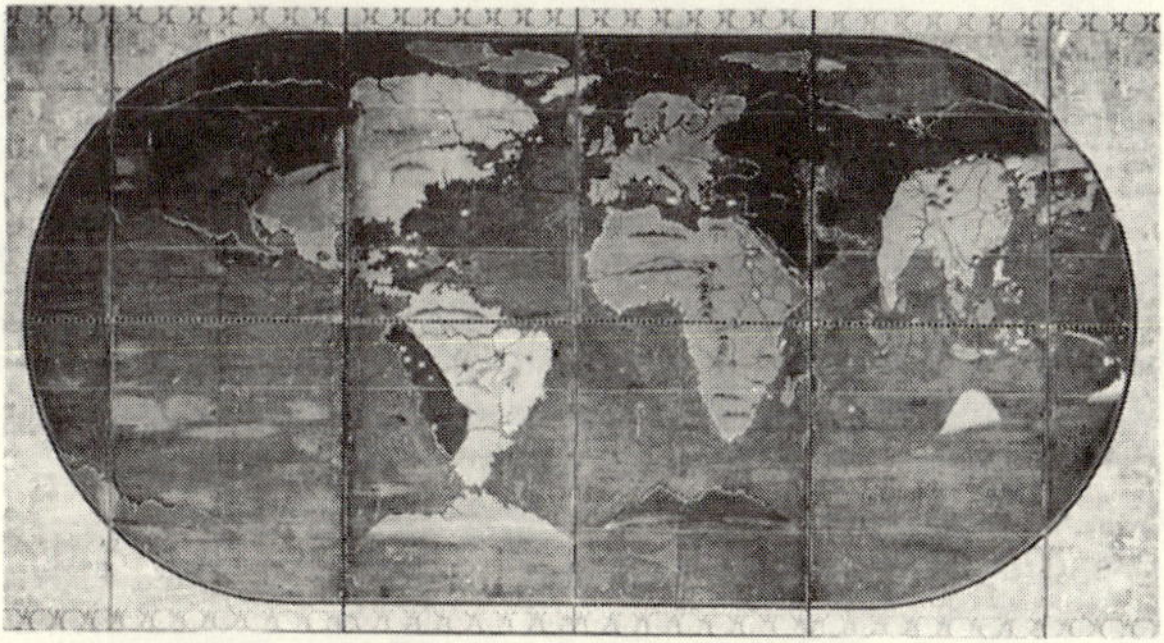

94　世界図屏風（浄得寺蔵）

95　オルテリウスの世界図

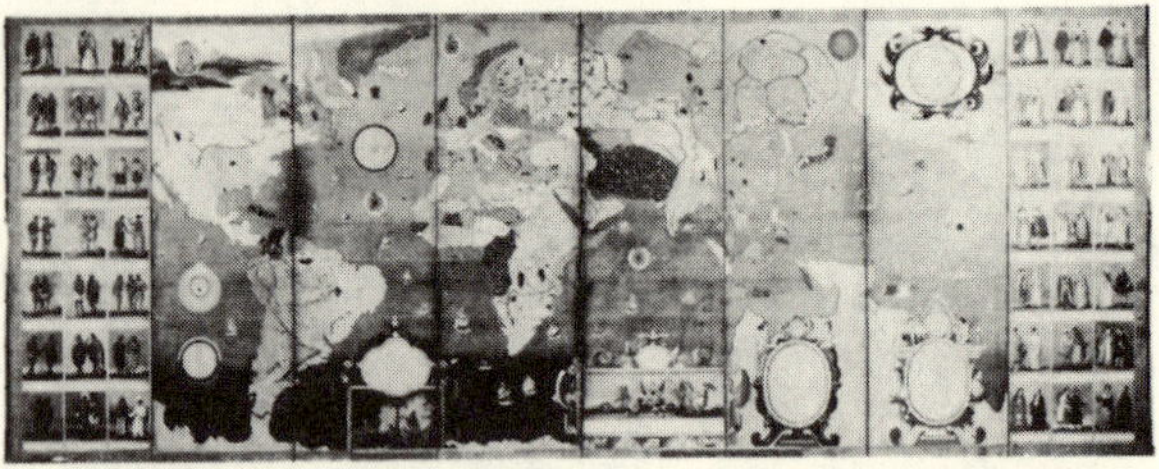

96　世界図屛風（宮内庁蔵）

などによったものもあり、したがってその作成年代は江戸時代初期を下るものもある。また原図をかなり忠実に写しとったものもあれば、装飾性を高めるために図形を意識的に崩し、あるいは濃彩をほどこし、帆船や方位盤などを描き加えた華美なもの、さらに世界の風俗人物図や都市図が付随したものなど、図様もさまざまである。ことに宮内庁蔵の御物の「世界図屛風」は最も絢爛《けんらん》豪華なもので、世界図の両側には四二個の世界風俗人物図が描かれている。また神戸の南蛮美術館の「世界図屛風」では四、御物の「世界図屛風」では二八の、ローマやリスボンなどのヨーロッパやその他の都市を鳥瞰図的に描いた都市図屛風が一双になっており、その原図は一五七二年に刊行されたブラウン、ホーヘンベルク共編の「世界都市図」（Civitates Orbis Terrarum）のアトラスによっている。

また日本とその周辺の地域だけは、原図としたヨーロッパの世界図ではまだ不正確で想像によったところが多いのに対して、これらの世界図屛風では、日本や朝鮮の部分だけは原図によらずに、当時の日本人が有していた知識に基づいて描き改めている。

97　日本図屏風（浄得寺蔵）

しかしいずれにしても、世界図屏風はヨーロッパでつくられた世界図を原図として、絵師たちが模写してこれを絵画的に表現したものであり、地名の記載は少なく、なかには全く欠くものもみられる。これらの点では地図としての科学的価値は乏しいのであるが、それにしても、この時代に世界図屏風が多くつくられ世界風俗人物図や都市図が描かれたのも、南蛮趣味の流行ばかりでなく、当時の日本人の世界に対する地理的知識への関心や、未知の異国への憧憬がいかに大きかったかを物語っている。

日本図屏風

前述のように日本図屏風は世界図屏風と一双をなすものが多いが、行基図型の小浜の発心寺蔵「日本図屏風」以外は、日本の図形は、これまでの日本の輪郭が単純で丸みを帯びている行基図型よりも、全体として進歩した形態を示している。

たとえば浄得寺の「日本図屏風」では、山城から五畿七道に引かれた道線や、房総半島が伊豆半島よりも南に突出しているなど、まだ行基図のなごりをとどめているが、海岸線は出入が多く複雑となり、ことに瀬戸内や九州の海岸線の形態は実際に近づいている。また琵琶湖とそれに続く淀川をはじめ、多くの河川が記入され、さらに白雪を戴いた富士山、および奥羽地方では奥羽山脈にあたる山地が緑色で描かれ、本州の北には蝦夷地の一部がはじめてあらわれ、それと向かい合った陸奥の北端が山形に突出するなど、これらは日本図屛風のほとんどに共通した特色である。

また以上のような理由から、中世末から桃山時代ごろにかけて、行基図とは別に、日本図屛風の図形が示すような日本図がすでに存在していたにちがいないと考えられる。ただ、これを文献に徴することはできないが、古代律令国家の盛期に国郡図が作成されたことからして、すくなくとも鎌倉・室町時代には、幕府によってなんらかの国土に対する地図編集事業がおこなわれたとみなせば、行基図よりは一段と進んだ日本図がつくられ、それが日本図屛風の原図となったのであろう。

朱印船貿易とポルトラノ型海図

近世初頭はヨーロッパ人の来航ばかりでなく、日本の航海業者や貿易商人も東南アジア方面で活躍し、ポルトガル人などを相手に、通商も盛んにおこなわれた。日本人の海外進出はすでに室町時代の倭寇にはじまり、十六世紀にはタイやマライ、あるいはインドシナ方面に赴《おもむ》く日本の商人も少なくなかった。それに重商主義的政策をとった家康は、江戸幕府創設後まもなく朱印船制度を設けて、海外に渡航する貿易商人に渡海許可の朱印状を下付し、積極的に通商を保護、奨励した。

またこのころには国内の諸産業も発達し、資本の蓄積も増大して、海外市場への進出が容易になったこともあって、鎖国に至るまでの江戸時代初期の約三十年間は、「朱印船貿易時代」ともよばれるように、海外交通は最盛期をむかえ、角倉了以《すみのくらりょうい》、末吉《すえよし》孫左衛門、茶屋四郎次郎など、多くの貿易商人が輩出し、さきのヤン・ヨーステンもその一人であった。朱印船も呂宋《ルソン》、安南《アンナン》、柬埔寨《カンボジア》、暹羅《シャム》などの諸国をはじめ、遠くインドネシアなどの南洋諸島方面まで航行し、朱印船数は鎖国までに延べ三五〇艘以上に達し、これらの地方にはいくつかの日本人町も発達した。またこれらの朱印船では、按針《あんじん》（パイロット）にポルトガル人やオランダ人などが雇われたので、彼らによってヨーロッパの航海術やポルトラノ型海図が伝えられた。

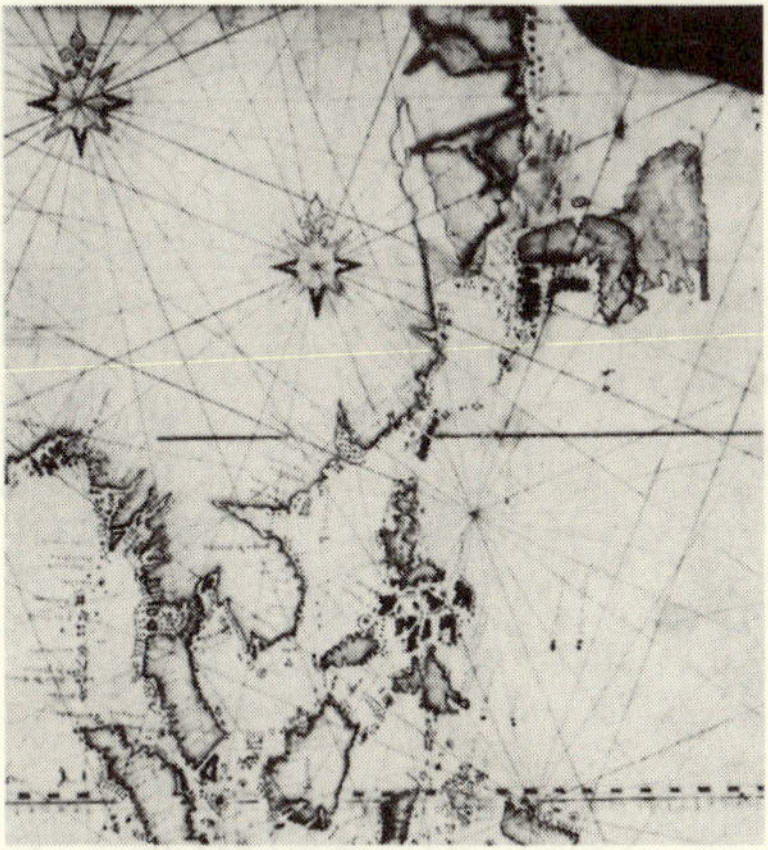
98　ヨーロッパ製のポルトラノ型海図（部分。東京国立博物館蔵）

ポルトラノ型海図は、羅針盤の使用にともなって、十三世紀末ごろから、地中海の航海者たちによって作成されたのがはじまりである。

この海図では、地図上のところどころにコンパス・ローズとよばれる方位盤が描かれ、それを中心に放射状に派出する三二本の方位線が網状に交錯しているので、これらの方位線を基準にすれば、港から港への航路の方角をたやすく読みとることができるため、メルカトル図法による近代的海図が出現するまでは、海図としてひろく利用された。したがって東南アジア方面に来航したポルトガル船などには、いずれもポルトラノ型海図がそなえられていたので、日本の航海者たちもその使用を学びとり、やがてそれを模写し、あるいはそれを作成する技術をも習得するようになったので、朱印船時代には、わが国にもこの種の海図がかなり多く利用されたと思われる。

しかし鎖国時代になってその用途を失ったばかりでなく、故意に破棄されたとみえ、こんにちでは二〇点ほどしか残っていないが、そのうちには末吉、角倉などの有名な朱印船貿易者が実際に使用したヨーロッパ製の海図のいくつかもみられる。またそれ以外は、インド洋、もしくは東南アジアから日本にかけての海域を表わしたヨーロッパ製の原図を、朱印船の航海者たちが雁皮紙などの和紙に詳細に模写したもので、航海の実際上の必要から沿岸の横文字の地名は多く仮名書きにされている。

またこれらのポルトラノ型海図の場合も、ヨーロッパ製の海図も含めて、日本を中心とした地域の部分だけは、世界図屏風の場合と同じように描き改められているが、その日本の図形は浄得寺の「日本図屏風」などに近いことが注目される。

さらに少し年代は下るが、十七世紀はじめごろに作られたと推定される日本の沿岸のみを表わしたポルトラノ型海図が、後年の複写図も含めて五点ばかり残っている。それにみられる日本の形態は、伝統的な行基図型の日本と全く異なっているばかりでなく、後に述べる江戸幕府撰の「慶長日本図」よりもはるかにすぐれ、また経緯線が記入され、主要地点の緯度の誤差も少ない。ただこの地図の原型が誰の手になったかは明らかでないが、海岸線の細部などかなり正確であり、ポルトラノ型海図の作成にすでに熟達していた日本の無名の航海者が、沿岸航海で得た実際の知識や経験に基づいて描いたものと思われる。

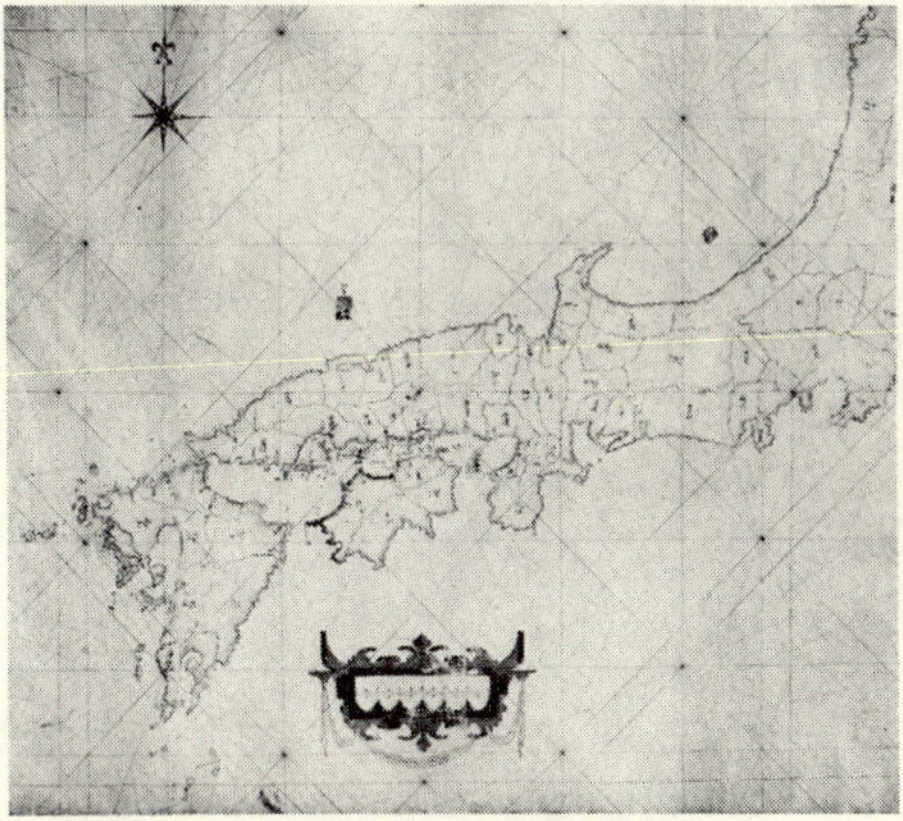

99　ポルトラノ型日本図（東京国立博物館蔵）

なおポルトラノ型海図のほかに、ポルトラノとよばれる航海案内書としては、池田好運が元和四年（一六一八）に著わした『元和《げんな》航海記』がある。これは日本からルソンおよびシャムに向かう航路の案内書であるとともに、緯度や気象の観測、水深の測定法など、好運がそのころ日本に在留していたポルトガルの航海者マヌエル・ゴンザロから伝授されたヨーロッパの新しい航海技術を、はじめてわが国に紹介したものである。

在華イエズス会士の影響

前述のように、近世初頭にはポルトガル船やキリスト教宣教師の渡来、あるいは朱印船貿易などを通じてヨーロッパ文化が伝来し、日本人の地理的知識の発達をもたらす大きな源流となった。しかしさらにいまひとつの大きな源流は、明末清初に中国に在留して活躍したイエズス会士が著わした世界図や世界地理書である。

なかでも最も大きな影響を与えたのはマテオ・リッチ、漢名利瑪竇《りまとう》である。彼はイタリアに生まれ、中国への布教を志して一五八二年に中国に入国してはじめ肇慶《ちょうけい》（広東省）で伝道に従事したが、さらに北京に定住を許されて布教活動を開始した。利瑪竇は中国でキリスト教を布教する手段のひとつとして、西洋の学術を中国に紹介、翻訳することにつとめたが、なかでも彼の名声を高めたのは世界図の刊行である。

利瑪竇は中国で大小いくつかの世界図を作成したが、最もよく知られているのは、明の万暦三十年（一六〇二）に北京で刊行した「坤輿《こんよ》万国全図」である。この世界図は中国では失われてしまったが、ローマのヴァチカン図書館と、わが国では京都大学図書館、宮城県図書館に各一本ずつ蔵されている。縦一七九センチ、横四一四センチもあるすこぶる大型の木版刷りの地図で、六幅に分かれている（図74）。

「坤輿万国全図」も当時ヨーロッパの世界図に多く用いられたアピアヌス図法によったもの

であり全世界を一図に表わした卵形の世界図である。また利瑪竇がこの地図の作成にあたって用いたのは、一五七〇年のオルテリウスや一五九五年のメルカトルのアトラス、または一五九二年のプランシウスの世界図などであったと考えられるが、ヨーロッパ製の世界図では図面のほぼ中央に大西洋がくるように描かれているのを、中国が世界図の中央を占めるように置きかえ、また中国を中心とした東アジアの部分は、中国側の資料に基づいて描き改めている。

　地図の主な内容としては、世界は欧邏巴《ヨーロッパ》・利未亜《リビア》（アフリカ）・亜細亜《アジア》・南北亜墨利加《アメリカ》・墨瓦蠟泥加《メガラニカ》の五大州に区分されているが、墨瓦蠟泥加はマゼラン海峡の発見者マゼランの名に因《ちな》んで、当時、南方一帯に存在していると想像された架空の南方大陸を指しているのである。また世界図の中には、世界各地の簡単な地誌的記述があり、さらに地図の欄外には、アリストテレスの天体構造論に基づく九重天図や、極投影の方位図法による南北両半球図が付図として描かれ、地球球体説や地球の寒温熱帯の気候帯説についての初歩的な説明が付され、いわば世界図とともに地理書の役割をも兼ねている。

　利瑪竇の世界図以外では、「坤輿万国全図」の解説のための世界地誌として、同じくイエズス会士の艾儒略《がいじゅりゃく》（ジュリオ・アレーニ）が著わした『職方外紀』、また南懐仁《なんかいじん》（フェルディナンド・フェルビースト）が刊行した、東西両半球図からなる「坤輿全図」などが挙げられる。

　これらの世界図や地理書は、ヨーロッパでつくられた地理書や世界図と異なって、日本人

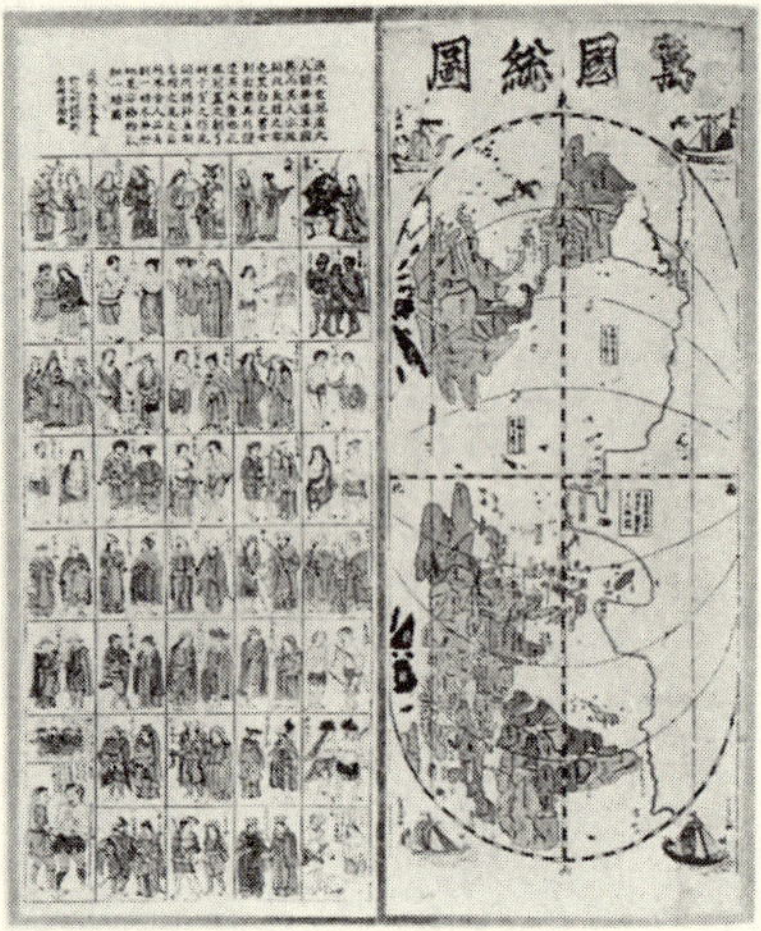

100　万国総図　正保2年（1645）（神戸市立博物館蔵）

には理解しやすい漢文で記されているため、鎖国時代になって『職方外紀』のように禁書に含まれたものでも、識者の間でひろく読まれた。そして地球が球体をなすこと、地球が五気候帯に分かれ、世界の陸地が五大州に区分されることなど、西欧の地理学の入門的な知識が紹介された。暦学者渋川春海（安井《やすい》算哲《さんてつ》）は十七世紀末に地球儀を試作しているが、それに描かれた図形は「坤輿万国全図」によっている。

また世界図としては、すでに正保二年（一六四五）ごろの作者不明の「万国総図」がある。この地図はわが国で印刷された最初の世界図であり、「坤輿万国全図」をいちじるしく簡略化し、漢字地名を仮名書きに改めているばかりでなく、すでに世界図屏風にもみられたように、世界の諸民族の風俗を描いた万国人物図と世界図とが対になっていることからみても、上流社会に流行した世界図屏風に対して、庶民の世界知識についての啓蒙や要求に応じて刊行されたのである。したがってその後も、この地図の異版は多くつくられ、宝永五年

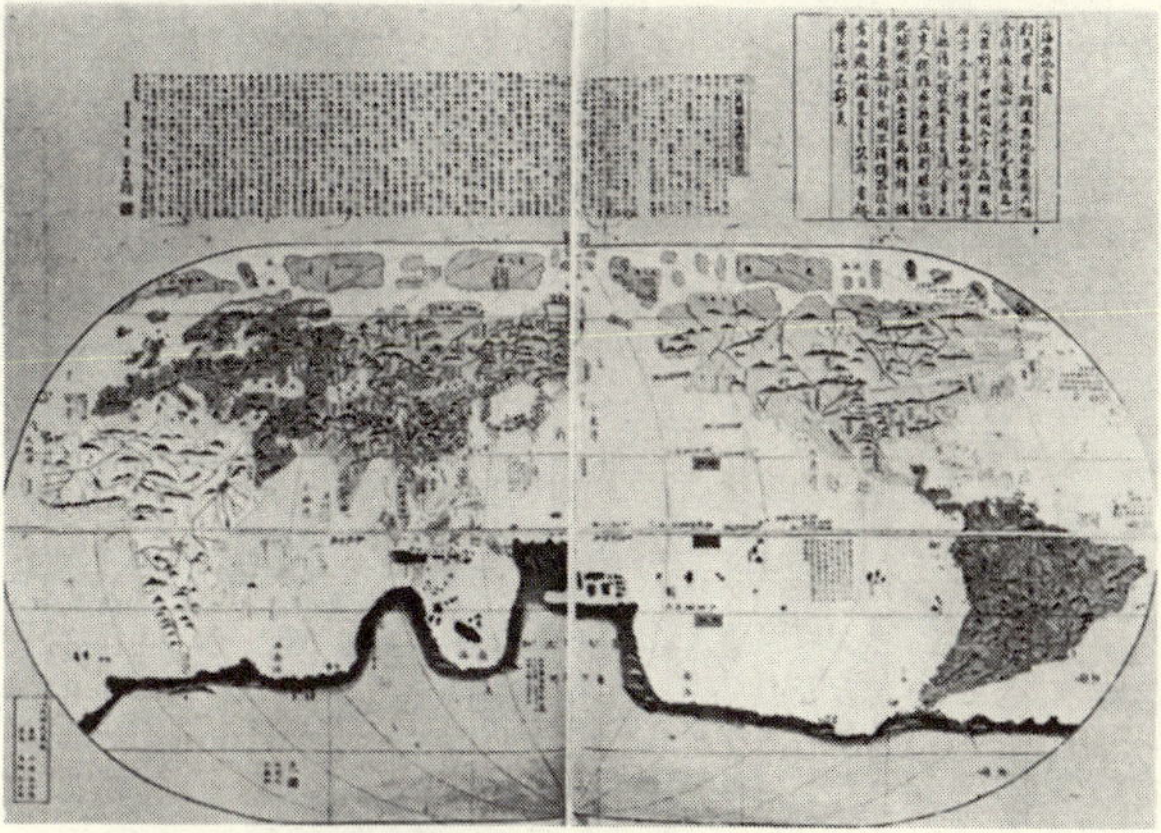

101　長久保赤水「地球万国全図」　天明5年（1785）

（一七〇八）の石川流宣《とものぶ》《りゅうせん》の「万国総界図」もそのひとつである。

　このように江戸時代には、わが国でも早くから多数の世界図がつくられたが、後の蘭学者によるものを除けば、そのほとんどが直接あるいは間接に、「坤輿万国全図」をならった卵形の世界図である。なかでも天明五年（一七八五）ごろに刊行された長久保《ながくぼ》赤水《せきすい》の「地球万国全図」はその代表的なものである。このころには、もっと新しい世界図がヨーロッパから輸入されるようになり、利瑪竇の地図はすでに時代遅れになっていたが、赤水の世界図は彼の地理学者としての名声によって版を重ね、後にはそれを模した剽窃《ひょうせつ》版さえつくられたほどであり、「坤輿万国全図」の影響は赤水を通じて幕末にまで及んだ。

第三章　鎖国下の江戸時代の地図

江戸幕府と鎖国

桃山時代から江戸時代初期にかけては海外交通が開け、日本人の地理的視野も一時は世界的に拡大された。しかし政権を獲得した江戸幕府にとってなによりも必要なことは、その中央集権的な封建支配体制を確立することであった。したがって江戸幕府もはじめは商教分離政策をとっていたが、キリスト教が普及し、信者たちが教会を通じて団結して、その勢力が強大となることは、幕府の国家統一事業に大きな脅威であると考えられ、またアジアでポルトガルやスペインと勢力を競っていたイギリスやオランダは、幕府に対して機会をみては布教は領土占領の前提であると宣伝した。そこで幕府は慶長十八年（一六一三）に禁教令を発して、キリスト教勢力の一掃をはかることになり、寛永七年（一六三〇）には、禁教政策の一環として禁書令を公布し、在華イエズス会士が布教のために刊行した漢文の宗教書や学術書の一部も輸入が禁止され、そのなかにはさきの『職方外紀』も含まれた。また寛永十二年（一六三五）には日本人および日本船の海外渡航を禁じ、さらに、この後に起こった「島原の乱」には、叛徒にキリスト教徒が多かったことから、貿易を犠牲にしてもキリスト教の根絶をはかるために、寛永十六年（一六三九）にはポルトガルと国交を断絶し、貿易は中国とオランダに限るなど、厳重な鎖国政策をとることになった。その結果、日本人の海外発展は停止され、近世初頭に開かれた世界に対する新しい地理的知識も開花することなく、芽ばえのままでつみとられてしまったのである。

しかし他方幕藩体制が確立されるにつれ、国内の戦乱はおさまって内政はととのい、生産力の発展は都市や商業の発達をもたらし、国内市場は封建的領域をのりこえて全国的に拡大されるようになった。また国内の交通は水陸ともに整備されて、人間や物資の移動、輸送は頻繁《ひんぱん》となり、名所や社寺を訪れる庶民の旅行もさかんとなった。そのため江戸時代には名所案内記や名所図絵などのほかに、幕府や各藩では、国益殖産や治政上の必要からも、官撰や私撰の多数の地誌が刊行され、なかには一〇〇巻を越える浩瀚《こうかん》なものも少なくなかった。

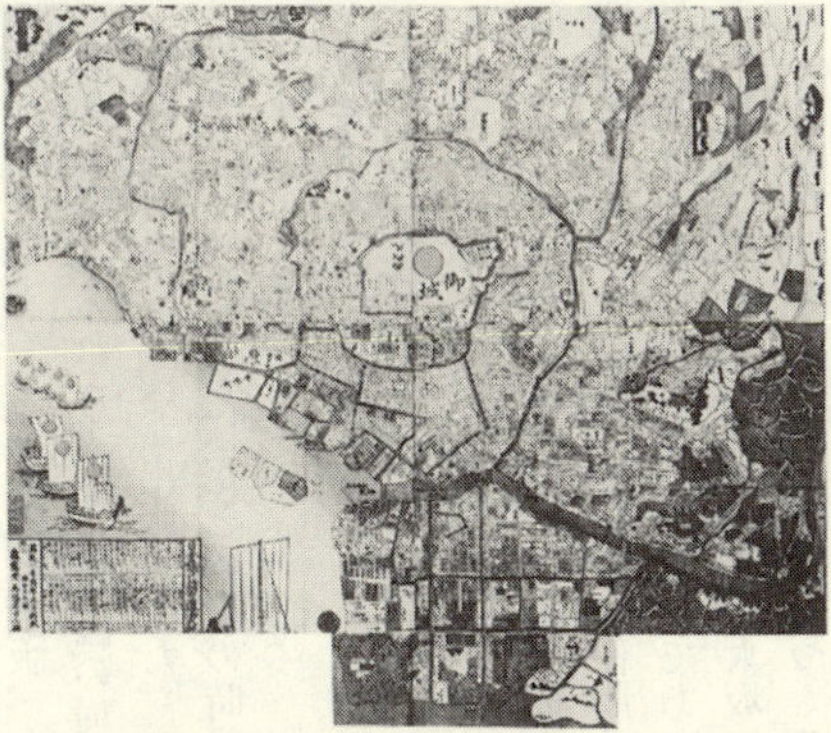

102　万宝御江戸絵図

またそれにともなって、江戸時代には地図の作成、刊行も大いに進められた。ことに地図はこれまでは手描きのものであったが、江戸時代には印刷術の発達によって、地図も木版、さらにのちには銅版印刷によるものや、多色刷りの精細なものがつくられた。また地図の種類も、日本全図や地方図をはじめ、都市図や道中図など、さまざまな地図が出版された。こうして江戸時代には、地図は坊間《ぼうかん》にひろく普及するようになり、地図の多様化と量産の時代をむかえるようになった。

慶長日本図と正保日本図

豊臣秀吉の死後、石田三成との「関ケ原」の決戦によって天下の権をおさめた徳川家康は、慶長八年（一六〇三）に征夷大将軍に補され、江戸に幕府を開き、覇者《はしゃ》としての地位を確立した。また、そのわずか二年後の慶長十年には、家康は早くも全国の諸大名に石高《こくだか》や租税の調査と、あわせて国絵図の作成を命じている。それは幕府創業にあたって、国土の実態の正確な知識を必要としたからであったが、慶長十年といえば、摂津・和泉・河内六五万石の一大名に転落したとはいえ、大坂にはなお豊臣氏が大きな反幕勢力をなしていた時代であり、それだけに全国の国絵図をつくるということは、幕府の威信をかけての難事業だったにちがいない。

しかしすでに秀吉の時代に全国的に太閤検地がおこなわれた以上、それを土台とした地図もあったと思われるので、「慶長国絵図」は次の正保の国絵図のように、まだ画一的な形式をととのえるまでには至らなかったにしても、諸大名の多くがこれに協力して全国にわたって調達されたことは、当時提出された地図の副本と思われる「播磨国絵図」や「越前国絵図」が現存していることによってうかがわれる。

　またこれらの国絵図を集成して、「正保日本図」などと同じように「慶長日本図」が作成されたにちがいないが、ただそれを確証する記録はない。しかし国会図書館に現蔵されている日本図がこれにあたる可能性はきわめて高い。この地図は美しく彩色された手描きのはなはだ大型の地図で、縮尺はおよそ二六万分の一にあたり、「正保日本図」にくらべると、東北から関東にかけての太平洋沿岸の海岸線が直線的であり、四国の土佐湾の湾入がみられないなど、まだ日本の輪郭のととのっていないところもある。また縮尺が大きいため多くの河川や街道、城下や宿駅などが記載されている点は「正保日本図」に類似しているが、記入された諸大名名や領地石高は慶安四年（一六五一）の状況を示しているので、この地図は「慶長日本図」そのものではなく、おそらく原図をその後に描き写したものと考えられる。しかしいずれにしても、これまでの行基図や日本図屏風の日本図にくらべると、形態においても、内容においても、この日本図は格段の進歩を示しているといえる。

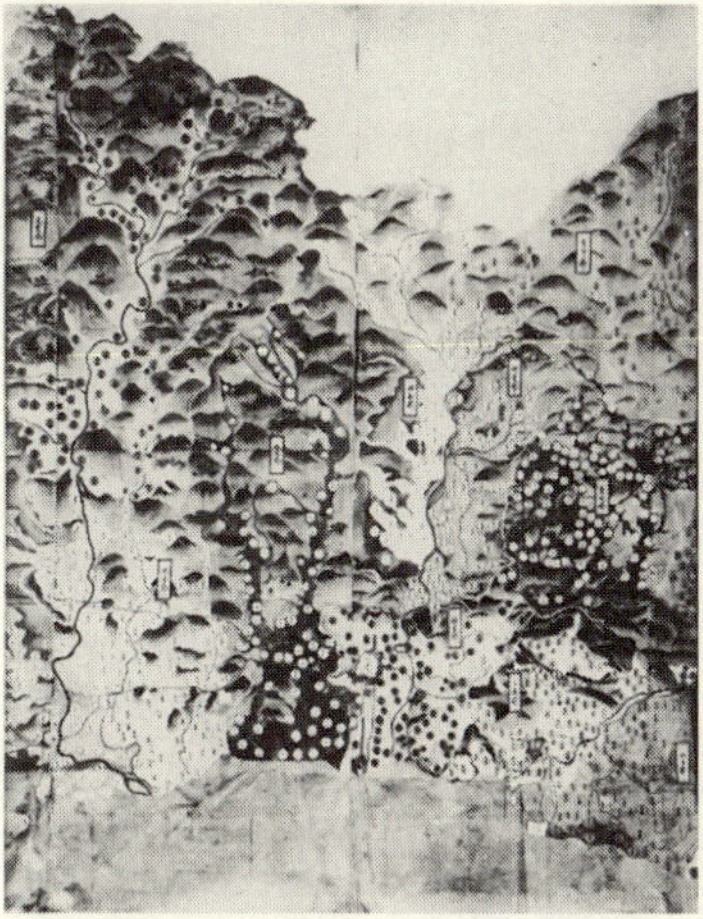

103　播磨国絵図　（部分。天理図書館蔵）

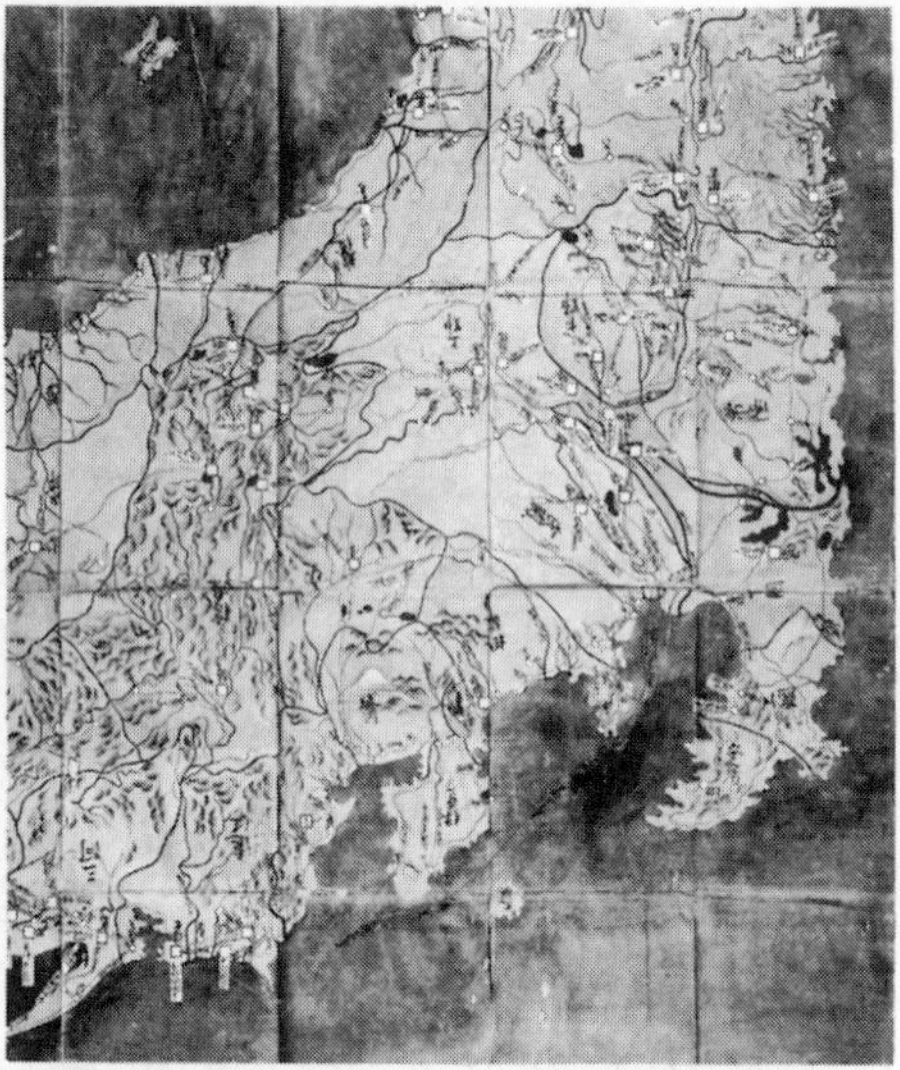

104　慶長日本図　（部分。国立国会図書館蔵）

「慶長国絵図」から約四十年後の正保元年（一六四四）に、江戸幕府は二回目の国絵図作成を企てた。このころには三代将軍家光のもとにおいて、諸大名の統制も強化され、幕府の職制もととのい、幕藩体制の基礎も固まった時期であった。それに慶長以後の大名の改易、転封によって、藩領の領域は大きく変化し、藩領と国郡の境界を正すためにも新しい国絵図を必要としたので、幕府は翌正保二年に全国の諸藩に国絵図ならびに郷村《ごうそん》高帳を作成して上呈することを命じ、およそ十年を費やして、明暦二年（一六五六）ごろには、全部が完成したといわれている。また幕府は「正保国絵図」の作成にあたって、あらかじめ地図に記載される事項や縮尺について一定の基準を設けたが、縮尺は六寸が一里、すなわち二万一六〇〇分の一にあたる大縮尺であったから、一国の国絵図だけでも広い部屋でな

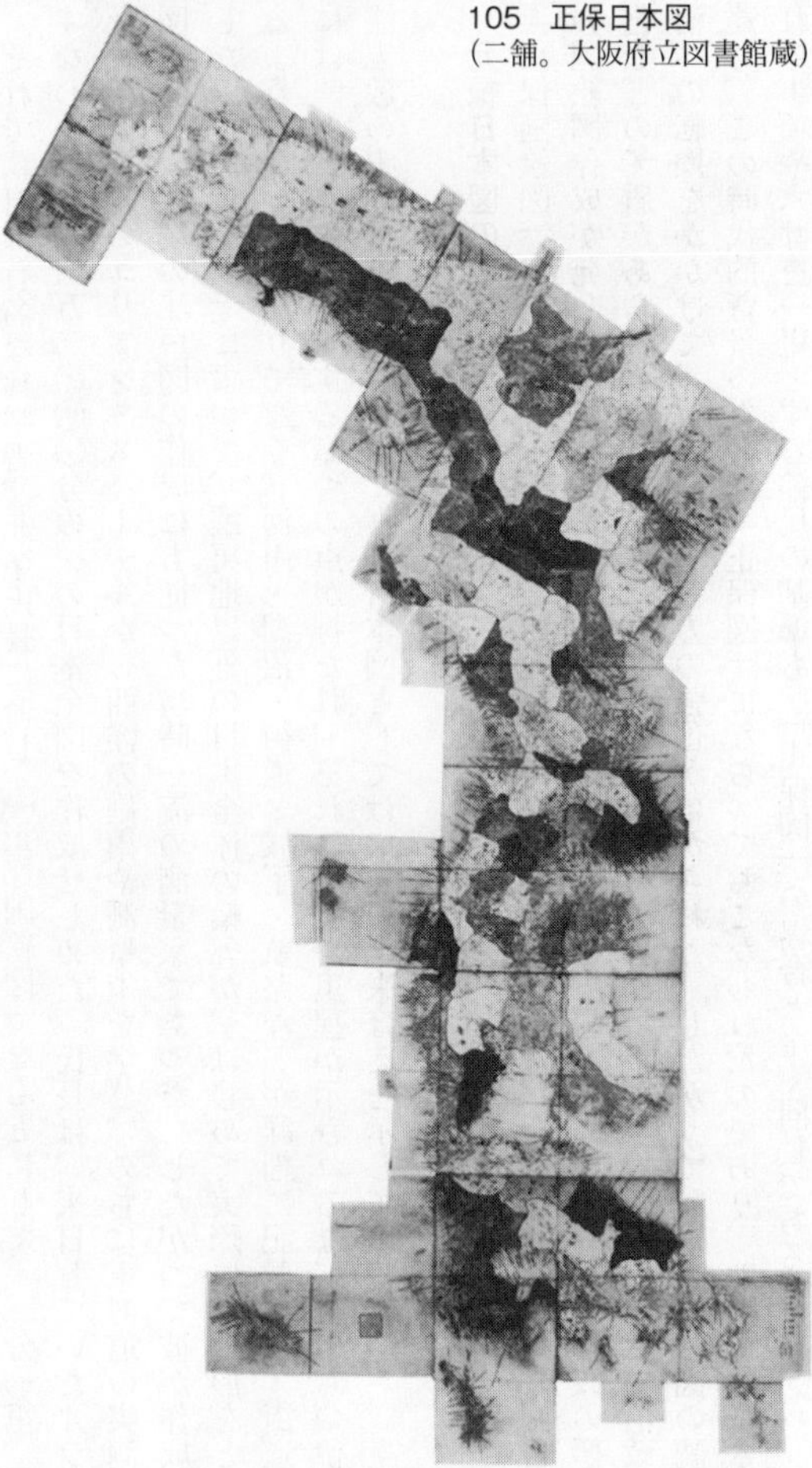

105　正保日本図
(二舗。大阪府立図書館蔵)

ければ拡げられないほどの大きな地図であった。

それで幕府は有名な兵学者、北条氏長《うじなが》に命じ、「正保国絵図」をもとにして、三分一里、すなわち縮尺四三万二〇〇〇分の一の日本全図を作成せしめた。氏長は、来日していたオランダの砲術家のユリアン・スハーデルから西洋の砲術や測量術を学び、のちに東海道の実測図や明暦大火後の江戸図の作成にも従った当時一流の測量家であった。したがって彼が作成した「正保日本図」によって、蝦夷地以外の日本全体の輪郭が、はじめて実際に近い形をとるようになったばかりでなく、河川・湖沼・街道・城下・航路などが詳細に記載され、街道には一里ごとにあい対する二つの点が打たれ、それによって里程が示されるなど、のちの伊能忠敬《ただたか》の実測日本図を除けば、官撰日本図としては最高の出来ばえを示している。

元禄日本図の改訂と天保国絵図

「正保国絵図」以後、およそ五十年後の元禄十年（一六九七）には、全国にわたって三回目の国絵図作成が発令された。五代将軍綱吉治世の元禄時代は、町人層の台頭や幕府財政の悪化などの矛盾があらわれはじめたとはいえ、幕藩体制の確立期であり、武断政治から文治政治への転換をかかげて、将軍の専制権力の強化がはかられた。したがって元禄の国絵図の調達も、この時代的背景のもとに「正保図」にならっておこなわれたのであり、地図に記載される事項や六寸を一里とする縮尺の基準も、「正保図」の場合と全く同じである。

また「元禄国絵図」は元禄十五年に完成され、「元禄図」の場合も国絵図を総合して日本

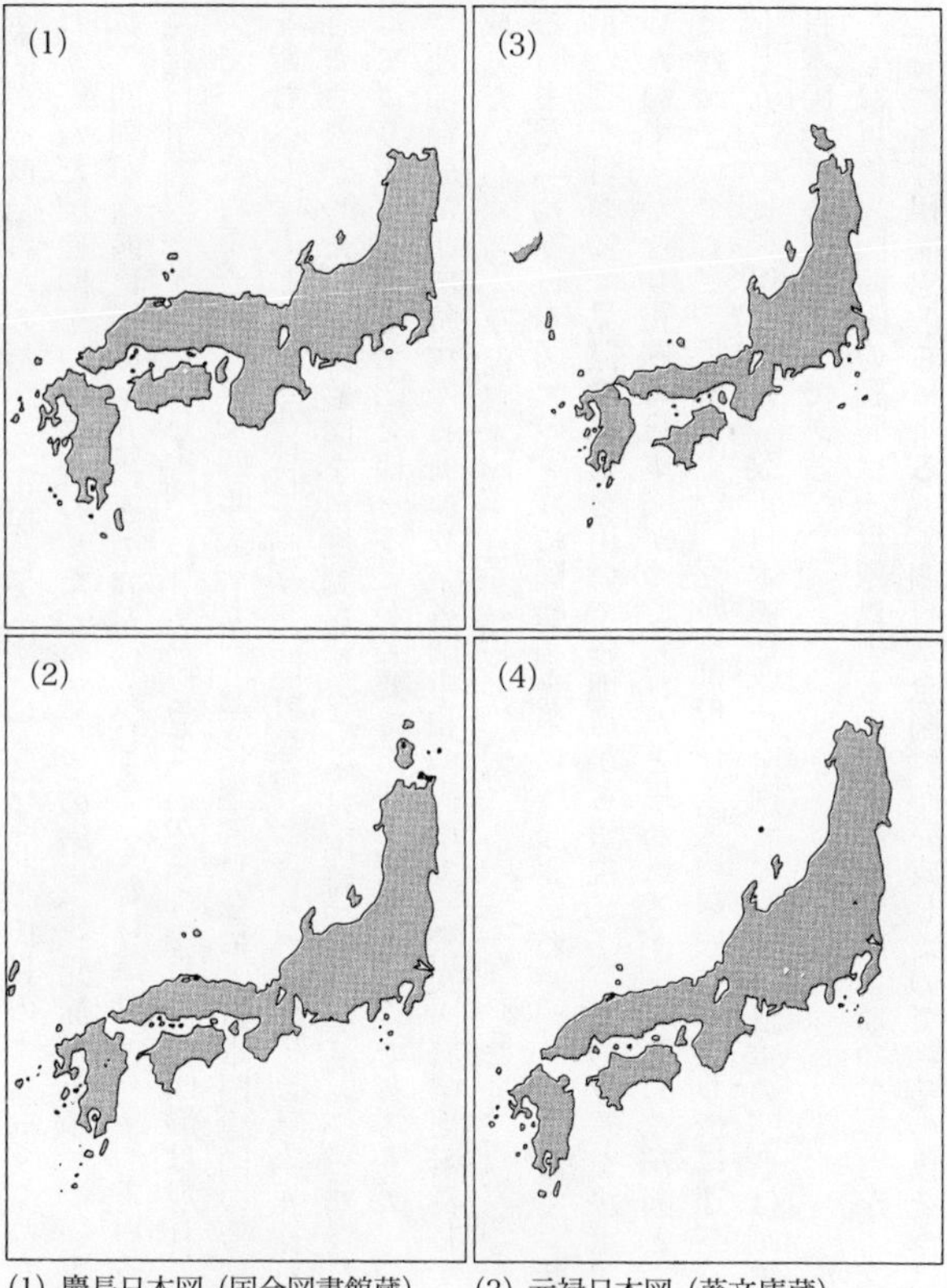

(1) 慶長日本図（国会図書館蔵）　　(3) 元禄日本図（葵文庫蔵）
(2) 正保日本図（秋岡武次郎氏蔵）　(4) 享保日本図（旧陸地測量部蔵*）
＊旧陸地測量部蔵の「大日本国輿地図」は享保日本図の写しとみなされる

106　幕府撰日本図の比較（輪郭図）　中村拓氏による

全図が作成されたのだが、「正保日本図」における北条氏長のようなすぐれた作図者が得られず、ただ国絵図をつなぎ合わせたとみえ、その結果、「元禄日本図」では本州の北端が崩れ、四国が南西に傾いて九州との間がいちじるしくかけ離れてしまっている。このように「元禄日本図」は「正保日本図」にくらべると、かえって日本の図形は崩れて退歩しているので、八代将軍吉宗は享保四年（一七一九）に建部《たけべ》賢弘《かたひろ》に「日本国総図の形勢を糾《ただ》し、方位を定むべし」として、「元禄日本図」の改訂を命じている。吉宗自身、「元禄日本図」にはあきたらなかったが、国絵図を再度調達することは困難であったので、「元禄日本図」に基づいてより正確な日本全図を作ることが必要であると認めたからであろう。

建部賢弘は江戸時代の有名な数学者関孝和《たかかず》の高弟で、天文・暦学にも長じていた。彼の作成したいわゆる「享保日本図」は、縮尺が六分一里、すなわち二一万六〇〇〇分の一である。また「元禄日本図」のように国絵図を単につなぎあわせたものでなく、諸国の高山の山頂などを目標に、見盤や磁石を用いて各地点から望視して、その位置を決定する交会法を用いたので、かなり正確な日本図がつくられたと思われるが、賢弘の草稿図ともみるべきものは残っていても、「享保日本図」の原本は現存していない。しかし後に述べる安永八年（一七七九）の長久保《ながくぼ》赤水《せきすい》の「改正日本輿地路程全図」における日本の図形は、主として「享保日本図」によったものである。

元禄以後、国絵図の調製は一世紀以上も中断された状態になっていたが、文政四年（一八二一）に、伊能忠敬らによる「実測日本全図」が完成したので、その後をうけて、ようやく天保二年（一八三一）になって、四回目の国絵図作成が命ぜられた。伊能図も官撰図ではあるが、日本の沿岸の形態を正確に測量することに主たる目的が置かれ、内陸の部分は測線に選ばれた道路の部分以外は空白となっているので、それを補う意味もあって「天保国絵図」作成の実施となったのである。この「天保国絵図」の場合も、さきの正保、元禄と同じ基準に基づいて、各藩に命じ天保八年（一八三七）に全部完了して上呈されたが、その正本原図が全部そろって現存するのは「天保国絵図」だけであり、蝦夷・琉球を含む八三枚の美麗な大地図が内閣文庫に収納されている。しかし日本全図はすでに伊能図によって正確なものが得られたので、「天保国絵図」による日本図は作成されなかった。

以上のように、江戸時代を通じて慶長・正保・元禄・天保と四回にわたって国絵図がつくられ、またそれに基づく日本全図も、天保のかわりに享保の改訂を加えれば、やはり四回つくられたことになる。こうした全国的な地図作成の事業は、伊能図の測量事業と同じく、幕府の強大な権力によらなければ実現できなかったのであるが、ただ、秘図として公開を許されなかった伊能図とは異なり、国絵図では幕府に上呈された正本のほかに、すくなくとも各藩に一部は副本として残された。その結果、それらの写しも世上に伝えられ、直接間接に、江戸時代に民間で刊行された日本図や多くの国図の原拠となり、江戸時代の地図の発達に大きな影響を及ぼした。

107　豊前国小倉城絵図（内閣文庫蔵）

官撰の町図

近世以前にも平城京・平安京の古代都市のほかに、中世には鎌倉や平泉、あるいは堺・博多などの港町や門前町など、都市的集落の萌芽がみられたが、近世になると大名領国の形成にともなって、各地に封建都市としての城下町が形成され、これらの城下町では多数の家臣や、それに物資を供給する商工業者が集まって、諸国の政治・軍事・経済上の中枢として発達した。

したがって江戸幕府では全国統治の必要から、正保元年（一六四四）に国絵図とともに「城絵図」を調進すべきことを諸藩に命じている。

城絵図は本来城郭の内部構造を明らかにするために、天守閣・城門・城壁なども描かれた綿密な城郭の平面形態を示すことを目的としたものであるが、内閣文庫に現存する「正保城絵図」には、城郭ばかりでなく、城郭をとりかこむ城下の道路や町割りなども記載されている。

城絵図の調達は元禄年間にも国絵図と並行しておこなわれたが、こうした幕命による城絵図のほかに、各藩ではまた必要に応じてそのつど、さまざまな「城下絵図」がつくられた。城絵図では城郭の表現に重点が置かれているが、城下絵図では城郭の部分は多く空白になっているかわりに、城下では町割りや屋敷割りを色分けで区分し、あるいは居住者の名前や町屋では商売の種類を注記するなど、詳細な町図もみられる。

幕府自身も直轄都市の測量と地図の作成をおこなっている。江戸について記録の確実なも

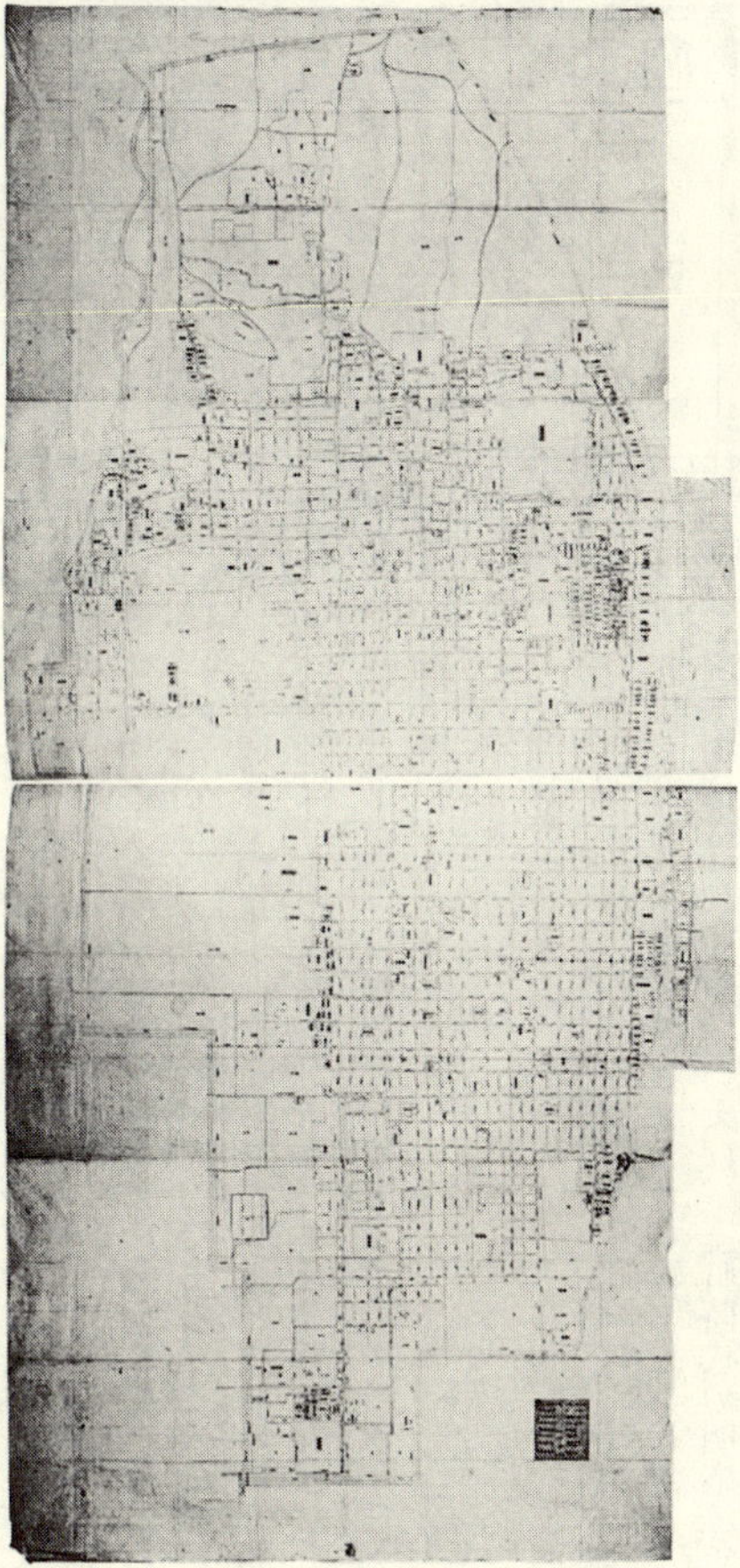

108　洛中絵図　寛永14年（1637）（京都大学附属図書館蔵）

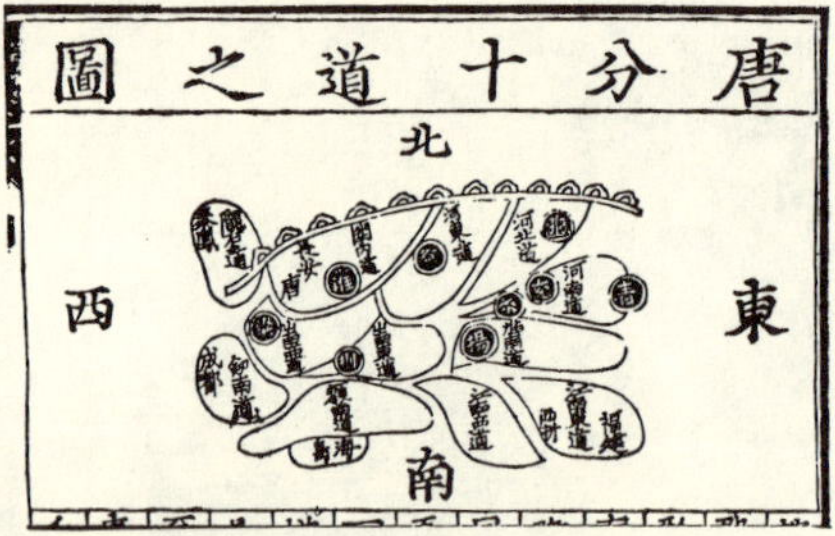

109　日本で最初に印刷された地図　明応3年(1494) 刊『唐三体詩註』所載の「唐分十道之図」

のとしては、明暦三年（一六五七）の振袖《ふりそで》火事とよばれる大火の後、さきの北条氏長に命じて作成せしめた、江戸府内の実測図があり、縮尺は一分が四間、すなわち二六〇〇分の一の精度の高い地図である。そのほか、京都では寛永十四年（一六三七）に大工頭中井氏に実測させた精細な「洛中絵図」があり、また大坂で現存するものとしては、慶安～明暦ごろに実測された「大坂三郷町絵図」が最も古い。

民間刊行の日本図

江戸時代には地図印刷の盛行によって、各種の地図が民間で刊行されて普及するようになった。はじめてわが国で印刷された地図といえば、室町時代の明応三年（一四九四）に刊行された中国書の復刻版に所載された簡単な中国図であるが、これを除けば、さきの慶長版『拾芥抄』の日本図が最初のものである。それに続いて十七世紀中ごろまで、いくつかの日本図が刊行されているが、このころにはすでに「慶長日本図」が存在していたにもかかわらず、依然として行基図の系統が踏襲されているのは、「慶長日本図」は官撰図であり、幕府はその普及に積極的でなかったからであろう。したがって民間刊行の日本図に

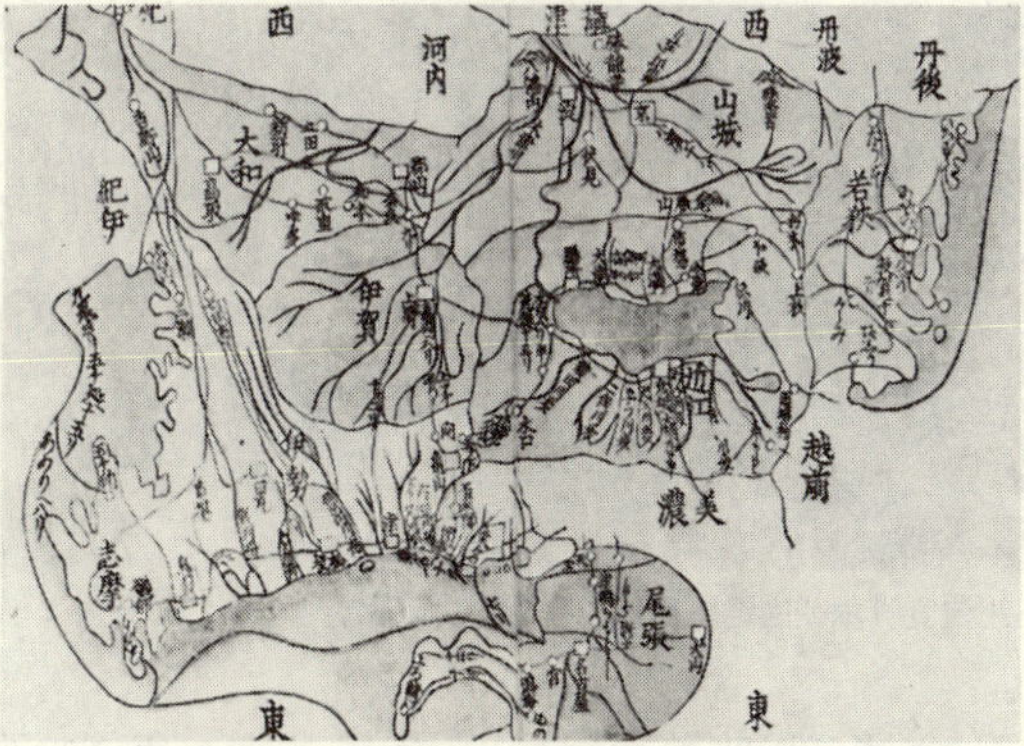

110　日本分形図　寛文6年（1666）　日本全国を16の部分図に分割し，地図帖の体裁をとっている

111　大日本図鑑　延宝6年（1678）　慶長図のくずれたものであるが，行基図のなごりも認められる。また，蝦夷島の地名が記されているのも，他図にはみられない特色である

「慶長日本図」の影響がみられるのは、「慶長図」についで日本図が作成された正保よりもさらに遅れ、ようやく寛文六年（一六六六）に「慶長日本図」によって描かれた「日本分形

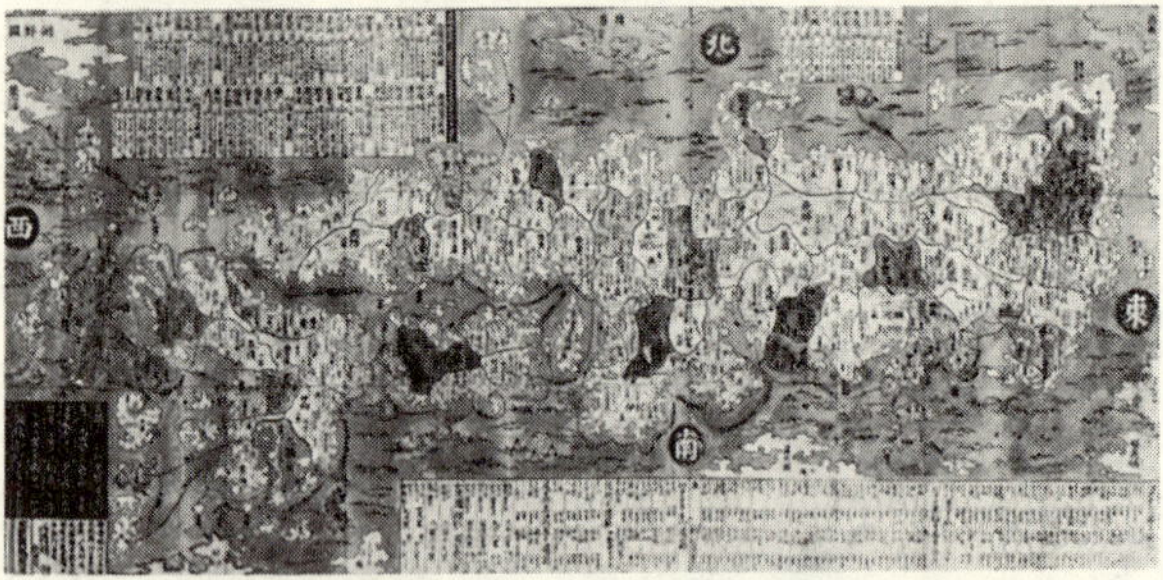

112　石川流宣「本朝図鑑綱目」　貞享4年（1687）

図」が刊行されているが、その名の示すように全国を一六図に分割したわが国最初の地図帖である。また延宝六年（一六七八）の「大日本図鑑」も「慶長図」によっているが、諸国の郡数・石高・城主名などを記入するために図形はかなり崩れている。

しかしこのようにして、以後、民間刊行の日本図は大なり小なり官撰図の図形を基図にとり入れ、十七世紀末ごろになると、大判で内容も詳細な日本図もあらわれるようになった。

その代表的なものが、浮世絵師石川流宣によってつくられたいわゆる「流宣図」である。流宣は本名俊之、流舟などとも号し、有名な菱川師宣《もろのぶ》の弟子といわれ、浮世絵の木版技術を地図に用い、彩色された華麗な日本図やさきに述べた世界図のほかに、江戸図など多くの地図をつくっている。流宣の日本図で、作者の名が記されている最初のものは、貞享四年（一六八七）の「本朝図鑑綱目」である。

流宣図はもともと地図としての正確さを無視して、実

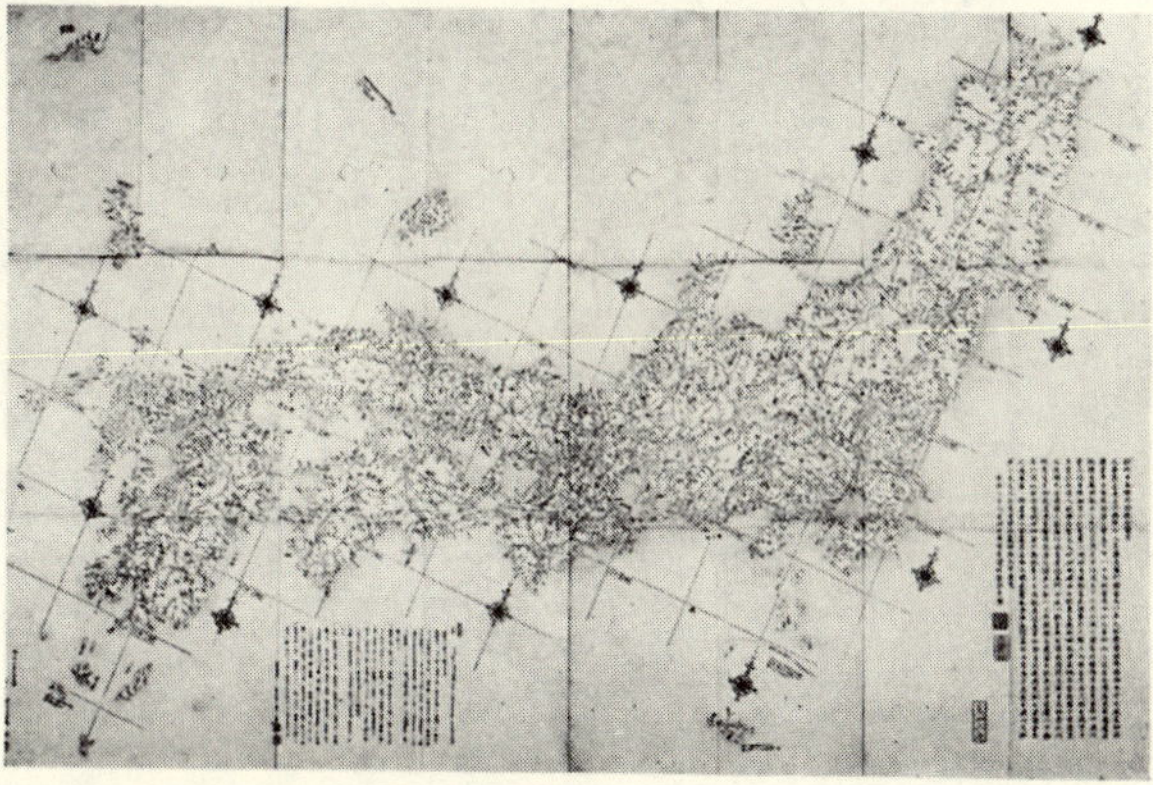

113　長久保赤水「改正日本輿地路程全図」　安永8年（1779）

用性を目的としたものであるので、これらの日本図には大名・城下・石高、あるいは街道・宿場・航路などのほかに、国郡・里程などの一覧表を含めた豊富な内容が記載されている。そのため、日本の図形は「慶長日本図」によっているが、いちじるしくゆがめられている。しかし色彩が豊富で、絵画的な美しさを有していることが、かえって元禄時代の人たちの華やかな嗜《し》好《こう》に投じたとみえて版を重ね、元禄四年（一六九一）には大判の「日本海山潮陸図」も刊行され、およそ一世紀にわたって日本図といえば、ほとんど流宣系統の地図が流行した。

　しかし吉宗の時代には実学が奨励され、社会の気運も次第に実証の尊重へと傾き、日本図にももっと図形の正確さが求められるようになった。このような時代の空気を反映したのが、十八世紀末の安永八年（一七七九）に刊行された長久保赤水の「改正日本輿地路程全図」であ赤水は水戸藩の儒者で本名は玄珠、晩年には藩公の命を受けて『大日本史』の地理志編纂に関係した江戸時代の著名な地理学者であり、また日本図のほかに、世界図・中国図・蝦夷図など多数の地図を作成している。

なかでも日本図は官撰日本図をはじめ、彼が模写したポルトラノ型海図など各種の地図や資料に基づき、完成までに二十年を要したという苦心の作である。地図の縮尺は一寸一〇里、すなわち一二九万六〇〇〇分の一であることが明示され、図形も格段に正確であり、内容もまた精細になっているばかりでなく、地図の凡例に経緯度の測定が地理的位置の決定上必要なことを記しているように、赤水は経緯度の重要性を認め、刊行図としてははじめて経緯線を記入している。しかし緯度は著者の実測によったものでなく、ポルトラノ型海図など既存の資料を利用したものであり、また経線は緯線を基準にして方眼をなすように引画された方格線であるから、経緯線とはいっても、正確な測量や投影法に基づいたものではない。

しかし従来の流宣系統の地図と比較すると、赤水図は面目を一新した日本図であり、科学的な地図へと一歩近づいたものである。しかし赤水以後、伊能忠敬による実測日本図が完成したが、伊能図は幕府の秘図として官庫におさめられて公開されなかったので、江戸時代後期の日本図は赤水図をもって代表され、赤水の没後も幾度か改訂版が出されたのみならず、幕末に至るまで、多数の赤水図の模刻版もつくられた。

その他の刊行図

江戸時代には印刷術の発達によって、日本図のほかにさまざまな地図が一般の需要に応じて刊行された。まず町図についてみると、室町時代から江戸時代の初めにかけて、「洛中洛外図屏風」や「江戸図屏風」のように、都市の景観とともに祭礼などの年中行事などを美しく描いた「都市図屏風」がつくられたが、都市図屏風は一種の風俗絵図であり、都市の形態を具体的に表現した地図ではない。

しかし江戸時代には江戸・京都・大坂の三都をはじめ、全国の主要な城下町などの多数の町図が刊行された。現存する町図として最も古いのは、寛永十八年（一六四一）ごろと推定される京都の町図で、町割りなどを示した一色の簡単なものであるが、延宝ごろからは洛中洛外にわたる社寺や名所旧跡を記載した大判の地図が普及するようになった。また江戸図は

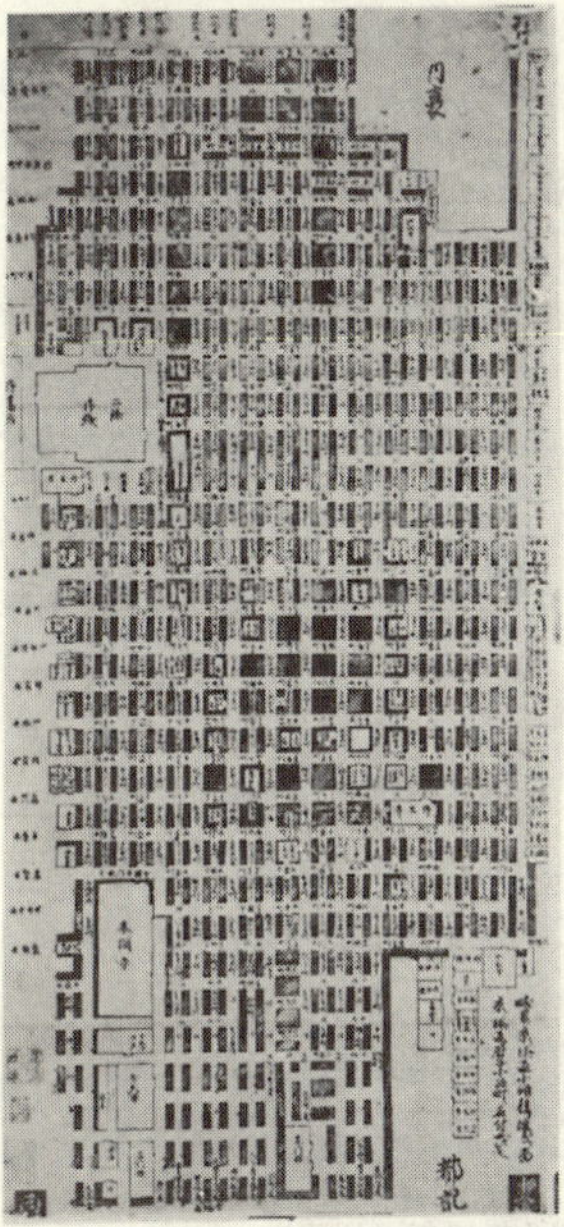

114　平安城町並図　町図の最古のもの。寛永18年（1641）ごろ（守屋美孝氏蔵）

115　遠近道印「新版江戸大絵図」　寛文10年（1670）

寛永年間、大坂図は明暦元年（一六五五）のものが現存するが、江戸図として画期的なものは、さきの明暦大火後の北条氏長の実測図に基づいて、遠近《おちこち》道印《どういん》（藤井半知）が増補した寛文十年（一六七〇）の「新版江戸大絵図」である。その後、幕末までに江戸や大坂でも多数の町図が刊行されたが、江戸図では「切図《きりず》」とよばれ、市街を何枚もの地図に分割し、大名・武家屋敷などを詳細に記載した大縮尺の地図もつくられた。またこれら三

116　遠近道印「東海道分間絵図」（部分）　元禄3年（1690）

117　江戸名所之絵（江戸鳥瞰図）　享和3年（1803）ごろ

都についで多いのは長崎であり、オランダ船や唐船などを絵画的に表わした異国趣味に富む長崎図は、主に長崎に来遊した人たちが記念に求めたものである。

さらに町図とならんで、諸国の山川や都市・村落・道路などを描いた国図をはじめ、「富士見十三州輿地全図」のように、こんにちの関東地方から中部地方の一部を含めたきわめて大型の地方図も出版されたが、これらは官撰の国絵図や日本図が基図となっているものが多い。また江戸時代には、参勤交代や庶民の旅行も盛んにおこなわれたので、多数の道中図がつくられた。道中図のうちでは、慶安四年（一六五一）に幕令によって東海道を実測した北条氏長の図を遠近道印が編集し、浮世絵師菱川師宣が絵画的要素を加えて元禄三年（一六九〇）に刊行した「東海道分間《ぶんけん》絵図」のように出色のものもある。しかしこれは絵巻物の形をとる長大な、いわば鑑賞用のものであるのに対し、旅行者が実際に携行《けいこう》した道中図はいずれも小型で、多くは折本の形態をとり、したがって図形はいちじるしく横長に伸長されていて、地図としての正確さは全く失われているが、街道に沿って城下・宿場・名所・航路・里程などが詳しく記載されている一種の交通地図である。

そのほか、日光・高野山などの名所案内図、あるいは異色のものとしては、鍬形蕙斎《くわがたけいさい》（北尾政美）や葛飾《かつしか》北斎などの浮世絵師によって描かれた、日本全土や江戸の市街などの鳥瞰図的な地図など、江戸時代にはさまざまな地図もつくられ、多彩な地図文化が発達した。

第四章　蘭学と世界図

西川如見と新井白石

日本人の海外に対する地理的知識の発達は、寛永の鎖国政策によって一時中断されたかにみえたが、鎖国時代でもオランダは日本への渡航を許された唯一のヨーロッパの国であり、十七世紀のはじめ、日本との貿易を営むための商館を長崎の出島に建て、きびしい制限を受けながらも、盛んに西洋の文物を日本に伝えた。したがって鎖国時代には、長崎が外国文化に接しこれを摂取しうる、世界に開かれたただひとつの窓口であった。

長崎にあって海外の事情に早くから通じていた西川如見《じょけん》は、元禄八年（一六九五）に『華夷通商考』を著わした。この著作はさきの艾儒略の『職方外紀』に基づき、如見が長崎で見聞した中国一五省をはじめ、朝鮮・琉球・呂宋《ルソン》・オランダなどの諸国について、日本からの道程、風土、住民、産物などについて、通商貿易の立場から叙述したものである。地理書としては著者の創見に欠け、不備な点もみられるが、鎖国後において世界知識の開発をうながした最初のものといえる。また幕府においても、オランダ商館長一行の毎年の江戸参府などにより、海外事情についての関心がしだいに高まりつつあった。そのころ、たまたま屋久島に潜入したイタリア人宣教師ジョヴァンニ・シドッチが捕らえられて江戸に送られ、新井白石が命を受けてシドッチの尋問にあたり、正徳三年（一七一三）に将軍家継《いえつぐ》に献上するために、『采覧異言《さいらんいげん》』を著わした。この著作は刊行に至らなかったが、伝写されて識者の間にひろまり、大きな反響を与えた。

白石は将軍家宣《いえのぶ》・家継につかえた傑出した政治家であるとともに、江戸時代を通じての碩学《せきがく》として知られ、『采覧異言』はシドッチ尋問の結果ばかりでなく、利瑪竇の「坤輿万国全図」を参照し、あるいはオランダ人から献上されて幕府に蔵されていた一六四八年のブラウの世界図（現在東京国立博物館蔵）により、白石が参府のオランダ人と会談して聞きとった知識なども加えて書かれたものである。したがって、ヨーロッパ二三国、リビア（アフリカ）三国、アジア三〇国、北アメリカ一三国、南アメリカ一一国の地理、風俗、物産、政治事情などについて、簡潔ではあるが正しい記載がみられ、世界地理を祖述《そじゅつ》した江戸時代の最初のすぐれた地理書である。

このほか、白石の著作のうちの地理書としては、『西洋紀聞』『南島志』『蝦夷志』などがある。世界地理の記述は『采覧異言』のほうが詳しく体系化されており、それに『西洋紀聞』ではキリスト教のことに多くふれているので、幕末まで公開されなかった。

蘭学の発達と地理書

西川如見と新井白石によって、日本における世界地理の啓蒙時代がふたたびはじまったのであるが、八代将軍吉宗の時代は、商品経済の発達にともなって封建的支配がようやく動揺をきたしはじめた時期である。その対策として享保の改革がおこなわれ、幕府財政の強化をはかるとともに、大いに殖産興業につとめた。その結果、実用的、実証的学識が重んじられて実学の奨励となり、またそれと関連して、西欧諸科学の成果をとり入れるための研究の道が開かれるようになった。なかでも重要なのは、キリスト教関係以外の禁書の制限が解かれ、洋書も輸入されるようになったことである。これが動機となり本格的な蘭学の発達がもたらされ、医学、天文学、兵学などとならんで、蘭学者によって世界地理書やその翻訳書が著わされることになった。最初の地理書の翻訳としては、早くも元文二年（一七三七）に、蘭書によって星図と地図を解説した北島見信の『紅毛天地二図贅説《こうもうてんちにずぜいせつ》』が撰述されている。

その後、十八世紀後半の田沼時代には蘭学が興隆期をむかえ、一般民衆の間にも異国趣味が拡がり、蘭癖《らんぺき》といわれるほど西洋の事物に興味をもつ大名もあらわれた。

それにともなって蘭書の輸入はますます増加し、また白石の時代よりもさらに進んだ地理的知識が望まれるようになり、明和八年（一七七一）には、ヨハン・ヒュブネルの地理書の地図用法の部分を抄訳して、本木良永《もときよしなが》が『阿蘭陀《オランダ》地図略説』を著わした。また桂川甫周《かつらがわほしゅう》は大槻玄沢《つきげんたく》と協力して、前記の幕府に蔵されているブラウの世界図の下段に付されている説明文を訳出して、天明六年（一七八六）に『新製地球万国図説』を編し、蘭癖大名で知られた福知山藩主朽木昌綱《くつきまさつな》もヒュブネルの地理書に基づいて、『泰西輿地図説』を寛政元年（一七八九）に刊行するなど、多くの地理書があいついで著わされた。

118　司馬江漢筆「画室図」（神戸市立南蛮美術館蔵）

なかでも享和三年（一八〇三）の山村昌永（才助）の『訂正増訳采覧異言』は、昌永が白石の著作を増補改訂したものとしてこの書名となしたが、実際は独立した内容をもつものであり、各州別の世界地誌を述べた一二巻と、世界図や州別の地図が付され、引用書目は洋書三二種、漢書四一種、和書五三種を挙げているように、この時代の最も代表的な世界地理書であるが、未刊に終った。しかし杉田玄白は『蘭学事始』において、「白石先生の采覧異言を増訳重訂して十三巻の書を訳撰す。（中略）万国輿地の諸説は未だ漢人の知らざるところのもの多し。これ蘭学のここに至れるの初なり」と推奨している。

蘭学者による世界図の作成

洋書の解禁や蘭学の発達によって新しく輸入されたヨーロッパ製の地図を典拠として、蘭学者によって多くの世界図が刊行されるようになった。さきに桂川甫周は『新製地球万国図説』とともに世界図も出版する計画で稿本はできあがったが、版本にまでは至らなかった。

したがって公刊された蘭学者の最初の世界図は、寛政四年（一七九二）の司馬江漢《しばこうかん》の「地球全図」、同八年の橋本宗吉の「喎蘭《オランダ》新訳地球全図」であり、江漢の地図は日本の銅版地図としても、その創始をなすものである。

また両図とも従来の利瑪竇系統の卵形の世界図ではなく、利用したヨーロッパの原図に基づいて、平射図法による東西両半球図をなしている。この図法は正積でも正角でもないが、半球図として形が割合正しくあらわされ、それに地球が球体であることを一般に理解せしめやすいために、当時のヨーロッパの世界図に主に用いられ、江戸時代後半のわが国の世界図にも、両半球図が多くみられる。

また長久保赤水の「地球万国図」など利瑪竇系統の世界図では、墨瓦蠟泥加《メガラニカ》とよばれる仮想の南方大陸がなお大きく描かれているのに対して、江漢、宗吉の両図とも、ニューギニアとは未分離であるにしても、すでにオーストラリア大陸が示されているなど、当時の新しい知識を示している。

なお両図を比較してみると、宗吉の世界図ではカリフォルニア半島がまだ細長い島に描かれ、オーストラリア大陸が半ば不明のままになっているなど、江漢の世界図よりもやや古い原図によっているが、半球図の欄外に、地球球体説や世界についての簡単な、新旧とりまぜての説明が付されているために、かえって一般の興味をひき、民間に普及したとみえ、後までその偽版や剽窃《ひょうせつ》版が多くつくられた。

また蘭癖大名の一人であった薩摩藩主島津重豪《しげひで》の意を受けて、地理学に通じていた家臣の

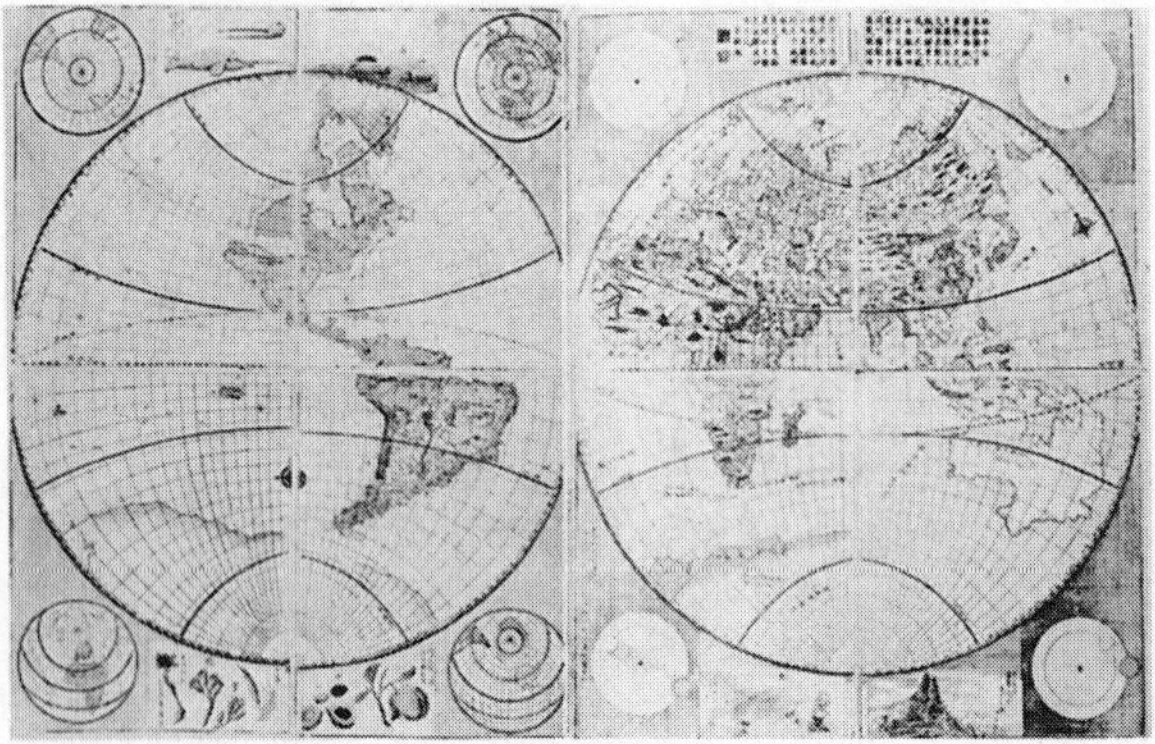

119　司馬江漢「地球全図」　寛政4年（1792）

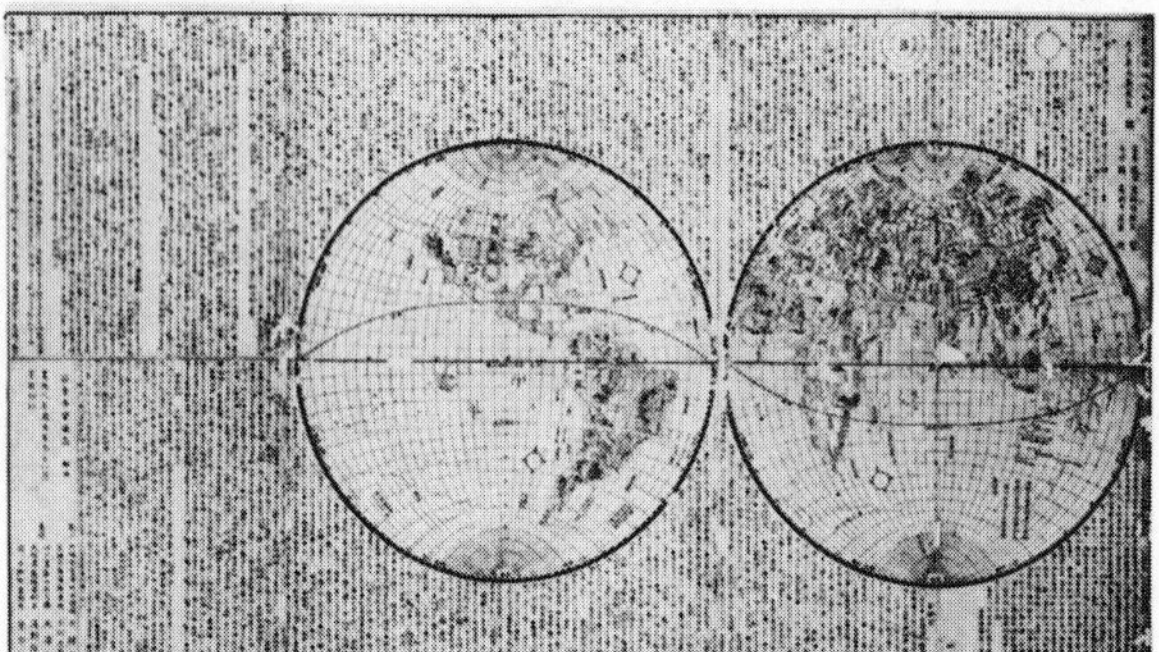

120　橋本宗吉「喎蘭新訳地球全図」　寛政8年（1796）

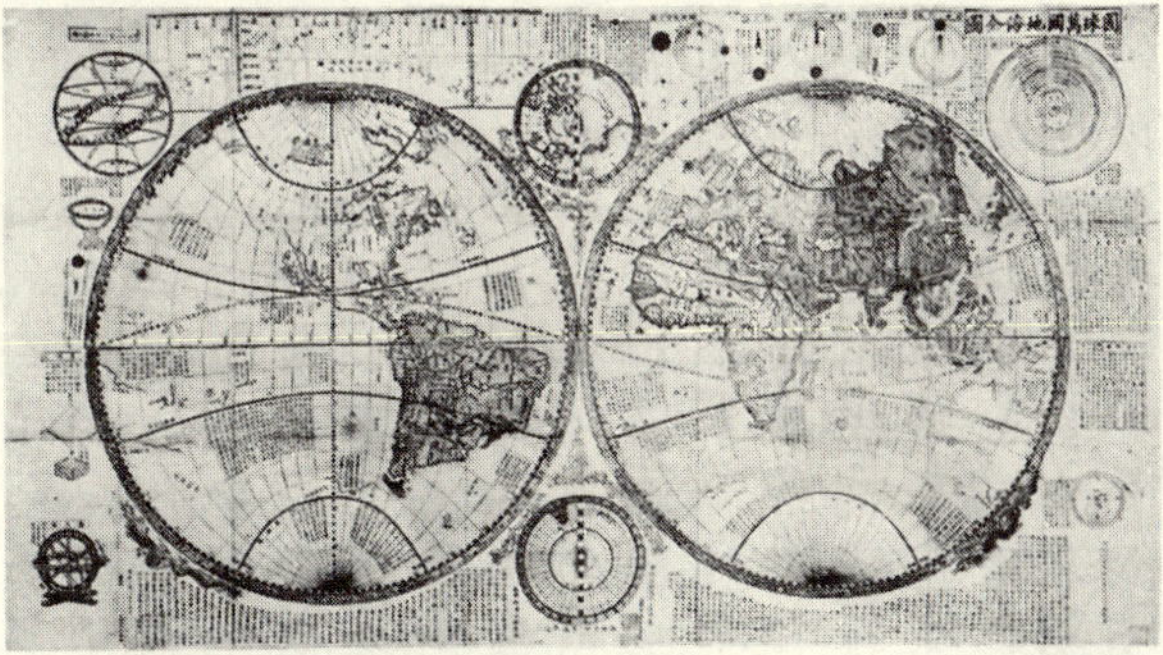

121　石塚崔高「円球万国地海全図」　享和2年（1802）

石塚崔高《さいこう》によって、享和二年（一八〇二）に「円球万国地海全図」と題する木版着彩の両半球図が刊行された。世界図としてはこれまで最大のものであるが、カリフォルニア半島を島とし、オーストラリア東半部が未知となっているなど、図形は橋本宗吉の世界図に近く、すべて地名は漢字、注記は漢文で記され、その内容は「坤輿万国全図」や『職方外紀』によるところが多いことを示している。

しかし江戸時代の代表的な世界図は、幕命を受けて幕府天文方高橋景保《かげやす》が間重富《はざましげとみ》と訳官馬場佐十郎の協力を得て、イギリスのアロースミスの世界図を基本として、それに東西の資料を蒐集《しゅうしゅう》し、完成までに三年を費して、文化七年（一八一〇）に幕府撰として公刊された「新訂万国全図」である。

この地図は石塚崔高の世界図に匹敵する大判の、半球直径〇・九一メートルを有する両半球図であり、クックの探検航海の航路を書き入れ、クックに従って、すでにオーストラリアやニュージーランドが正しく記

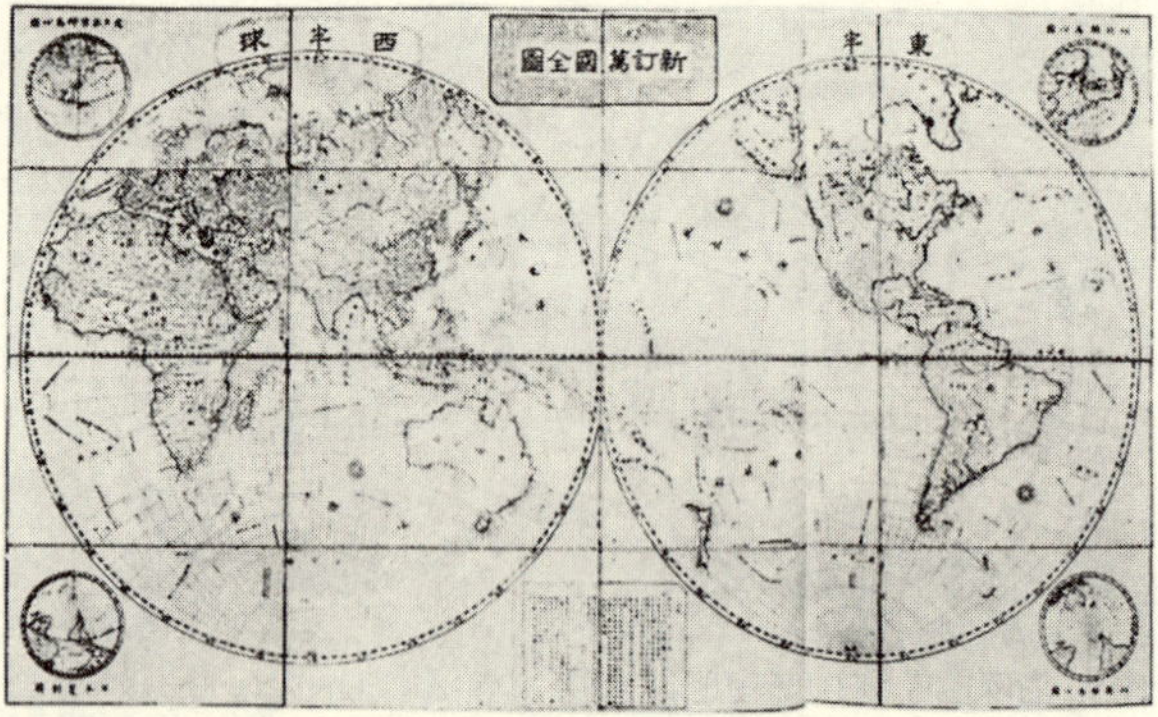

122　高橋景保「新訂万国全図」　文化7年（1810）

載されている。ことにわが国北辺の未審《みしん》の地方については、完成の前年に提出された間宮林蔵の踏査報告に基づいて、ヨーロッパ人の地図に先んじて、カラフト（サハリン）島や間宮海峡を正確に図示するなど、鎖国日本が世界に誇りうる最新詳細な世界図である。しかも日本を世界図の中央に置くために、ヨーロッパ製の世界図の西半部を東半球として右側に置き、また京都を中心とした半球図を別に副図として付するなどヨーロッパ製の世界図の単なる翻案でない独自性がみられる。印刷も江漢に銅版製法を学んだ亜欧堂田善《あおうどうでんぜん》（永田善吉）の会心の作であり、きわめて精緻なものであった。したがって幕府はさらに四十五年後の安政二年（一八五五）に、山路諧孝《かいこう》に命じて新しい資料による改訂を加えて「重訂万国全図」をつくらしめ、さらに明治四年（一八七一）に大学南校がこれに修正を加えて出版し、明治時代におけるわが国の世界図の範を示した。

これにならって、民間でも多くの世界図がつくられたが、その主なものとしては、すぐれた世界地誌『坤輿図識』を著わした箕作《みつくり》省吾の弘化元年（一八四四）の「新製輿地全図」があげられる。この地図も銅版の両半球図で、一八三五年のフランス製の世界図によったことが記されているが、地名の呼称などは「新訂万国全図」を踏襲している。また山路諧孝と「新訂万国全図」の改訂にあたった新発田《しばた》収蔵も嘉永五年（一八五二）に「新訂坤輿略全図」を上梓している。銅版着彩の良図であるが、凡例に「近世地球図多ク、両円ノ者ヲ称用シ、卵形ノ者漸《ようや》ク廃セラル。且従前卵形図ハ精詳ノ者ノ行ルルヲ見ズ、予ガ此挙アル所以《ゆえん》ナリ」と記しているように、両半球図によらずに、利瑪竇系統の卵形世界図の復活を試みたものである。

またヨーロッパでは世界図のほかに、メルカトル、オルテリウス、ブラウなどによる厖大《ぼうだい》な地図帖、すなわちアトラスが多数刊行されているが、わが国ではこの種のものは少なく、杉田玄端の江戸時代の最も詳細な世界地誌『地学正宗』の付図として、嘉永四年に刊行された二一図を収録する「地学正宗図」、また刊年は未詳であるが、一〇図を含む橋本玉蘭斎《ぎょくらんさい》の「万国地球分図」など、二、三にすぎない。

さらに嘉永六年のペリーの来航によって開港をせまられた幕末には、イギリス、フランス、ロシア、アメリカなどの列強との接触、交渉が頻繁となるにつれ、わが国でも世界の新しい情勢にますます対応することが必要となり、それにともなって世界図の刊行はいっそう盛んとなった。なかでも安政五年（一八五八）には、武田簡吾がロシア使節プチャーチンの

123　佐藤政養「新刊輿地全図」　文久2年（1862）

乗船ディアナ号にあった、一八四五年のイギリス製世界図を原図として訳出した「輿地航海図」、文久二年（一八六二）には佐藤政養がオランダ製の原図を翻刻して「新刊輿地全図」を刊行している。

両図とも図幅、内容は酷似し、当時のわが国にとって斬新《ざんしん》な知識を伝える大判の精細な世界図であったばかりでなく、弘化三年（一八四六）の永井則の「銅版万国輿地方図」を最初として、これらの世界図では、これまでの両半球図にかわって、また開国をひかえた時代にふさわしい航海図として、ひとつの図面に全世界を表現しうるメルカトル図法が用いられたことに、幕末開国期の世界図としての新しい意義が認められる。また政養の世界図では、地図の中央上部に日本の国旗、その周囲に世界の一五八ヵ国の国旗を描き、図中の余白を利用して、世界の諸州の面積、人口、あるいは高山、大河などの地理的統計表を付載しているのは、鎖国から開国に向かった幕末維新にふさわしく、世界についての庶民の啓蒙を目的としたものであり、福沢諭吉の『西洋事情』や『世界国尽《せかいくにづくし》』なども、そのあらわれである。

仏教系世界図の消滅

地球が球体をなすことは、すでに近世初頭、キリスト教宣教師や利瑪竇の世界図などを通じてわが国に伝えられ、新井白石も利瑪竇に従って『西洋紀聞』において、「大地、海水と相合て、其形円なる事、球のごとくにして、天円の中に居る。たとへば、鶏子の黄なる、青き内にあるがごとし」と記している。

またポルトガル人が種子島に漂着した一五四三年に、ヨーロッパではコペルニクスによってはじめて地動説がとなえられたが、わが国へは二世紀ほどあとの安永、天明のころ、本木良永の『阿蘭陀地図略説』、司馬江漢の「地球全図」などによって紹介され、さらに志筑《しづき》忠雄の『暦象新書《れきしょうしんしょ》』、山片蟠桃《やまがたばんとう》の『夢の代《ゆめのしろ》』などが、地動説の普及に貢献した。

わが国では地球球体説や地動説に対しては、ヨーロッパにおけるような激しい思想的対立をよびおこすことはなかった。それでも、一部の儒者や仏教徒の間に、反対論がみられなかったわけではなかった。

すでに近世初頭、キリスト教宣教師の説く地球球体説に対して、江戸幕府の儒官林羅山《はやしらざん》は京都南蛮寺でイエズス会日本人イルマン（修士）不干斎ハビアンと問答をかわして、慶長十

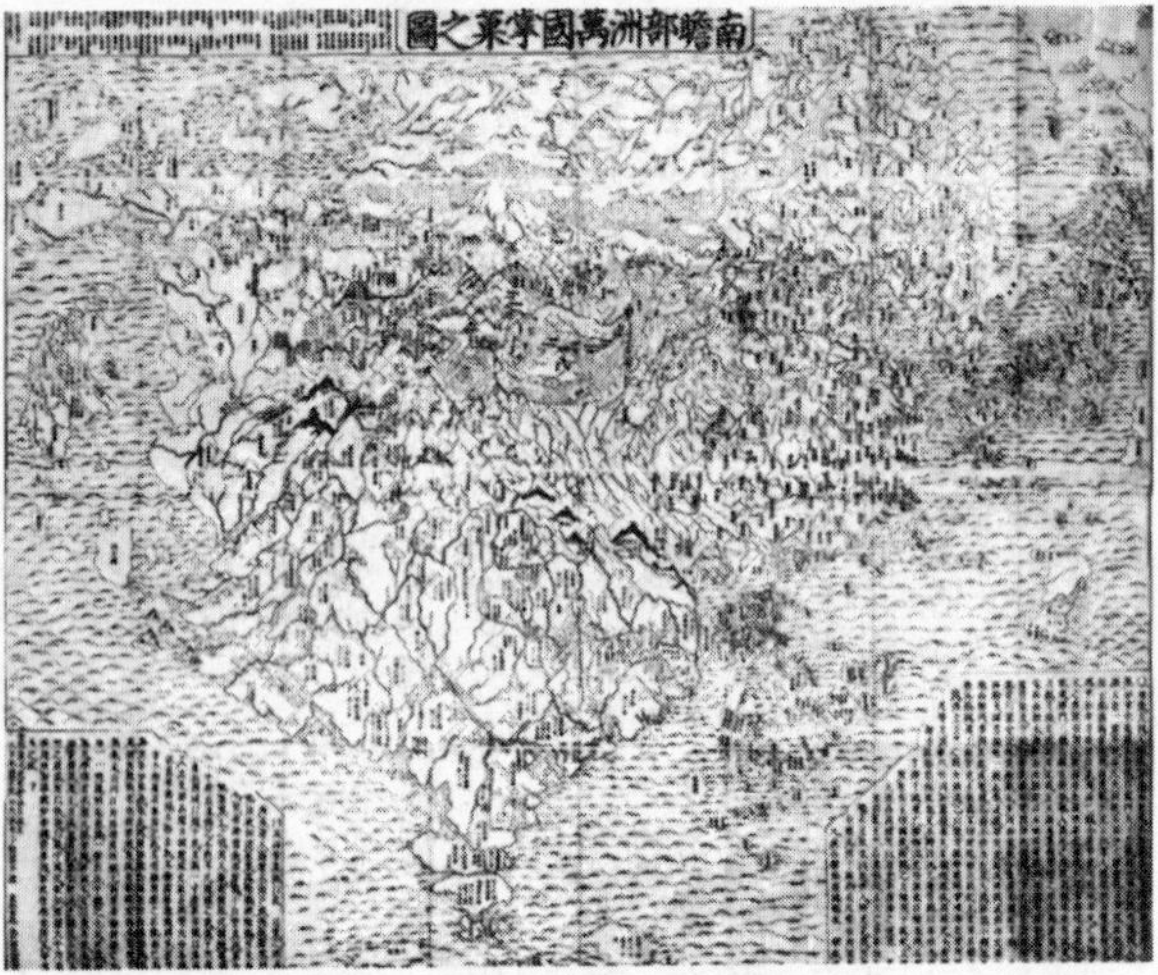

124　鳳潭「南瞻部州万国掌菓之図」　宝永7年（1710）

一年（一六〇六）に『排耶蘇』なる一文を草している。そのなかで羅山は、「物みな上下あるの理を知らず、彼れ（不干斎ハビアン）地中を以て下となし、地形を円《まど》かなりとす。その惑《まど》ひあに悲しからずや。朱子のいはゆる天半地下を繞《めぐ》る。彼れこれを知らず」と反論している。羅山は封建社会の身分関係を支える上下関係の絶対制を擁護する立場から、朱子の言をまもって、地球球体説をきびしく否定したのである。

また仏教徒においては、仏典に説かれた須弥山説によって、古くから仏教的世界観が信奉され、中世のいわゆる天竺図が仏教系世界図であることは、さきに述べたところである。この伝統によって、江戸時代には、華厳《けごん》派の学僧鳳潭《ほうたん》が宝永七年（一七一〇）に「南瞻部州万国掌菓之図《なんせんぶしゅうばんこくしょうかのず》」と題し、仏教的世界観に基づく世界図を作成している。したがってこの地図では、世界の陸地は南に向かうにつれて細くなっている南瞻部州の輪郭を示しているが、これに鳳潭が利瑪竇の世界図などによって得られた新しい知識に基づいて多数の世界の地名を書き入れているが、ヨーロッパの国々は小さな島に分裂し、南瞻部州の西縁に群島状に配置され、アフリカ大陸はなく、南アメリカは日本の南方の一島として描かれるなど、現実の世界図の図形は全く無視して描かれている。

このような仏教系世界図は、その後もいくつかはつくられ、また須弥山説も地球球体説や地動説とはあい容れないので、文化七年（一八一〇）に『仏国暦象編』を著わした僧円通は、地動説では天地は上下関係を失って相対的関係になるとして、「もし、それ是の如くなるときは、すなわち互に天、互に地にして、我と彼と既に等し。何の憚《はばか》るところあってか天を敬うことをこれ為ん」と論じ、地動説に反対論をとなえた。

しかし蘭学が発達し、ヨーロッパの科学的宇宙観がやがてひろく流布するようになると、仏教系世界図はしだいに影をひそめて消失し、最後まで地動説の反対論を主張したのは、幕末明治の国粋主義者として知られ、排外的経済論をとなえた奇僧佐田介石《かいせき》であった。

第五章　伊能忠敬の実測日本図の完成

高橋至時と伊能忠敬

江戸時代には、幕府撰の国絵図や長久保赤水《せきすい》の日本図の作成などによって、わが国の地図もしだいに正確さを加えてきたが、しかしいずれもまだ実測によるものではなかった。したがって、地表を球面として、緯度、経度を基準とした、実測によるところの近代的、科学的な日本図の最初の誕生は、伊能図に俟《ま》たねばならなかった。

伊能忠敬は延享二年（一七四五）に上総《かずさ》国小関村に生まれ、はじめは神保《じんぼ》三治郎と称したが、十八歳のとき下総《しもうさ》国佐原の名家で、代々酒造業を営む伊能家の養子に迎えられ、忠敬《ただたか》と名を改めた。そのころ伊能家はやや衰えた状態にあったが、忠敬は酒造業のほかに米穀の取引や、江戸に薪炭問屋を開くなど、家業の経営にたくみに商才を発揮して家運を挽回《ばんかい》し、かたわら村治《そんち》にも大いにつくし、ことに明和や天明の飢饉《ききん》の際には窮民の救済につとめた功績によって、藩主から苗字《みょうじ》帯刀を許された。また忠敬は伊能家を再興して生活に余裕が生じたころから、かねて好むところの暦学を独学し、測量にも興味を有していた。そこで五十歳になったとき、忠敬は家督を息子に譲って隠居して勘解由《かげゆ》と称し、その翌年の寛政七年（一七九五）には正式に学問を修めるために江戸に出て、当時随一の暦学者であった幕府天文方の高橋至時《よしとき》のもとに入門することができた。

忠敬は至時よりも十九歳も年長で、すでに晩年を迎えていたが、ひじょうな勤勉と根気をもって、至時について天文学、暦学を修め、測量術に精通するようになった。ことに忠敬が最初に関心をもったのは、正確な暦をつくるには地球の大きさを正確に知らねばならないが、それには日本の子午線一度の長さを実測することが必要であると考えた。そのころ、わが国に伝えられていた『崇禎《すうてい》暦書』などの漢文の西洋暦学書に記載されている数値は一定でないうえに、日本の尺度への換算率も明らかでなかったので、わが国では緯度一度の長さは三〇里とか三二里、あるいは二五里と諸説まちまちであり、幕府から改暦の仕事を命ぜられていた至時も、これを実測によって確定することが必要なことをかねてから認めていた。

しかし一農民出身の忠敬をただちにこうした大事業にあたらせることは、当時の封建社会では容易に許されないことであったが、ちょうどこのころわが国の北辺ではロシア人の南下がはじまり、ロシア使節ラックスマンが来航して国交の開始を求めるなど、北方の事情が急をつげつつある時期であった。

そこで至時はこの機会をとらえ忠敬を幕府に推薦し、蝦夷地測量とあわせて、その往復における奥州街道の測量によって子午線一度の測定をおこなわせることを願い

125　伊能忠敬肖像画
（伊能忠敬記念館蔵）

出て、ようやく至時の尽力により「公儀御用掛り」という名目で忠敬に測量が許可されたのである。

忠敬の測量事業

こうして寛政十二年（一八〇〇）に、忠敬は奥州街道を通って蝦夷地に渡り、函館から根室に至る沿岸の測量を終って江戸に帰り、奥州街道および北海道南部の実測図を作成して幕府に上呈したが、子午線の測定は一年足らずの観測であり、まだ充分な成果をあげるに至らなかった。

また、この最初の測量は至時や忠敬が出願した形でおこなわれたので、その実行にあたって忠敬は多額の自費を負担しなければならなかったが、幕府も外国船の来航にそなえての沿岸防備のためには、まだ正確な全日本沿岸図のないことを痛感していたときだったので、忠敬の測量事業の重要性を認めて、これを積極的に援助することになりその続行を命じた。こうしてこれがきっかけとなって、忠敬は日本全土の実測という大事業にいよいよとりくむことになったのである。

そこで、忠敬は蝦夷地測量の翌年の享和元年（一八〇一）には本州東海岸の測量から着手し、ついで奥羽西海岸、さらに東海・北陸沿岸の測量を完了して、三年後の文化元年（一八〇四）にはこれまでの測量の結果を集成して、縮尺によって大図六九枚、中図三枚、小図一枚よりなる東日本の地図を作成し、将軍家斉《いえなり》の上覧に供したが、これまでの地図とはくらべものにならないほど精細な、またはじめて実測によったたいへん正確なものであった。それとともに、忠敬は測量資料に基づいて子午線一度の長さを算出して二八・二里、すなわち一一〇・七五キロメートルと決定したが、こんにちの計測値とくらべて、わずか一〇〇〇分の一あまりの誤差しかない精密なものであった。

その結果、忠敬のすぐれた測量と地図作成の技術が認められて、彼は幕吏《ばくり》に登用されて天文方勤務を命ぜられ、また幕府の事業としての日本全国測量にまで発展したのである。ただこの年に、師の至時を病で失ったことは忠敬にとってはまことに悲しいできごとであったが、その後は至時の長男で、前述の「新訂万国全図」の作者である高橋景保《かげやす》が至時のあとを継いで天文方となり、忠敬は景保の指導のもとで、西日本を中心に測量を継続することになった。

こうして文化十三年（一八一六）まで、十三年間の長期にわたって、近畿から中国、四国、九州や忠敬自身は参加しなかったが伊豆七島、および別に江戸府内の測量もおこなわれ、それぞれ実測図がつくられた。またこれによって、日本全土の実測がほぼ完了したので、蝦夷島の北部は、忠敬の教えを受けた間宮林蔵の測量の結果を用いることとして、いよいよこれらを総合した日本全図の作成にとりかかったのである。

しかし江戸府内測量は忠敬が従事した最後の野外測量であり、その後は忠敬の健康はしだいに衰え、文政元年（一八一八）には全国図の完成をまたずに忠敬は世を去ったので、その後は景保の監督のもとに門弟たちがこの事業を継ぎ、三年後の文政四年（一八二一）にようやく「大日本沿海輿地全図」が完成し、これに全国にわたって観測した緯度や測量の結果を収録した『大日本沿海実測録』一四巻をそえて幕府に献納された。

景保は『実測録』の序文において、「漢土五千年、清に至りて手を西人に仮りて而して後に地図始めて定まれり。則ち忠敬の功、豈《あ》に浅小ならんや」と記し、清朝の康熙《こうき》、乾隆《けんりゅう》帝の時代に、フランスから派遣されたイエズス会の宣教師たちによって、はじめて中国測地事業がおこなわれたことと比較して、忠敬の功績のきわめて大であったことを称揚している。事実、日本全国実測の大事業は、至時や景保の熱心な指導、あるいは至時の同僚であった間重《はざましげ》富《とみ》からの、観測に必要な象限儀《しょうげんぎ》などの精密器械作製の援助などがあったにしても、忠敬の不撓《ふ》不《とうふ》屈《くつ》の精神によってはじめて完成されたのである。彼は晩年に達していたにもかかわらず、五十六歳から七十二歳まで測量に費した日数は三七〇〇日あまり、また測量のために全国を踏破した距離は四万キロ近く、ほとんど地球を一周するに等しかった。

伊能図

近代地図としての伊能図とよばれる「大日本沿海輿地全図」は、縮尺によって大・中・小の三図から成り、大図は一分一町、すなわち縮尺三万六〇〇〇分の一で全図二一四枚、中図はその六分の一の縮尺二一万六〇〇〇分の一で全図八枚、小図はそのまた二分の一の縮尺四三万二〇〇〇分の一で三枚の大きさである。

また大図は測量をおこなった道路に沿った部分について、国、郡、御料地、私領、村名を

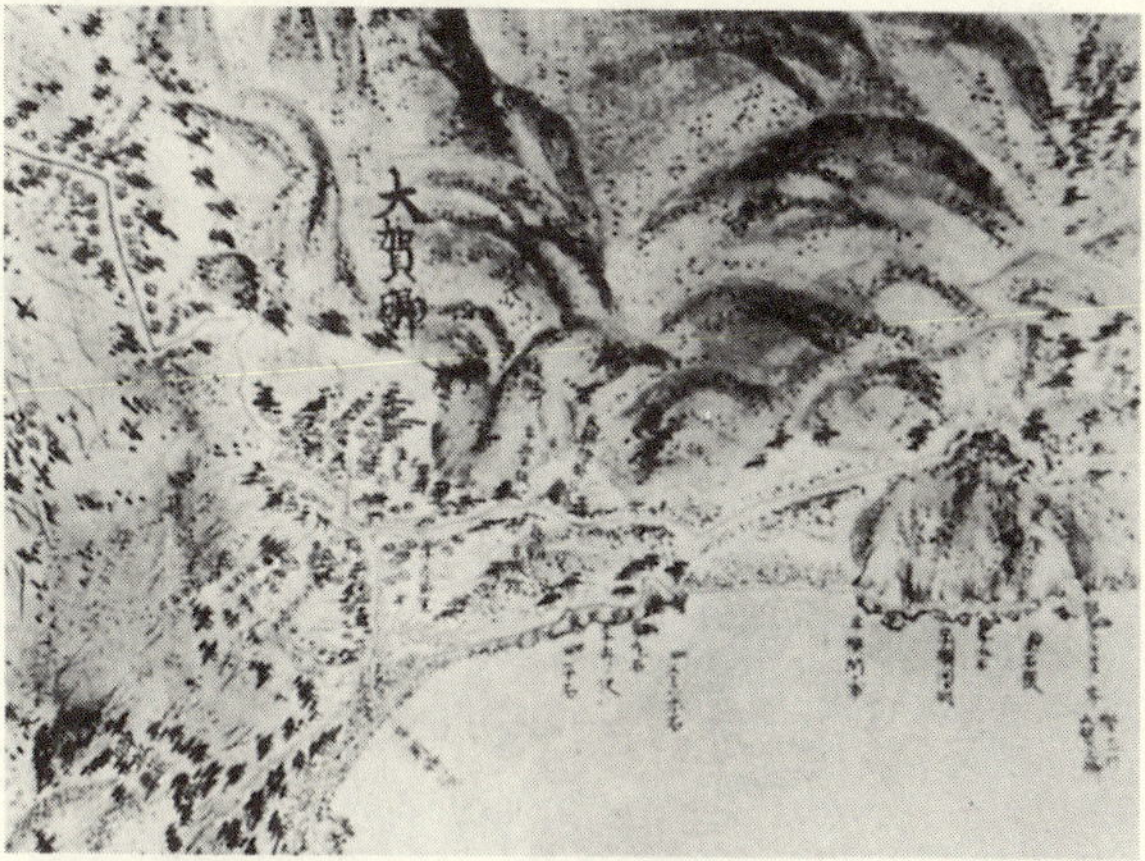

126　伊能図 大図　八丈島西岸（伊能忠敬記念館蔵）

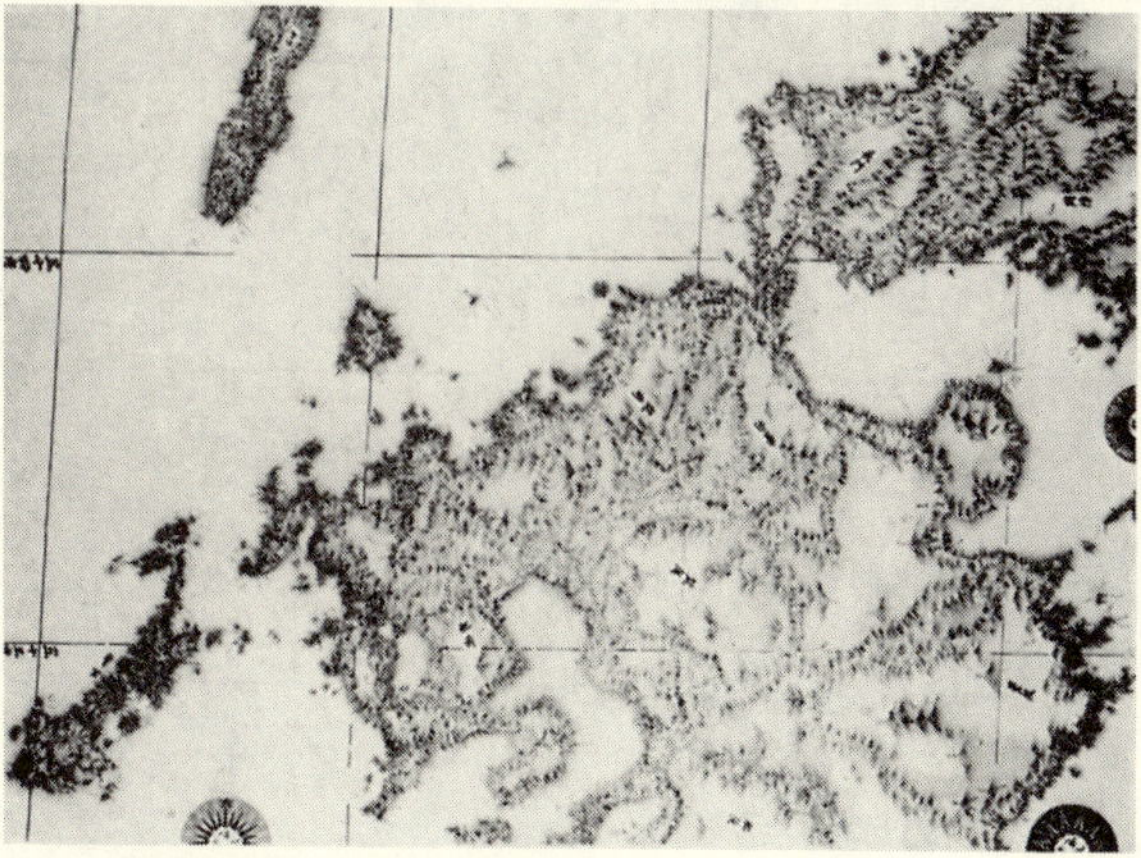

127　伊能図 中図　北九州部分（東京国立博物館蔵）

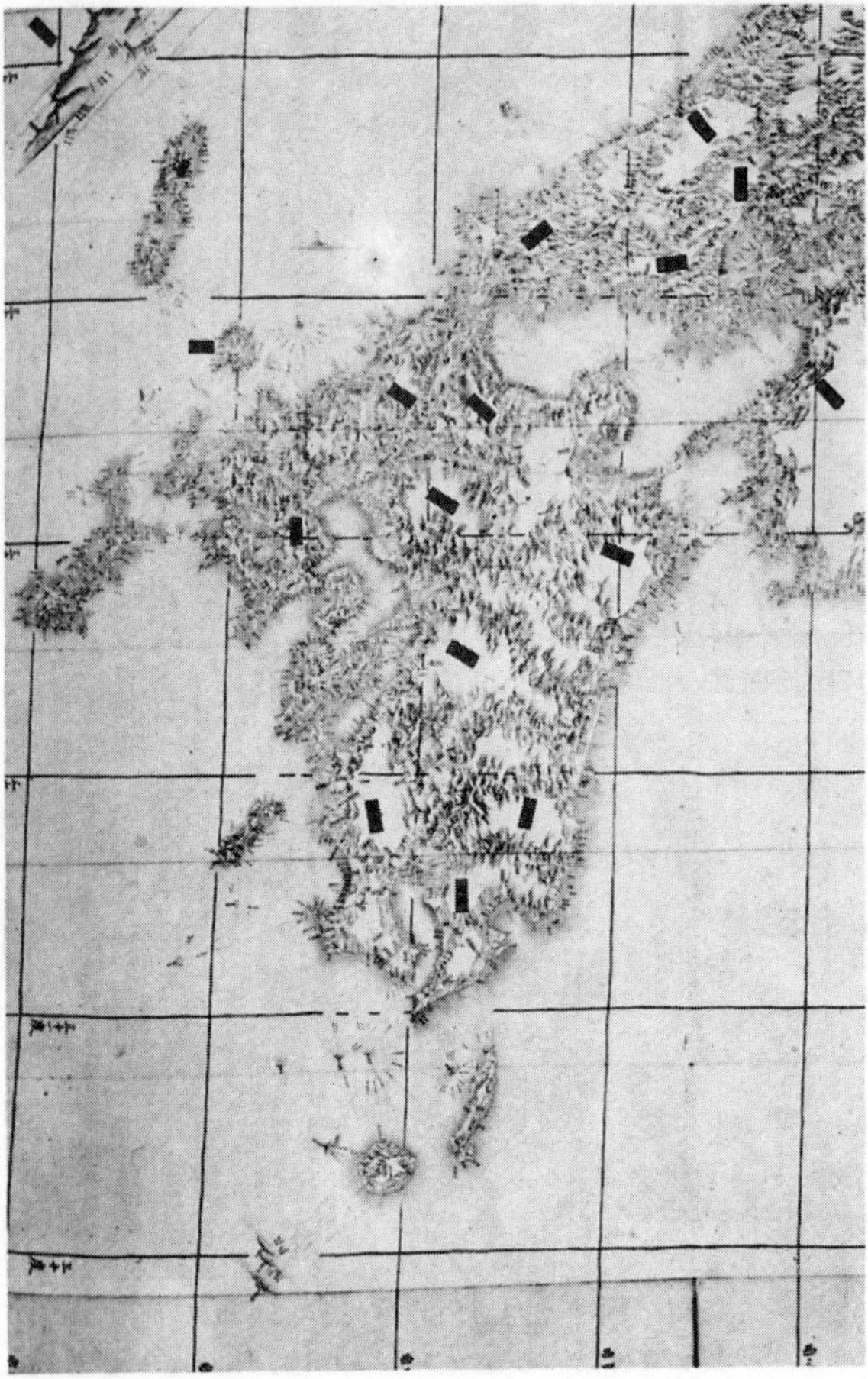

128　伊能図 小図　西日本図幅部分（南波松太郎氏蔵）

はじめ社寺の名称まで詳細に記載され、これに対して、中図、小図では縮尺に応じて内容もそれだけ簡略化されているが、そのかわりに経緯線が黒線で、また交会法による方位線が朱線で記入されている。

さきに述べたように、伊能図は地表を球面とし、その上にある日本の位置や形態を実測によって正しく描きあらわした地図であり、また経緯線間隔が実際の長さに比例して引かれているので、経緯線はサンソン・フラムスティード図法によって投影されたものと同じ結果になっているなど、日本の地図としてはまさに画期的な近代的な地図である。

もっとも、現代の地図と比較すれば、伊能図にはなお不完全な点が少なくない。わが国では当時まだ地図投影法についての知識はよく理解されていなかったので、忠敬は意識してサンソン・フラムスティード図法を採用したわけでなく、事実、この図法は縁辺部では地図のゆがみが増大し、日本全図の表現にはあまり適していない。また緯度は『実測録』に記載されているように、全国一一二七の諸地点にわたって、天体観測によって正確に測定された。しかし伊能図では京都を通過する経線を零度として、これを基準子午線となしているが、経度の測定はまだクロノメーターを利用しえなかったので、測地的計算によって求められた。そのため経度の精度はおとり、交会法によって諸地点の位置を補正しているが、伊能図の九州南部や東北地方、北海道は、実際の位置よりやや東にずれている。

また忠敬の測量の基本となったのは、道線法といって、一地点から次の地点へとつぎつぎに方位と距離をはかっていく方法であり、それに建部賢弘が「享保日本図」で用いたと同じ

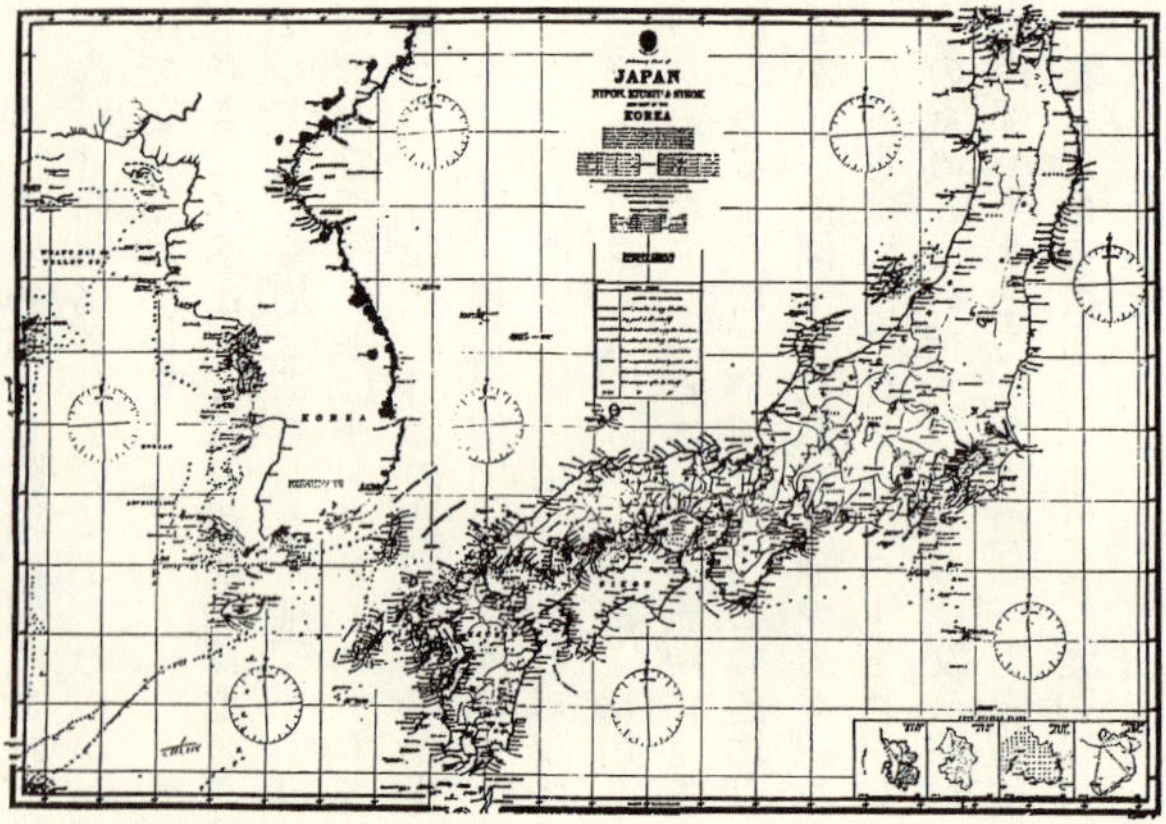

129　伊能図によるイギリス製日本沿海図（1863年）

交会法を無数にとり入れ、諸地点の位置を決定したのであって、ヨーロッパですでに実用化されていた近代的三角測量法の技術はまだ全然用いられていない。したがって伊能図では、実測された沿岸や測線に選ばれた道路に沿った部分のみが詳しく記載されているにとどまり、それ以外のところは空白のままとなっている。また土地の高度の測定はおこなわれなかったので、伊能図でも地形の表現は依然として、わずかに遠望された山地を鳥瞰図的に絵画風に描写しているにすぎない。

それにしても伊能図は、その精度からみて、当時の日本としては世界に誇りうる地図であり、後に述べるように、シーボルトがひそかにヨーロッパに持ち帰った伊能図の写しが原図となって、はじめてヨーロッパに日本の国土の正しい姿が知られるようになったのである。また幕末の文久元年（一八六一）には、アクテオン号を主艦としてイギリス海軍の測量船隊が来航し、沿岸測量を強行しようとしたが、日本国内では攘夷《じょうい》運動が盛んなときであったため、不慮の事態が生じないともかぎらず、幕府はその対策に大いに困窮した。ところが、たまたま幕吏が持っていた伊能図の小図の写しをアクテオン号の船長が見てこれを調べたところ、これまでの自分たちの測量結果に照らしても、伊能図が実に精密で正確なのに驚き、幕府からその写しを入手して測量を中止したというエピソードも、忠敬の測量がいかにすぐれていたかを示すものである。

事実、イギリス海軍ではこれよりさき日本の沿海に来航したクルーゼンシュテルンの作成した海図を原図として、一八五五年に「日本沿海図」を刊行しているが、日本の形態はまだ不完全だったので、持ち帰った伊能図に基づいて、表題に「日本政府の地図からの編集」と明記して、一八六二年には「瀬戸内沿海図」、六三年には「日本と朝鮮近傍の沿海図」を刊行し、日本の図形は見ちがえるほど正確なものに改められた。ちなみにイギリスが利用した伊能図小図の三図は、現在もグリニッジの国立海事博物館（National Maritime Museum）に保管されている。

また前記の六三年の「日本と朝鮮近傍の沿海図」は逆にイギリスから日本に輸入され、勝海舟が若干の地名などを書き加えて、慶応三年（一八六七）に「大日本国沿海略図」と題する木版図を刊行している。

しかし幕府は伊能図を秘図として公開を許さなかったため、一般の眼にふれることはなかったが、国内でも幕末にはさすがに正確な日本図が必要となったので、ようやく半世紀後の

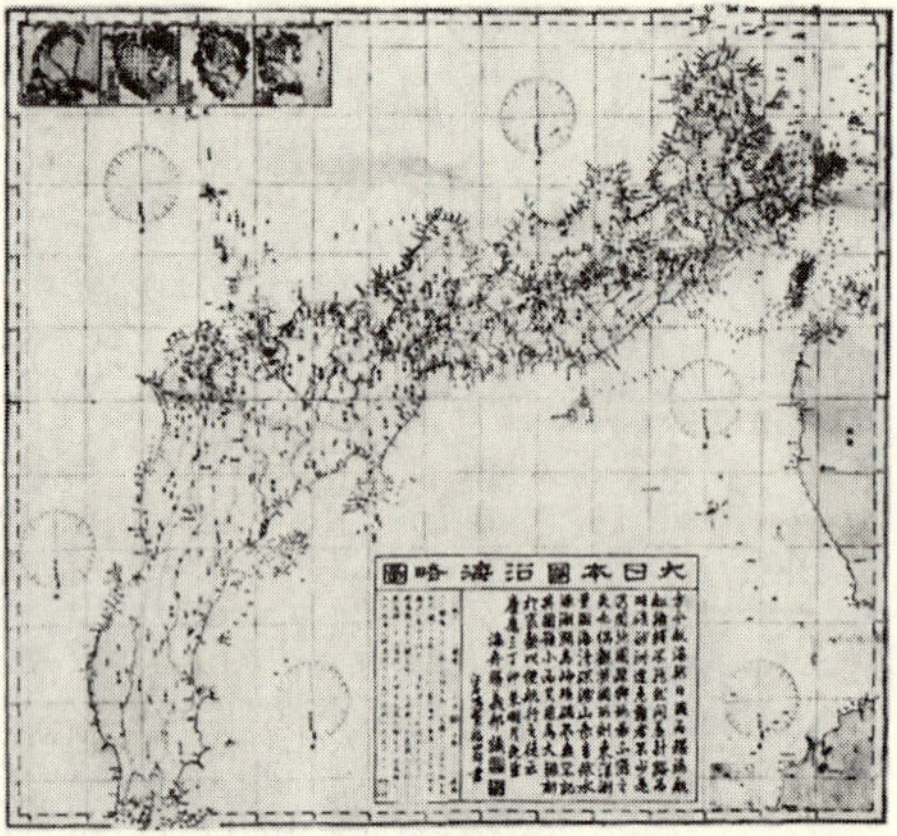

130　勝海舟「大日本国沿海略図」　慶応3年（1867）

慶応三年には、幕府の開成所から「官版実測日本地図」が発行された。これは伊能図の小図をもとにしてこれに北方地域を付加したもので、伊能原図とちがって、ごく粗末な木版色刷りの地図にすぎなかったが、それでも沿岸航海などには役立ったので、明治三年には大学南校から再刊され、また『大日本沿海実測録』一四巻もそのとき刊行された。さらに明治以降においても、後に述べるように、伊能図は「輯製《しゅうせい》二〇万分の一地形図」など多くの地図の基本図となったように、わが国の近代地図作成の基礎は、伊能図によってきずかれたのである。

ただ残念なことには、幕府に提出された伊能図の正本は明治政府にうけ継がれたが、明治六年の皇居の火災の際に全部烏有《うゆう》に帰した。そこで翌年、伊能家に原図の控えとして残されていた副本の地図が揃《そろ》えて政府に献納され、東京帝国大学の附属図書館に保管されていたが、これも大正十二年の関東大震災で焼失してしまった。しかし幸いにも、伊能家にはまだ少数の地図が残っていて、現在、千葉県香取市佐原の伊能忠敬記念館に保管されている。そのほか、全国測量に際して援助を受けた諸大名の依頼によって写された地図や、中図を主とする後年の模写図など、いくつかは現存していて国立博物館などに所蔵されているので、伊能図の正本や副本はすべて失われてしまったが、これらの地図によって伊能図がいかにすぐれて精細なものであったかをうかがうことができる。

第六章　北辺地方の探検と地図の発達

初期の北辺地図

十八世紀にはクックの太平洋探検航海によって、オーストラリア大陸やニュージーランドをはじめ、太平洋のほとんどの諸島が発見されたのに対して、世界図において十九世紀までになお正確な形態が不明のままに残されていたのは、両極地方を除けば、わが国の北辺地方にあたる北海道（蝦夷島）から以北のところであった。

またわが国でも、前述のように、行基図の奥羽地方のところに、わずかに夷地、宇曾利などのアイヌ関係の地名がみられるにすぎないことから想像しても、近世以前までは、本州から以北の地域についてはきわめて漠然とした地理的知識しか有していなかったことがうかがわれる。したがってわが国の地図では、ようやく桃山時代の日本図屏風の「浄得寺図」などにはじめて蝦夷地の一角が本州の北部にあらわれるようになったが、さらに蝦夷島図としては、松前藩の史料によれば、慶長四年（一五九九）に松前（蠣崎《かきざき》）慶広《よしひろ》が大坂城で徳川家康に謁見した際に、「蝦夷島之絵図」を献じたのが最初の記録である。

ただこの地図はこんにち伝わっていないので、現存する最古の地図は、十七世紀初頭に松前を訪れたイエズス会宣教師ジロラモ・デ・アンジェリスが、ローマの管区長に送った一六二一年（元和七）の報告書に添えられた蝦夷島図であり、蝦夷島はアジア大陸とアメリカ大陸との間の仮想のアニアン海峡のところまで、東西に長く延び、大河が貫流する大きな島に描かれている。しかしこの大河の河口近くにセタナイと記されているところからみて、現在の瀬棚付近で日本海に流入する後志利別川《しりべしとしべつがわ》を表わしたものとすれば、この地図はアンジェリスが松前の所在するこんにちの渡島《おしま》半島の一部をもって、北海道の全島を想像して描いたものと思われ、島の南端にはマツマエの名もみられる。

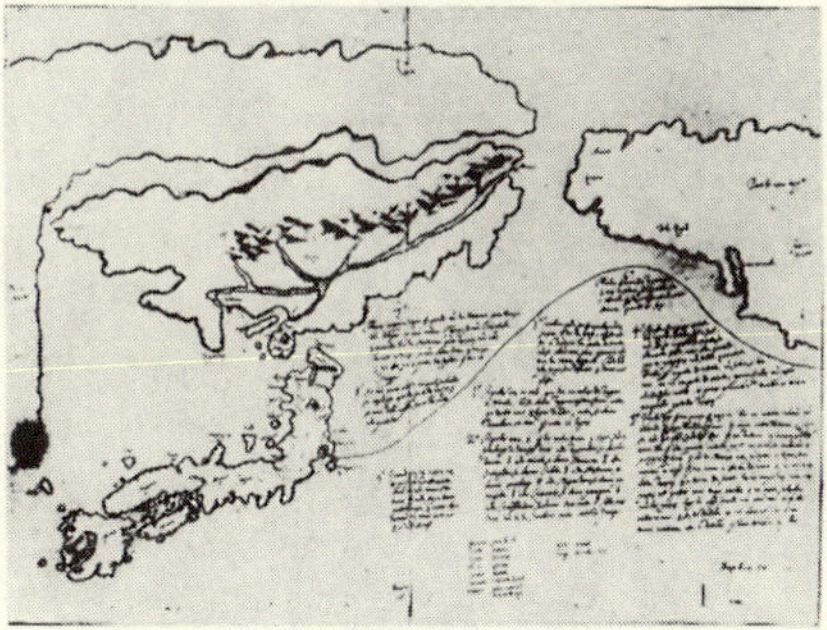

131　アンジェリスの地図（1621年）

また松前藩でも正保元年（一六四四）に幕命を受け、国絵図として蝦夷図を作成して幕府に提出している。その原図は現存していないが、幕府が国絵図に基づいて編纂した「正保日本図」の北辺の部分から、その全貌を察することができる。それによれば、この地図の蝦夷島も石狩川から南部の松前を中心にした渡島半島の部分だけが詳しく大きく表わされ、また蝦夷島の北には、小さなカラフト島と、その東には千島の三六島が一塊《かい》の群島として示され、実際の北海道、カラフト、千島とは似ても似つかぬ形をなしている。松前

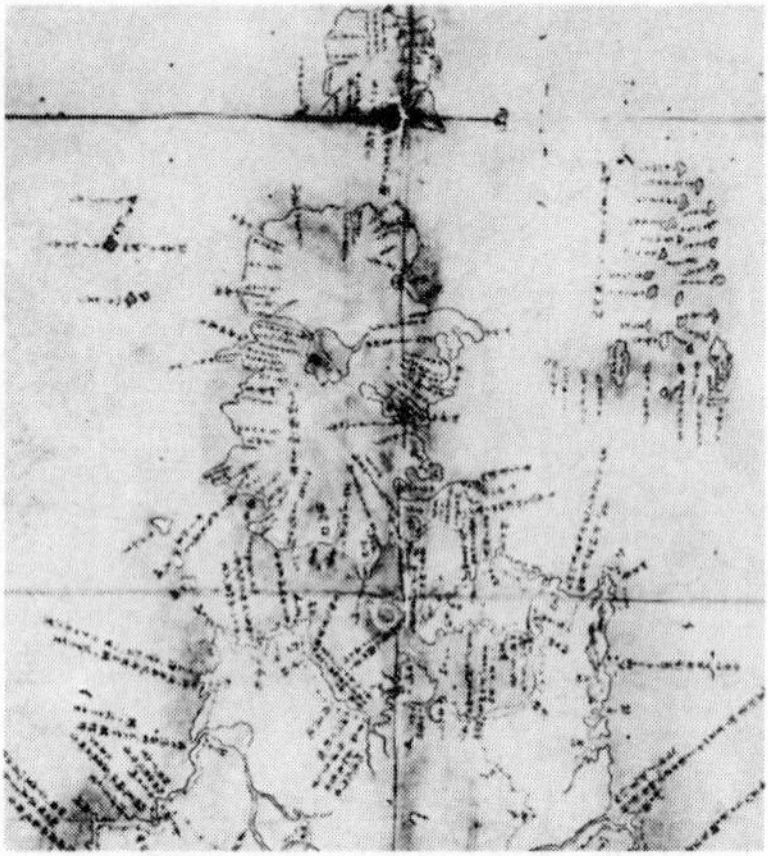

132　正保日本図　北方の部分（大阪府立図書館蔵）

藩の記録によれば、寛永十二年（一六三五）に、家臣に「島巡り」を命じて地図を作成せしめているが、「正保日本図」に描かれた図形からみれば、幕府に提出した国絵図は、その「島巡り」の際にアイヌから聞知した知識や地名にもっぱら基づいて作られた概念図にすぎなかったか、それとも幕府に蝦夷地の広大なことを知られるのをおそれて、松前藩で故意に蝦夷島を縮小して提出したとも考えられ、いずれにしても、元禄十三年（一七〇〇）に幕府に再度上呈した国絵図も、「元禄日本図」から推定して、正保の地図とほとんど大差がないことが知られる。しかしいずれにしても、北海道、カラフト、千島の存在を、ともかく区別して描いた地図としては、これが世界で最初のものである。

これに対して、千島やカラフトの沿岸に最初に来航して地図を作成したのは、日本人でもロシア人でもなく、オランダ人のドゥ・フリースであった。彼はオランダの東インド会社から、そのころ北太平洋に存在すると信じられていた金銀島の探索を命ぜられて、ジャワのバタビア（現在のジャカルタ）を出帆して、日本列島の東岸を北上し、千島列島のエトロフ島とウルップ島の間を通過してオホーツク海に入り、カラフトのタライカ湾にまで達したが、金銀島を発見しえず、当時オランダ領であった台湾に帰着して、この探検航海の結果を一六四三年（寛永二十）の地図に発表している。

いまこれについてみると、フリースはクナシリ島の南方を通過したが、濃霧にさまたげられて、野付《のつけ》水道を確認できなかったので、クナシリ島をエゾ島（北海道）の一部とみなし、千島ではステートランドと命名したエトロフ島、およびその東にはアメリカ大陸の一角であると想像したコンパニースランドとよぶ巨大なウルップ島を描いている。またやはり濃霧にはばまれて宗谷海峡を発見できなかったので、エゾ島とカラフトとは陸つづきで連続するものと誤り、カラフトの東岸ではアニワ湾の中シレトコ岬にあたるアニワ岬、タライカ湾の北シレトコ岬にあたるペイシェンス（忍耐）岬の二つの半島を突出せしめている。

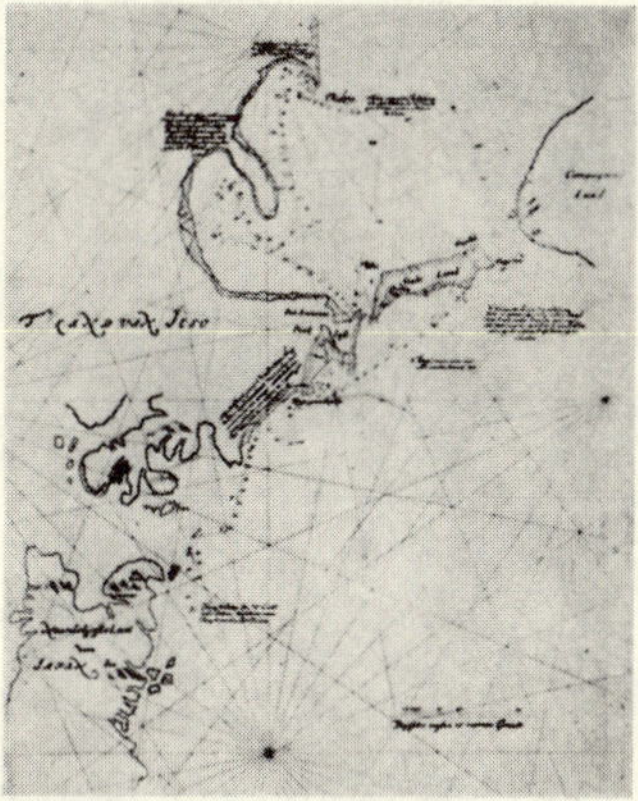
133　ドゥ・フリースの地図（1643年）

他方、中国では一六八九年にネルチンスク条約によって黒竜江下流は清の領土と確定されたが、康熙帝の命を受けて、イエズス会の宣教師たちによって一七〇七年（康熙四十

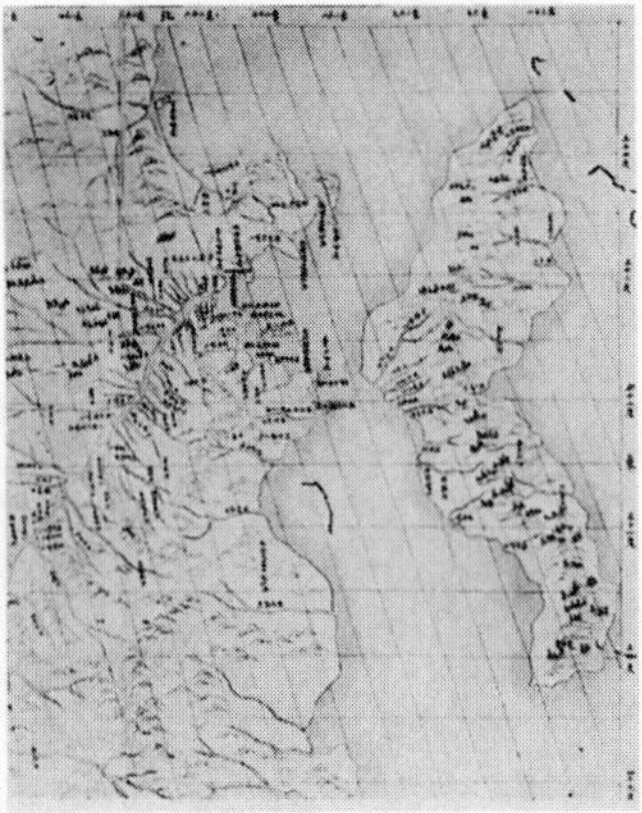

134　皇輿全覧図（1717年）

六）から中国全土の測量と地図作成が開始され、一七一七年に完成したのが「皇輿全覧図」である。この「皇輿全覧図」では、黒竜江河口の対岸に「く」の字形をなして描かれているのがサハリン（カラフト）島である。しかしこのサハリン島は実測によったものではなく、この方面の測地を担当した宣教師たちが、黒竜江下流地方で黒竜江《サハリヤン・ウラ》口峯《アンガ・ハタ》とよばれる島のあることを聞き、先住民の口述をもとにして描き加えたのである。したがってその知識は南カラフトにまでは及ばなかったので、「皇輿全覧図」のサハリン島は、ほぼ北緯五〇度以北の北カラフトのみが示されているのである。

このように初期の北辺地図は、その作成した事情に応じて、それぞれの地図の形態もまた内容も全く異なっているが、十八世紀になってこの地方の探検がはじまると、かえって北辺地図にはいっそうの混乱がみられることになった。

ロシア人の千島南下

フリースの地図は誤りも多く、ことにヨーロッパ人の間ではその後も久しくカラフトとエゾ島とは陸つづきであり、あるいはエゾ島はアメリカ大陸のコンパニースランドとあい対するアジアの半島の一角をなすと信ぜられるようになったのは、フリースの地図の影響であ

135　ヤンソンの地図（1650年）

136　ウィットセンの地図（1692年）

137　ベランの地図（1735年）

る。しかしフリースの地図は日本の北辺地方の最初の実測によったものであるため、ヨーロッパでは高く評価され、はやくも一六五〇年のヤンソンの日本図には、日本列島の北にカラフトとひとつになったエゾ島がフリースにそのまま従って描かれ、また一六九二年のウィットセンの地図では、フリースのエゾ島をアジア大陸から突出する大きな半島の一角をなすとみなし、ステートランドのエトロフ島をはさんでアメリカ大陸のコンパニースランドに面すると想像している。

一方、ロシア人は十七世紀中ごろ黒竜江下流地方にまで進出したが、清とのアイグン条約によって南下を阻止されたので北上して、一六九七年にはヤクーツクのコザックであるアトラソフがカムチャツカ半島の縦断に成功して、カムチャツカ半島の存在を明らかにした。したがってロシアの資料によってつくられた一七三五年のベランの地図では、ウィットセンのエゾにかわってカムチャツカ半島がいちじるしく南に延び、本州やコンパニースランドと一

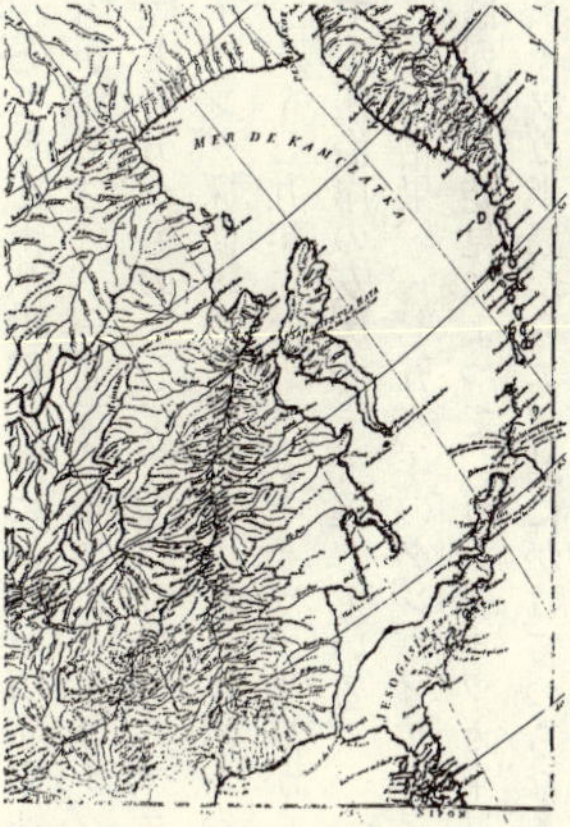

139　ダンヴィル図（1751年）

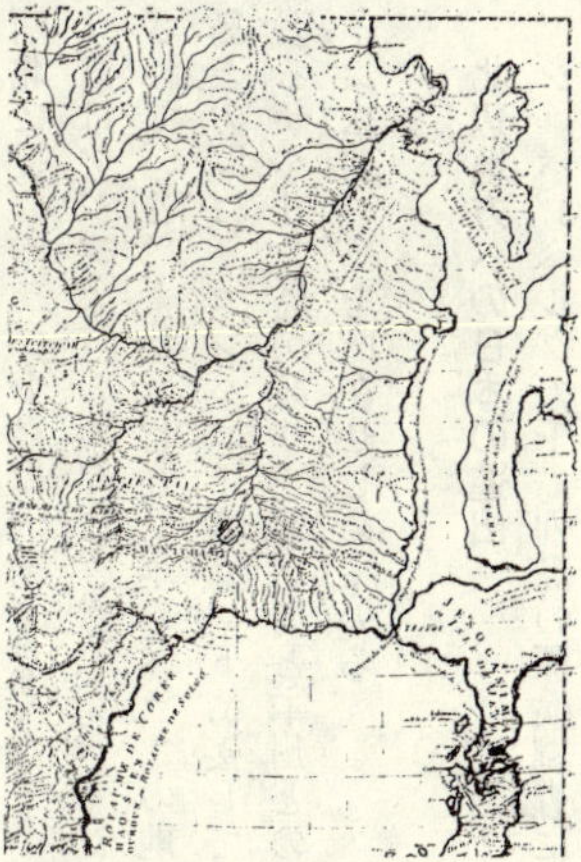

138　ダンヴィル図（1735年）

衣帯水の間にあるとみなしている。

またさきの「皇輿全覧図」の作成に従事したイエズス会の宣教師たちはフランスから派遣されていたので、その稿本図がフランスに送られ、これに基づいて、ダンヴィルは中国本部の省別図を含む四二葉の地図を作成し、一七三五年にデュ・アルドによって編纂された『シナ帝国全誌』の付図として発表された。このダンヴィル図では、黒竜江河口のところに「く」の字形をなす一島が、「皇輿全覧図」によったサハリン島である。それから以南の部分はフリースによって描かれているが、ただダンヴィルは、エゾとカラフトとは連続しないものとして切りはなしてしまったので、エゾ島と「皇輿全覧図」によったサハリン島との間に、それとは別のカラフト島が南北に大きく割りこんだ形となっている。

ところが十八世紀初頭には、ピョートル大帝の命を受けて、ベーリングを隊長とする探検隊が派遣され、一七二八年にはベーリング海峡を発見し、これまでアジア大陸とアメリカ大陸とを分つものとして想像されていたアニアン海峡が実在することを明らかにした。またベーリング探検隊の一員であったシュパンベルグの一隊は、日本方面の探検を受けもち、一七三八〜三九年には、カムチャツカ半島から千島列島に沿って南下し、北海道の東岸を通過して本州沿岸の安房沖まで達している。

その結果、一七五一年のダンヴィルのアジア図になると、シュパンベルグの探検による千島列島の発見によって、カムチャツカ半島の南端は北緯五一度のところまで後退して、カムチャツカ半島からエゾ島にかけてつらなる千島列島が新たに描き加えられているが、さきの南北に長いカラフト島は消えてなくなり、フリースによるアニワ岬（中シレトコ岬）とアニワ湾はアジア大陸の東岸に移され、ペイシエンス岬（北シレトコ岬）がサハリン島の南端とされている。また一七五二年のベランの地図でも、フリースによるエゾ島とカムチャツカ半島との間に、コンパニースランドに接して千島列島が描かれ、エゾ島の北にはダンヴィルによるサハリン島があり、エゾ島と本州との間には、一七三五年のベラン図と同じく、マツマイ（松前）島を所在せしめている。

北辺地方への日本の進出

シュパンベルグの千島列島の探検調査にともなって、ロシア侵寇《しんこう》の風評もしきりにわが国に伝わるようになり、北辺の事態もしだいに急をつげ、日本人の危機感も高まりはじめた。このような情勢をいちはやく洞察して、仙台藩の医師工藤平助は天明三年（一七八三）に『赤蝦夷風説考』を著わし、蝦夷地に対する幕府の積極的政策を献言し、北辺の防備をかためるとともに、一方ではロシアとの通商の必要なことを説いた。

同じく仙台藩士で、工藤平助の学弟であった林子平も、天明六年（一七八六）に『三国通覧図説』を上梓《じょうし》して、ロシアに先んじて蝦夷地の経営の必要なことを力説しているが、これに付載された「蝦夷国全図」は、刊行された北海道地図としてはわが国で最初のものである。図説によれば、子平は三種の蝦夷図や新井白石の『蝦夷志』などに基づいて作成したというが、図中に『ゼオガラーヒ』に云々と記しているように、オランダの地理書を参照して、当時の北辺地方についての日本人の知識とヨーロッパ人の知識との融合をはかったものである。

すなわち、この地図ではカラフトは「東韃靼《だったん》ノ地続室韋《しつい》ノ地方ニテ、東南海ノ一出崎」（本文）として、アジア大陸の一角に突出した半島をなし、またその北には別にサガリイン、すなわちサハリン島が東西に長く横たわっているのは、オランダ地理書を通じて、前記一七五一年のダンヴィル図によるものである。また蝦夷島が南北に細長く延び、千島ではクナシリ、エトロフ島などがややととのった形をなしているにしても、依然として三六島の群島に描かれるなど、さきの「正保図」と比較しても大差なく、北辺地方に対する日本人の地理的知識はまだこのころまでは、あまり進んでいなかったことを示している。

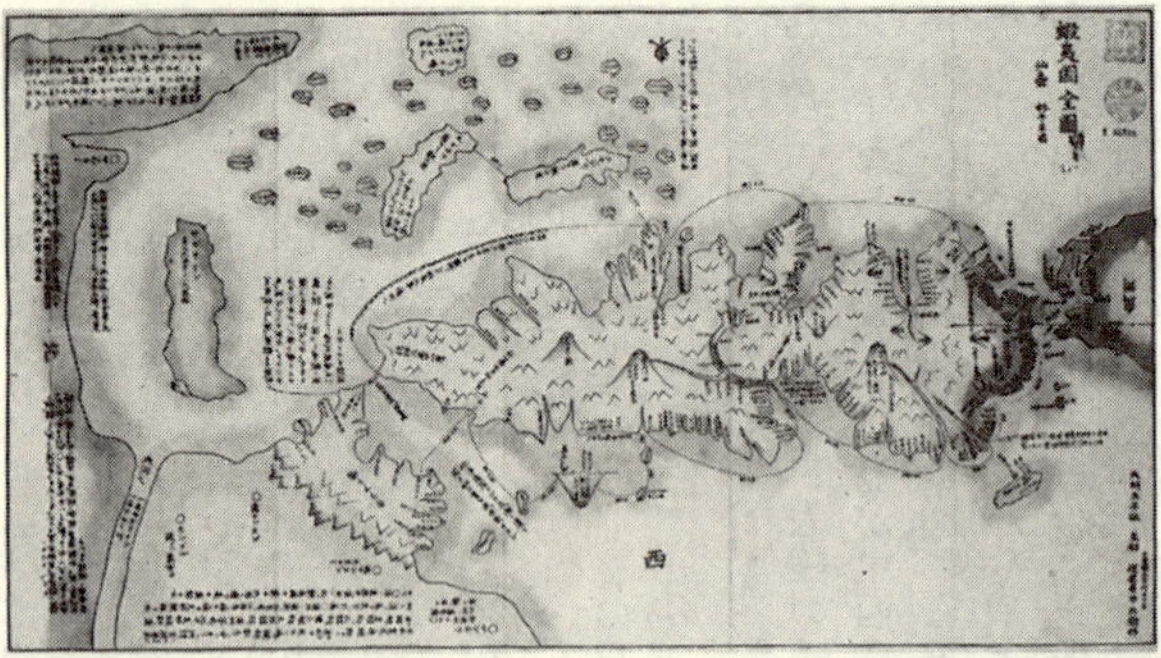

140　林子平「蝦夷国全図」 天明6年（1786） 日本で刊行された最初の北辺図。蝦夷島は従来の流布図によって描き正確を欠くが，周辺はダンヴィル図によったものと思われる

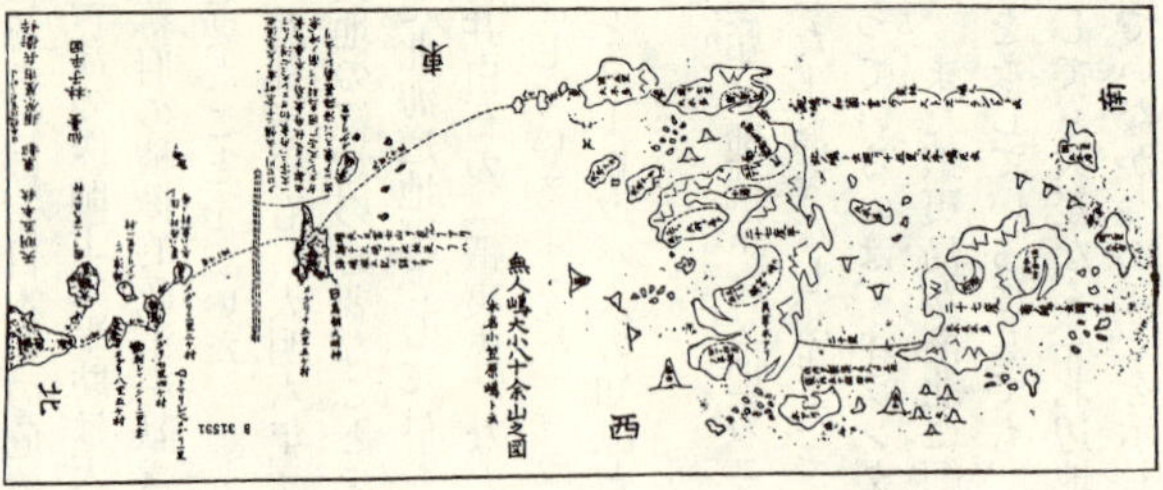

141　林子平「無人島之図」

しかし工藤平助の所論はときの老中田沼意次《おきつぐ》の容《い》れるところとなって、わが国でも天明五年（一七八五）以来数回にわたって、幕府による蝦夷地調査がはじめておこなわれるようになり、東蝦夷班の最上徳内《もがみとくない》らは、千島列島のエトロフ（択捉）島からウルップ（得撫）島に達し、また西蝦夷班の大石逸平らは宗谷から南カラフトに渡り、カラフト西岸を北上して、クシュンナイ（久春内）に至って引き返した。

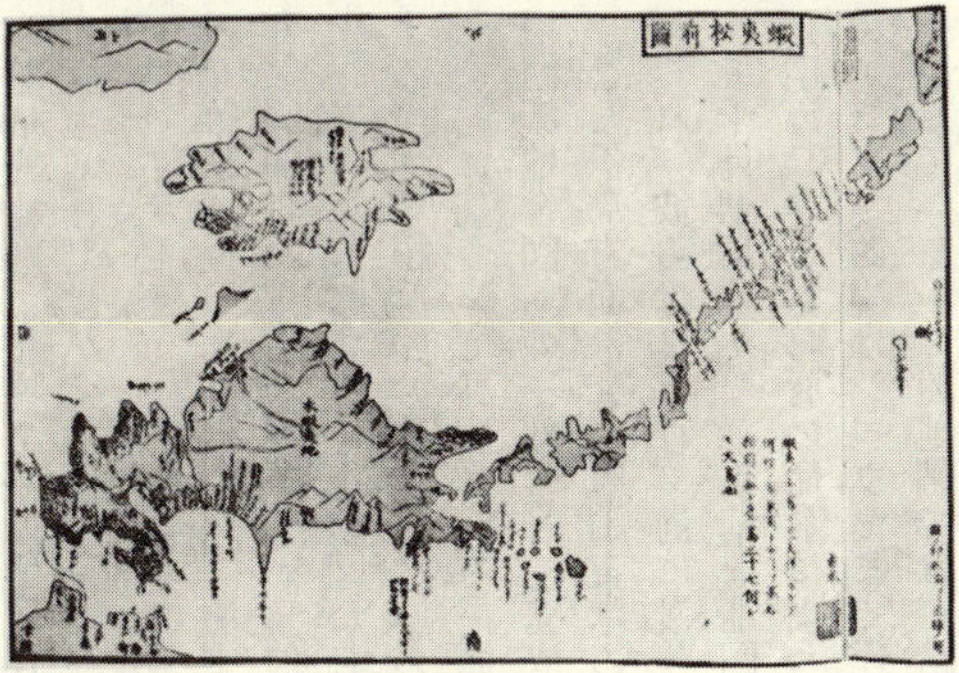

142　長久保赤水「蝦夷松前図」

これらの調査によって、カラフトの形はまだ不完全であるにしても、北海道の輪郭は扁平ながら実際に近づき、ことに千島列島はこれまでの地図にくらべて格段にすぐれた地図が作成され、日本人の北辺地方に対する知識も大いに改められたことは、この地図に基づいて寛政年間に刊行された長久保赤水の「蝦夷松前図」によってうかがわれる。

しかし意次の失脚によって、幕府の蝦夷地調査はその後一時中断された形になったが、このころフランスのラ・ペルーズ、イギリスのブロートンが探検調査のために千島やカラフトの沿岸を航行し、またロシアの使節ラックスマンが寛政四年（一七九二）

に通商を求めて根室に来航するなど、外国船の往来もしだいに多くなり、北辺の事情は緊迫の度を増してきた。

こうした情勢から、幕府は蝦夷地経営に有効な手段を講ずる必要にせまられ、ふたたび蝦夷地調査のため、寛政十年（一七九八）に目付渡辺久蔵以下一八〇名が派遣され、さらに翌年には東蝦夷地および千島が幕府の直轄地となり、北辺の防備と開拓につとめることになった。それにはまず正確な地図が必要とされたので、前述のように寛政十二年には伊能忠敬による函館・根室間の北海道南岸の実測がはじまり、間宮林蔵がそのあとを継ぎ、これらの実測資料に基づいて高橋景保の指揮のもとに、北海道全図が文政四年（一八二一）に「大日本沿海輿地全図」の一部として完成した。

また千島方面は、幕府調査隊の一行に加わっていた最上徳内や近藤重蔵によって踏査が進められ、彼らはエトロフ島に渡り、エトロフ島より以北の諸島は先住民からの聞き取りによって千島列島のかなり正確な地図を作成している。

南カラフトも幕府の命令によって、中村小市郎や高橋次太夫の調査がおこなわれ、東岸はナエフツ、西岸はショウヤまで達し、享和元年（一八〇一）に報告書とともに地図を幕府に提出している。この地図では、踏査した南カラフトの部分はほぼ正確に描かれているが、それより以北の北カラフトは先住民からの聞き書きによるため不正確であるばかりでなく、カラフトが半島であるか島であるかは決しかね、両説を採り入れて、地図にカラフトの北端の部分を半島と島に描いた二図をはり重ねている。

このようにわが国でも、幕府の調査の進むにしたがって、北辺地図の輪郭はしだいに定まってきたが、最後まで未解決に残されたのは、カラフトとサハリンは同一の島であるか、またカラフトは島か、それともアジア大陸につながる半島であるかの問題であった。

近藤重蔵（守重）も文化元年（一八〇四）に『辺要分界図考』を著わし、幕府調査隊の作成した地図やオランダ、ロシアの地図、さらに先住民山靼《さんたん》人が砂上に描いた「砂絵図」も参照して考定した「今所考定分界之図」を所載しているが、この地図でもサハリンとカラフトとは別々に描かれ、またカラフトは依然としてアジア大陸に続く半島となっている。

143　近藤重蔵「今所考定分界之図」　文化元年（1804）

間宮海峡の発見

幕府のカラフト調査とほとんど時を同じくして、ヨーロッパ人によってもカラフトの探検航海がおこなわれた。すなわちさきにあげたラ・ペルーズは、フランス国王ルイ十六世の命を受けて世界一周の航海に出発し、一七八七年（天明七）に、日本の北辺の地理的事情を明らかにするために来航し、沿海州沿岸を北上して北緯五一度付近のプーチン岬まで進んだが、しだいに水深が減じ、北方からくる潮流を認めなかったので、航行しうる海峡は存在しないとみなして、カラフトの西岸を南下し、宗谷海峡を通過してオホーツク海に出て、さらにエトロフ、ウルップ島間の水道を経てカムチャツカに向かった。

このラ・ペルーズの航海によって、宗谷海峡の存在がはじめてヨーロッパに知られるようになった。その結果、これまでフリース以来陸つづきと誤認されていたエゾとカラフトとが、実際はこの宗谷海峡によって両断されており、したがってフリースのカラフトにあたるところが南カラフト、ダンヴィル図のサハリン島にあたるところが北カラフトと、同一の島であることが明らかにされたが、カラフトが半島であるか島であるかはなお疑問とされた。

また十年後の一七九七年（寛政九）には、イギリスの艦長ブロートンが、本州の東岸を北上して津軽海峡から日本海に出てカラフトの西岸を北航し、ラ・ペルーズの北上地点よりも一三キロほど北の地点まで達したが、水深二尋《ひろ》（約三・六メートル）ほどの浅海となったので、彼もカラフトと大陸とを隔てる海峡を確認しえず転航して、沿海州沿岸を南下し香港に帰着した。

さらに一八〇四年（文化元）にはロシア使節レザノフの乗艦ナジェジダ号が長崎に来航して、日本との通商関係を求めた。しかし幕府はこれを許可しなかったので翌年、帰航の途につき、日本海から宗谷海峡を通過し、カラフトの東岸を航行してカムチャツカに到着したが、艦長クルーゼンシュテルンはレザノフの命を受けカラフトの探検航海を続行することになり、カラフトの東岸北部から、北端を廻航して西北岸を南下し、ゴロヴァチェフ岬の地点まで達した。この地点と南方からブロートンが到達した地点との間には、なお未踏査の水域が一六〇キロほど残されていたが、浅海となってナジェジダ号の航行は不可能となり、カムチャツカに帰航した。クルーゼンシュテルンも、水深が浅くなり海水がほとんど淡水に等しいことなどから、黒竜江から流出する土砂の堆積によって海峡は存在せず、カラフトと大陸とは地つづきになっているものと推定した。

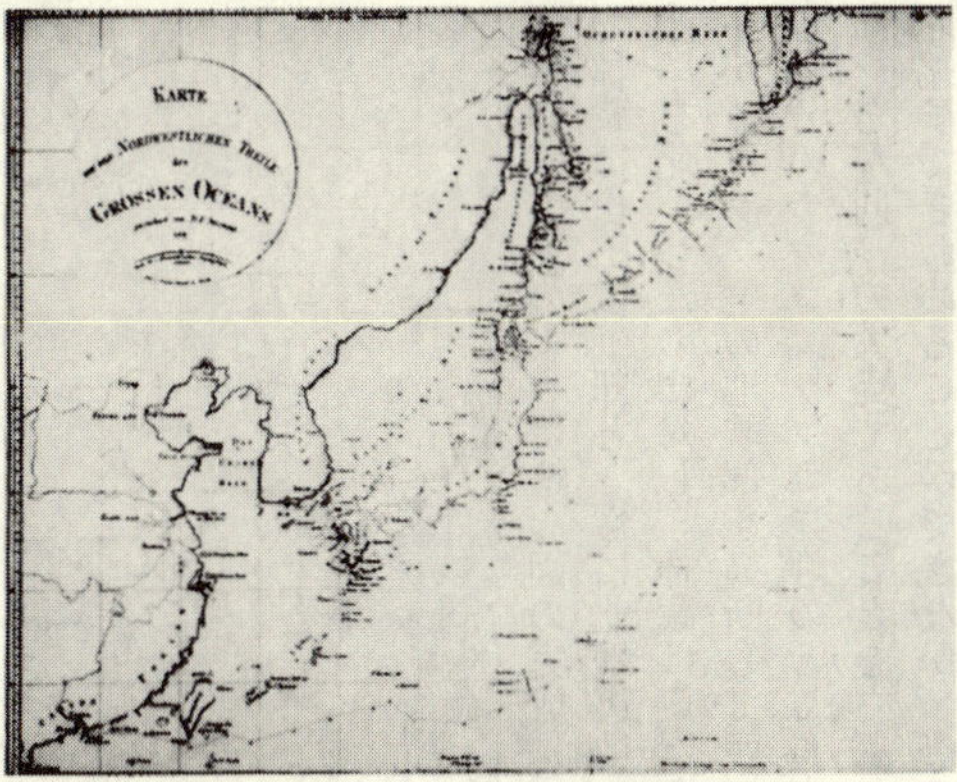

144　クルーゼンシュテルン「太平洋北西部地図」

　以上のラ・ペルーズ、ブロートン、クルーゼンシュテルンの三探検航海の結果をあわせると、カラフト全島の形態をほぼ正確にすることができたが、ただカラフト西岸の約一六〇キロの水域のみが未踏査であるため、カラフトが島であるか半島であるかは確認しえず、依然として不明であった。したがって間宮海峡の発見によってこれを解明したのが、間宮林蔵である。

　間宮林蔵は、幕府の蝦夷地御用掛下役として蝦夷地にあったとき、伊能忠敬に従って測量術

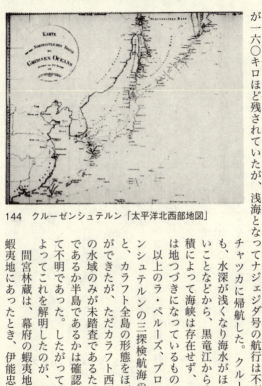

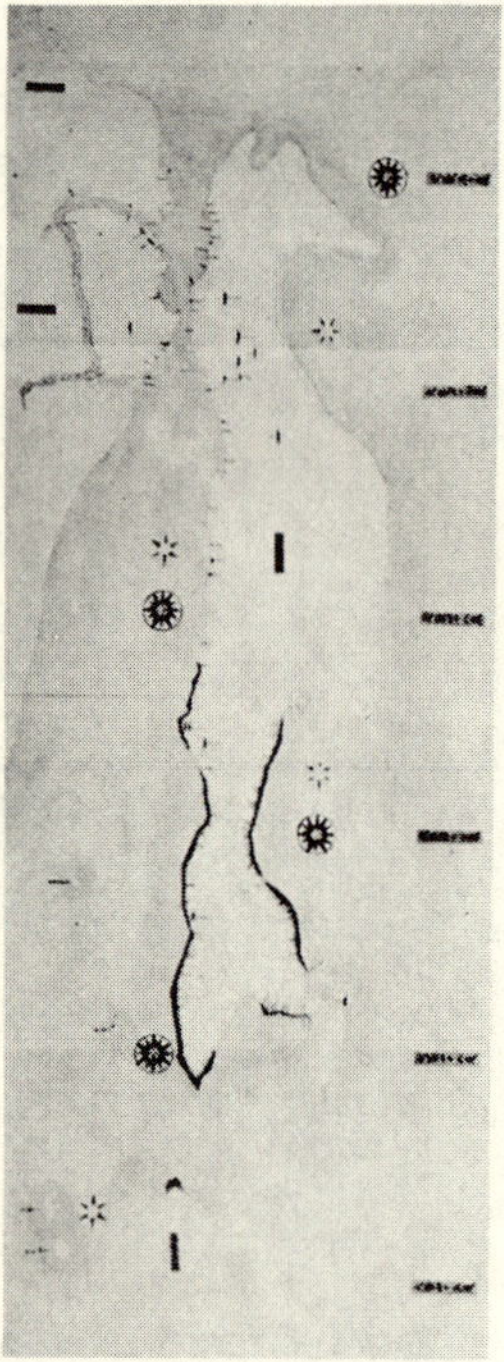

145　間宮林蔵「カラフト図」（内閣文庫蔵）

を学び、前述のように蝦夷図の完成に貢献した。また文化五年（一八〇八）には幕命によって林蔵は松田伝十郎とともに北蝦夷地（カラフト）の調査に派遣された。伝十郎がカラフト西岸を北上したのに対し、林蔵は東岸を北上して北シレトコ岬に達したのち引き返して、途中からカラフトの地峡部を横断して西岸のクシュンナイに出て、伝十郎を追って北緯五一度五〇分のナッコ（ラッカ）岬のところまで達し、両名はカラフトとヨーロッパ人のいうサハリンとが同一の大島であることを立証しえたので、宗谷に引き揚げた。しかしカラフト島の北端まできわめることができなかったことを残念に思った林蔵は、この年さらに単身でカラフトに赴き、翌六年には西岸の北端に近いナンヲーに達したのち、先住民の舟に便乗して海峡を渡り、当時、山靼人の撫育《ぶいく》交易のために清朝の役人が毎年出張していた黒竜江下流のデレンに到達して帰国した。

林蔵の第二回の探検によって、カラフト半島説は否定され、またカラフトから送られてきた林蔵の報告に基づいて、高橋景保はカラフトとサハリンとが同一の島であることを確信し、林蔵の帰国に先立つ文化六年（一八〇九）に、すでにカラフトを大陸から海峡によって隔てられた島として描いた銅版の「日本辺界略図」を刊行したが、林蔵自身も、文化七年に実測図として海岸線を大図に詳細に描写した北蝦夷図七図を作成して、幕府に提出している。

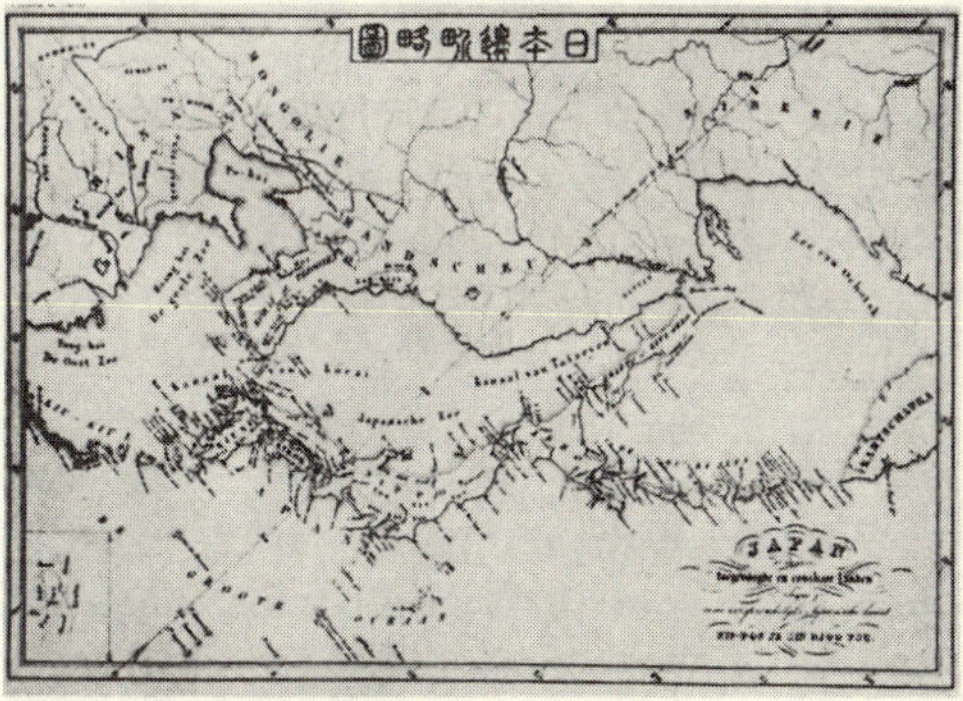

146　日本辺界略図（シーボルトによる）

こうしてカラフトが大陸から独立した島であることが確認され、さらにシーボルトを通じて、それがひろく世界に紹介されることになった。シーボルトは後に述べるように、シーボルト事件の告発者として林蔵に好意的でなかったが、一八三二年から出版がはじめられた有名な『日本』(Nippon) の第一部において、「その功は功として認めねばならない」として、林蔵の功績を高く評価し、さらに「高橋作左衛門（景保）が蝦夷、カラフトのすばらしい地図を見せた。カラフトとアムール河（黒竜江）の河口の間は間宮の瀬戸という」と述べ、またそれに収められた景保の「日本辺界略図」をドイツ訳した地図にも Str. Mamia（Seto）1808. と記載している。かくしてシーボルトの命名になる間宮海峡という名称は、一八八一年にフランスの地理学者エリゼ・ルクリュの『新世界地理』の第六巻「アジア・ロシア」篇に採用されて、世界にひろく知られるようになった。

幕末の北辺調査

間宮林蔵の探検によって、わが国の北辺地方の探検調査は一段落をつげ、またヨーロッパではナポレオン戦争後の秩序回復でアジアをかえりみる暇がなく、ロシア船の北辺への来航も一時とだえたので、文政四年（一八二一）には、蝦夷地は幕府の直轄から松前藩に返還された。

しかし嘉永六年（一八五三）にアメリカのペリーが浦賀に来航して、翌安政元年には日米和親条約が締結された。またペリーの来航にやや遅れてロシアの使節プチャーチンも長崎に来航し、幕府はアメリカに次いで、ロシア、イギリス、フランス、オランダなどの諸外国とも和親条約を結び、箱（函）館が開港された。こうして幕末になって北辺の情勢も急激に動きはじめ、ことにロシアのカラフトや蝦夷地への接近が盛んとなってきたので、幕府はふたたび蝦夷地を直轄に移し、沿岸の防備を厳重にするとともに、積極的に蝦夷地開発の政策を進めることになった。しかしそれには、まだ沿岸の部分だけしか知られていなかったエゾ島やカラフトの北辺地方について、内陸の部分も含めて詳細正確な地理的知識を必要としたので、幕府は松浦武四郎を蝦夷地山川地理取調掛に任命してその調査にあたらせた。

彼は早くから蝦夷地の地理調査を志し、すでに弘化二年（一八四五）に蝦夷地に渡って、それ以来、蝦夷地の各地を縦横に踏査し、多くの地誌や旅行記、地図を著わし、明治維新以後は新政府に仕え、明治二年（一八六九）に蝦夷地の国群名を選定し、北海道という名称も彼の発案によるものである。

安政六年（一八五九）に刊行された「東西蝦夷山川地理取調図」は、彼が幕命を受けて安政五、六年に調査した結果に基づいて作成されたものであり、北海道およびエトロフ島までの千島の地域を含めて、経緯度各一度の範囲を一図とした二帖二六図から成っている。この地図は木版色刷りで、陸地の輪郭は伊能図を原図としているため正確であり、それに青色で山脈、河川、湖沼をはじめ、朱色で蝦夷村、運上《うんじょう》所、番屋、舟《しゅう》潤《かん》、道路などや、黒色でもって多数の地名が詳細に記載され、また地形の表現もこれまでの地図にみられたような絵画的表現

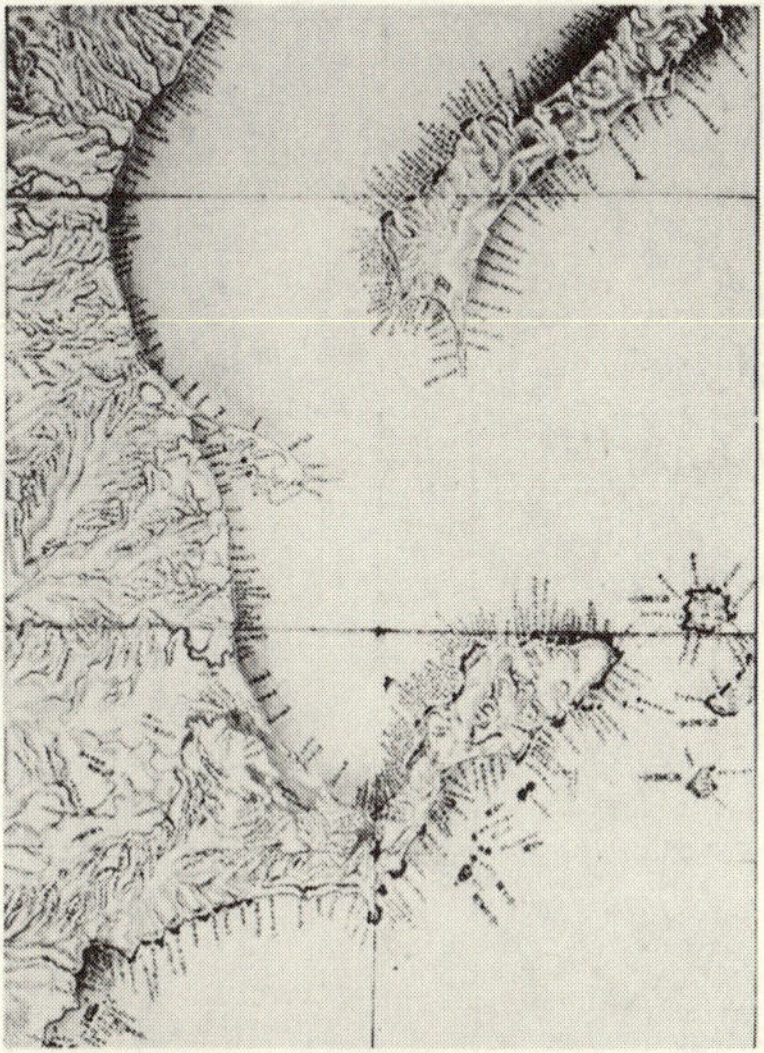

147　松浦武四郎「東西蝦夷山川地理取調図」
安政6年（1859）（明治大学図書館蔵）

148　新発田収蔵「蝦夷接壌全図」　安政元年（1854）

をさけ、ヨーロッパの地図にならって、初歩的なものであるが、ケバ（暈滃《うんおう》線）を用いている。

また武四郎はカラフトも二度にわたって調査し、「北蝦夷山川地理取調図」一帖一九図を完成している。この地図もやはり経緯度各一度ごとを一図幅として、表現の様式なども「東西蝦夷山川取調図」と全く同じであり、カラフトの輪郭や緯度はクルーゼンシュテルンの地図に基づき、それに彼自身の調査や先住民から得た情報によって、地名や道路、水系などが詳細に記入されているが、ただ、調査の及ばなかったカラフトの北半部はほとんど空白のままとなっている。

しかしこの地図は筆写のみで未刊に終ったが、明治三年（一八七〇）、大学南校から刊行された「官版実測日本地図」の北蝦夷図は、間宮実測図やクルーゼンシュテルンの地図を原図として、地名や内陸の部分は武四郎のこの未刊の地図によっている。また北海道開拓使も明治二年に、東西および北蝦夷山川取調図を縮小して一図とした「北海道国郡図」を刊行し、同年、彼自身もまた「蝦夷闔境《こうきょう》山川地理取調大概図」を上梓している。

また幕末には、諸外国との条約締結や、千島やカラフトにおけるロシアとの国境設定の問題などをめぐって、北辺に対する国民の関心がこれまでになく高まったので、民間でも安政元年（一八五四）の新発田《しばた》収蔵の「蝦夷接壌《せつじょう》全図」、同じく藤田良の「蝦夷闔境輿地全図」をはじめ多くの北辺図が刊行されている。「新発田図」はクルーゼンシュテルンの地図を資料としているため、同じころ刊行された北辺図のうちでは図形は最も正確であり、また「松浦図」に先んじて山地にケバを用いるなど、ヨーロッパ風の近代的な北辺図であり、これにくらべると、「藤田図」はカラフトの北半や北海道の輪郭などはおとっているが、内容は幕府調査隊の成果などをとり入れて詳細であり、また製図は絵師橋本玉蘭斎の手になるだけに絵画性に富み、色彩も豊かなので、版を重ねて広く流布した。

第七章　ヨーロッパの地図にあらわれた日本図の変遷

マルコ・ポーロのジパング

これまでは、わが国の地図の発達について述べてきたので、それと関連してここでは、ヨーロッパ人によって作成された日本図が時代によってどのように変遷したかについてもふれておきたい。

古代のヨーロッパではローマ時代になって、中国に産する絹が隊商交通によってパミール高原を越え、中央アジアのステップや砂漠を通って、はるばるローマまで送られてきた。この隊商交通路が「シルク・ロード」とよばれ、中国についての知識も、ローマ時代にようやくシルク・ロードを通じてヨーロッパに伝えられたのであり、ヨーロッパの古代の地理的知識を集大成したと考えられる二世紀ごろのプトレマイオスの世界図にも、はじめて中国西半の一部が、ヨーロッパから最東端の位置に描かれている。

しかし中世にはイスラム世界が勃興し、アラビアの航海者たちはインド洋からマライ半島をめぐって、南シナの沿岸に来航するようになり、中国からさらに東の世界の知識もおぼろげながら伝わるようになったとみえて、十世紀ごろのイブン・フルダードビフのイスラム地

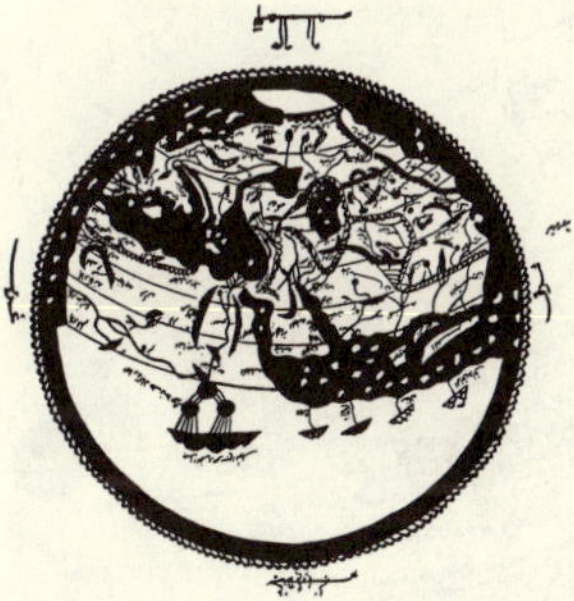

149　イドリーシーの円形世界図（12世紀）

理書には、「シン（シナ）から先のところは、どのような土地かわからないが、カンツー（揚州）の向こう側には高い山脈があって、金を産するシラと、やはり金を産するワクワクがある」と記している。「シラ」（Sila）が新羅、すなわち朝鮮半島にあたるとすれば、「ワクワク」（Waku waku）は倭国、すなわち日本と解される。また十二世紀につくられたアル・イドリーシーの世界図では、この知見に基づいて、「シンの国」、すなわち中国が位置するアジアの東南よりもさらに東に延びていると考えられたアフリカの最東端の部分に、ワクワクが置かれている。いずれにしてもワクワクが日本であるとすれば、イドリーシーの地図は、西方の世界図に日本が記載された最初であるといえる。

しかしヨーロッパに日本のことがはじめて伝えられたのは、十三世紀に元の世祖（フビライ汗）に仕え、帰国したのち著わしたマルコ・ポーロの『東方見聞録』にみられる黄金国ジパングの記事である。したがって、イドリーシーの地図にみられるワクワクを別とすれば、ヨーロッパの地図に日本があらわれた最初の記録としては、一四五九年のフラ・マウロの世界図（図23）である。この世界図のうち、マルコ・ポーロの『見聞録』によって描かれたカタイ（中国）のところに、ザイトン（泉州）に接してisola de Zimpagu と記された小さな島が、それであるが、ジパングが南北に長い、大陸から独立した大きな島に描かれたのは、現存する最古の地球儀として知られている、一四九二年のマルティン・ベハイムの地球儀がはじまりである。

ベハイムも、「ジパングは、東のかた、大陸から一五〇〇マイルの大洋中にある、はなはだ大きな島である」というマルコ・ポーロの記述によっているのであり、またプトレマイオス以来、アジアはヨーロッパから実際よりもはるかに東に延びていると考えられていたので、新大陸発見前につくられたベハイムの地球儀では、ジパングが現在のメキシコに近いところに位置している。

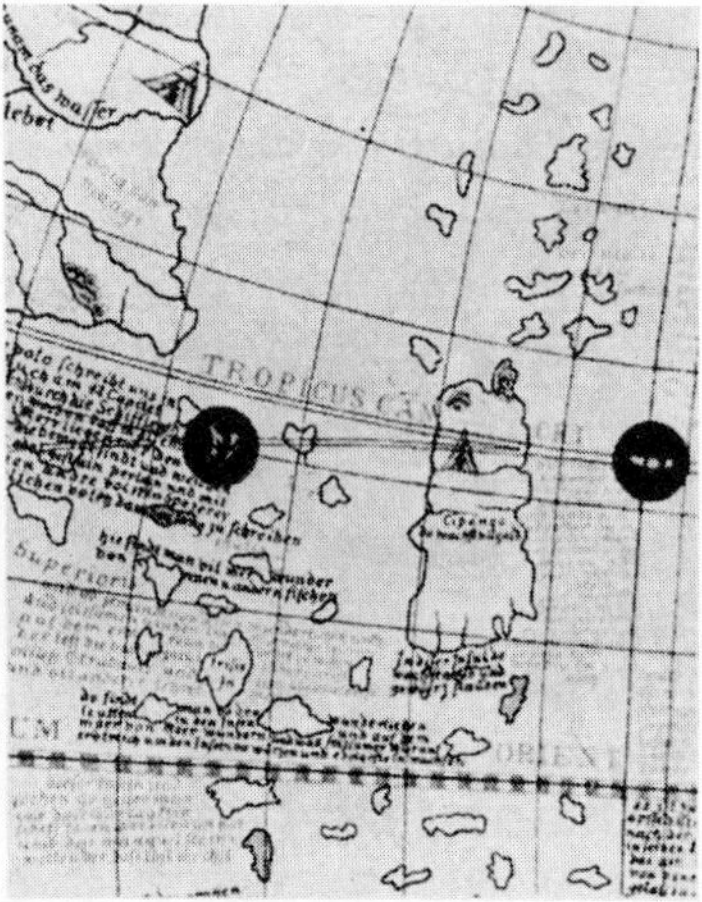

150　ベハイムのジパング

このようにベハイムのジパングは、その位置が誤っているばかりでなく、ジパングの形態も全く想像の産物であるが、ヨーロッパ人が日本に渡来する以前の一五四〇年ごろまでに、ヴァルトゼーミューラやシェーネルなどによってヨーロッパで作成された世界図や地球儀にみられる日本の図形は、すべてこのベハイム型を踏襲し、マルコ・ポーロからの伝承の島としてのジパングを示している。

ヨーロッパ人渡来初期の世界図の日本

一五四三年（天文十二）のポルトガル人の種子島漂着以来、ポルトガル船の来航やキリスト教宣教師たちの渡来などによって、マルコ・ポーロのジパングにかわって、現実の日本の知識が宣教師の通信や報告書などを通じてしだいにヨーロッパに知られるようになったが、日本についての地理的知識は、まだ諸国の国名やキリスト教の布教と関連を有する若干の地名などが伝わった程度であった。

したがって、この時期にヨーロッパ人によって地図に描かれた日本は、まだ単独の日本図ではなく、世界図の中に示された日本であり、その形も作図者の想像も加わってさまざまであるが、日本の図形の発達からみておよそ次の五つの類型に区別される。

㈠ガスタルディ型――一五五〇年のガスタルディの西半球図にはじめてみられる図形で、この系統に属する日本の形態は、本州、九州、四国の区別もなく、またベハイム型のジパングとは反対に、東西に細長い一島をなしている。

㈡メルカトル型――一五六八年のメルカトルの世界図をはじめ、一五七〇年のオルテリウスの地図帖のうちの世界図や東インド図などに描かれた日本であり、日本は小琉球（Lequio minor）と大琉球（Lequio major）と記された南西諸島の東北端に位置しているが、その形態はガスタルディ型とは異なるにしても、やはり本州、九州、四国が一塊をなす楕円状の一島として表わされ、北には架空のミヤコ諸島（Insula de Miaco）がつらなっている。

㈢オーメン型――一五五八年のディオゴ・オーメンなどのポルトガルでつくられたポルトラノ型海図に限られ、いずれも手写図なので、オーメン型の日本は最も少ない。しかし前記のガスタルディ型やメルカトル型の地図には、Cagoxima（鹿児島）、Amaguco（山口）、Miaco（ミヤコ＝京都）などと、日本の実在の地名がかなり記載されているのがみられるにしても、日本の図形そのものは全く想像による無稽な形態である。これに対して、オーメン型は行基図型の日本図を原拠に、九州に来航したポルトガル船の報告によって描かれたと考えられ、メルカトル図と異なって、南西諸島の島々や、九州南端が緯度三一度とほぼ正確な位置に置かれている。ただオーメン型が一見日本を表わしていると思われないのは、ひとつにはポルトラノ型海図では海岸線を鋸歯《きょし》状に表現するために、湾入の多い九州が小島に分裂してしまっているが、四国の位置にあたる島には明らかに「四国」（teira xicoso）と記されている。いまひとつは、ヨーロッパ人にはまだ東日本の部分はよく知られていなかったので、日本列島は南北に配列するものと誤り、また四国、中国から以東の部分はアジア大陸に押しこんだような形になり、日本がアジア大陸から南に向かって突出した半島となって描かれているからである。

㈣オルテリウス型――一五七〇年のオルテリウスの地図帖のうち、アジア図とダッタン図にみられる日本であり、オルテリウスの地図帖とともにひろく流布した図形である。このオルテリウス型でも、九州は南西諸島とともに数個の島からなる群島となっているが、Miacoや Osaquo（大坂）などが記載されている本州や、Tonsa（土佐）と記された四国の部分

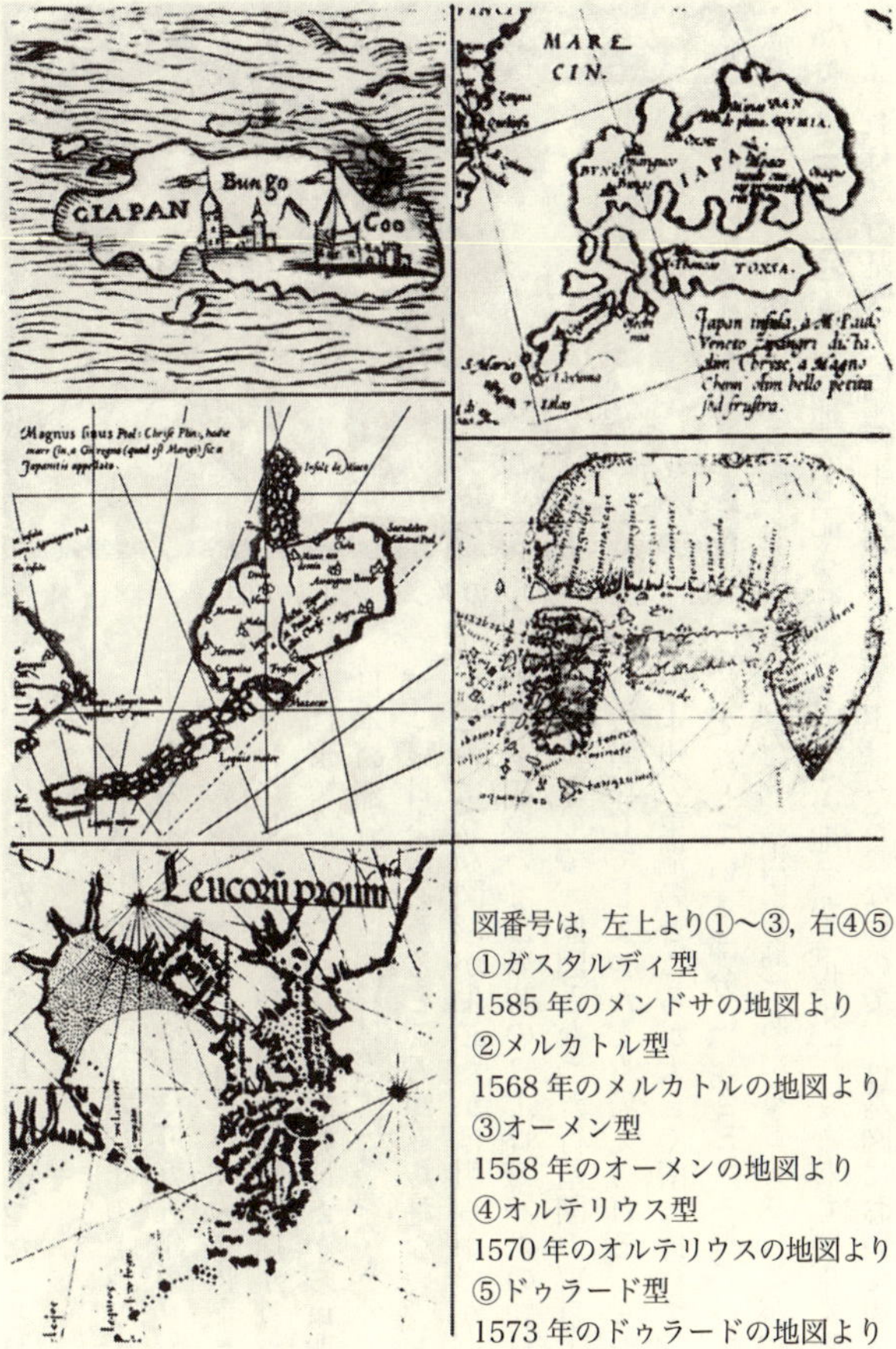

図番号は，左上より①～③，右④⑤
①ガスタルディ型
1585 年のメンドサの地図より
②メルカトル型
1568 年のメルカトルの地図より
③オーメン型
1558 年のオーメンの地図より
④オルテリウス型
1570 年のオルテリウスの地図より
⑤ドゥラード型
1573 年のドゥラードの地図より

151　ヨーロッパ人渡来初期の日本図５種類

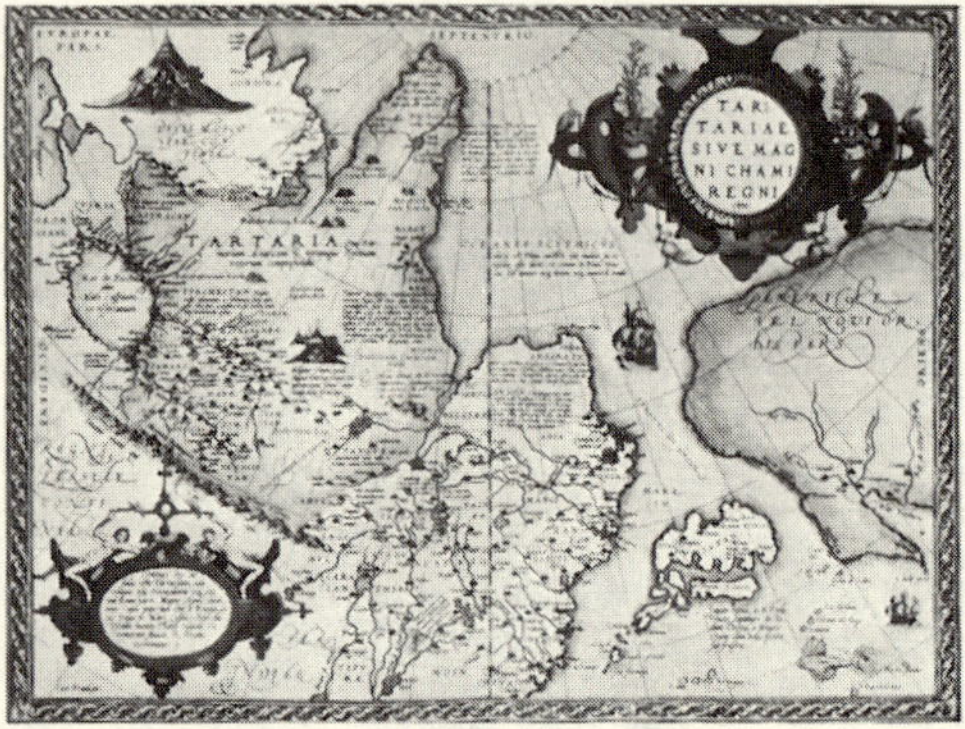

152　オルテリウスのダッタン図（1570年）

は、その形態からみて行基図によったことが知られる。

㈤ドゥラード型——一五六八年のドゥラードの手描きの東南アジア図や、一五九五年のリンスホーテンの『イティネラリオ』（東方案内記）所載のラングレン図などの一群の地図に描かれた日本の図形であり、こんにちの近畿地方から以西の西日本の部分の形態は行基図に基づくものであるが、東日本にあたるところがみられない。どうしてこのような図形が生じたかは明らかでないが、東日本については当時のヨーロッパ人の知見が乏しかったので、原図となった行基図の東日本の部分を省略してしまったとも考えられる。また、この本州の東端のところが大きく南に折れて、半島状をなしている部分に、Saquai（堺）、Ximano（志摩）、Hixe（伊勢）などの地名がみられるので、紀伊半島にあたると解されるが、しかしここにBamdellという地名も記されている。この地名が「坂東」、すなわち関東を指すものとすれば、行基図には紀伊半島の大きな突出はみられないので、行基図において東に大き

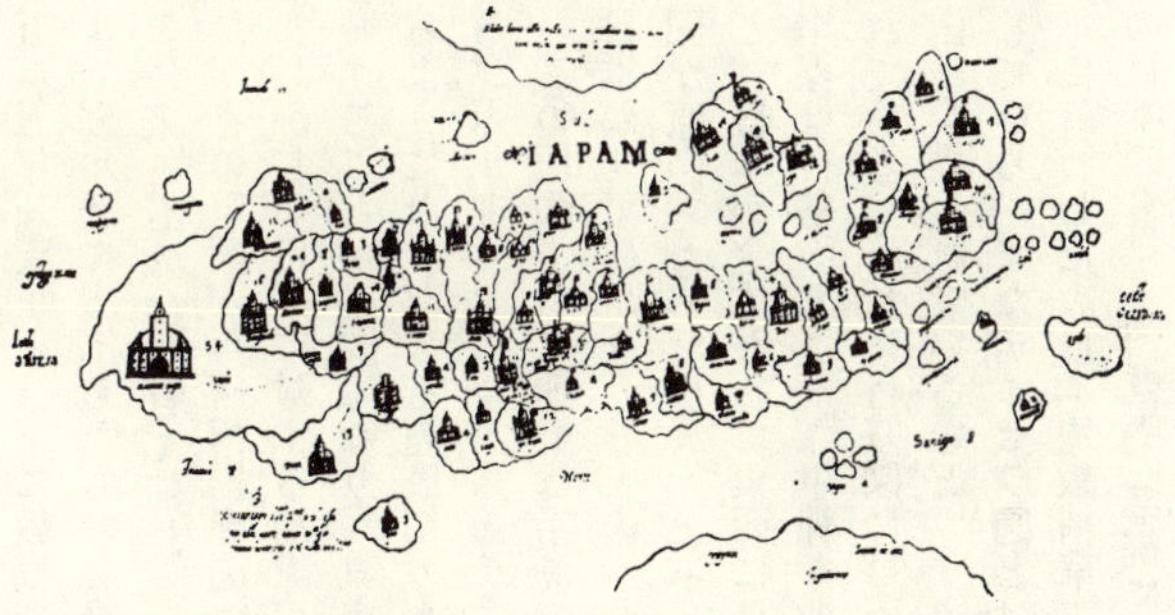

153　日本図　日本の輪郭が丸みをおび，羅刹国などが描かれていることからみて，「唐招提寺図」に類する行基図であったことは明らかである。方位は東が上になっている（フィレンツェ国立古文書館蔵）

くふくらんでいる関東から奥羽地方にかけての部分を誤って南にまげ、行基図の紀伊の部分と重なり合って生じた形態であるとも解される。

ヨーロッパで刊行された日本図

大航海時代に世界を「発見」したヨーロッパ人は、世界の各地方の地図もすべてヨーロッパ人の探検や測量によって発達したとみなしているが、すくなくとも日本図の場合に限っていえば、ヨーロッパ人によって描かれた日本の形態は、前述のようにオーメン型、オルテリウス型、ドゥラード型と図形はそれぞれ異なるにしても、いずれもそのころヨーロッパに伝わったいくつかの行基図型日本図が原型となっているのである。

事実、行基図は早くヨーロッパに伝えられ、現在フィレンツェ国立古文書館には、東が上になっている手描きの日本図が蔵されている。この地図には年号は記されていないが、遣欧少年使節が一五八五年（天正十三）に教皇に謁見するためローマを訪問した際に所持していた行基図をポルトガル語に訳出したものと推定され、日本の輪郭が丸みをおび、また「女のみあって、そこに来るものは生きて帰れない」という注記のある羅刹国などが描かれていることからみて、その原図が「唐招提寺図」に類する行基図であったことは明確である。

しかし、日本に対する知識が豊富になるにともなって、地名や都市などをさらに詳しく記載することが必要になり、ヨーロッパでも日本のみを単独に表わした日本図が多く刊行されるようになった。その最初のものは、一五九五年版のオルテリウスの世界図帖に含まれている、ポルトガルのルイス・テイセラが作成した日本図である。

この地図では、朝鮮は半島でなく、南北に細長い島をなすと想像されているのに対して、日本がすでにかなりととのった形をなし、国名などの地名が記されているのは、日本製の地図が原図となっているからである。そこでテイセラ図の日本の図形について検討してみると、日本が全体として東西に長くなっているのは行基図の特色をとどめているが、しかし海岸線は行基図のような単純な曲線でなく、複雑な出入があり、ことに九州の形はとくにすぐれている。それに行基図にはみられない琵琶湖をはじめ多くの河川や、奥羽地方のところに山脈が描かれているなど、テイセラ図は日本図屛風の「浄得寺図」などに最も近い形態を示している。またテイセラ図とは図柄をやや異にするが、イエズス会士カルディンが一六四六年に著わした『日本殉教精華』所載の日本図や、それとほとんど同一のイエズス会士プリエの日本図も日本図屛風の系統に属し、テイセラ図よりもいっそう「浄得寺図」に類似している。

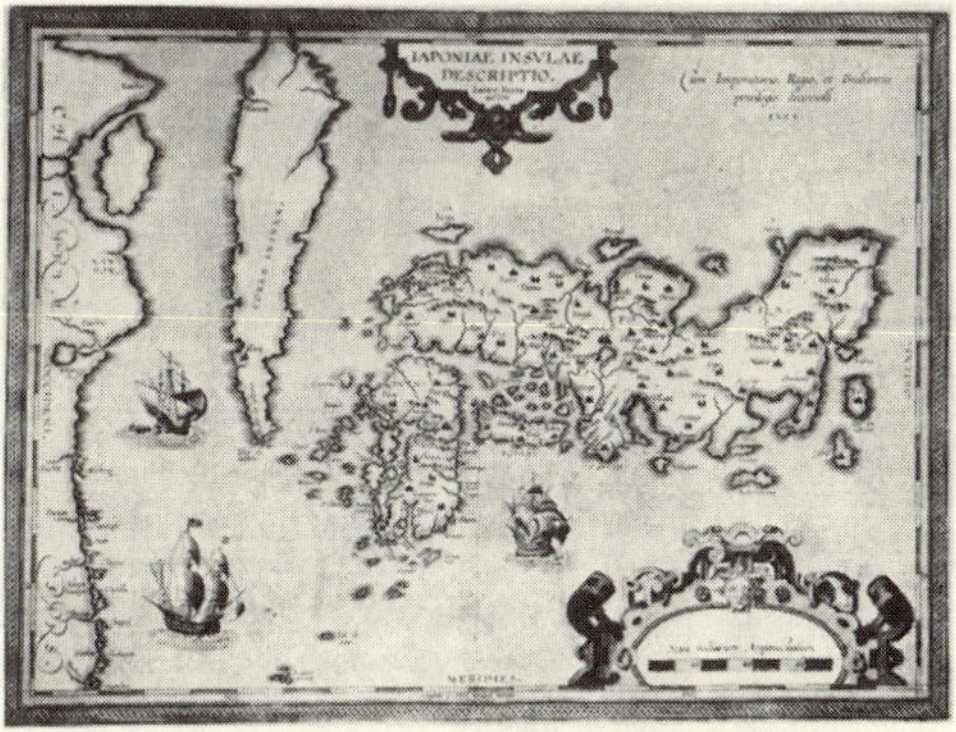

154　テイセラの日本図（1595年）（南蛮文化館蔵）

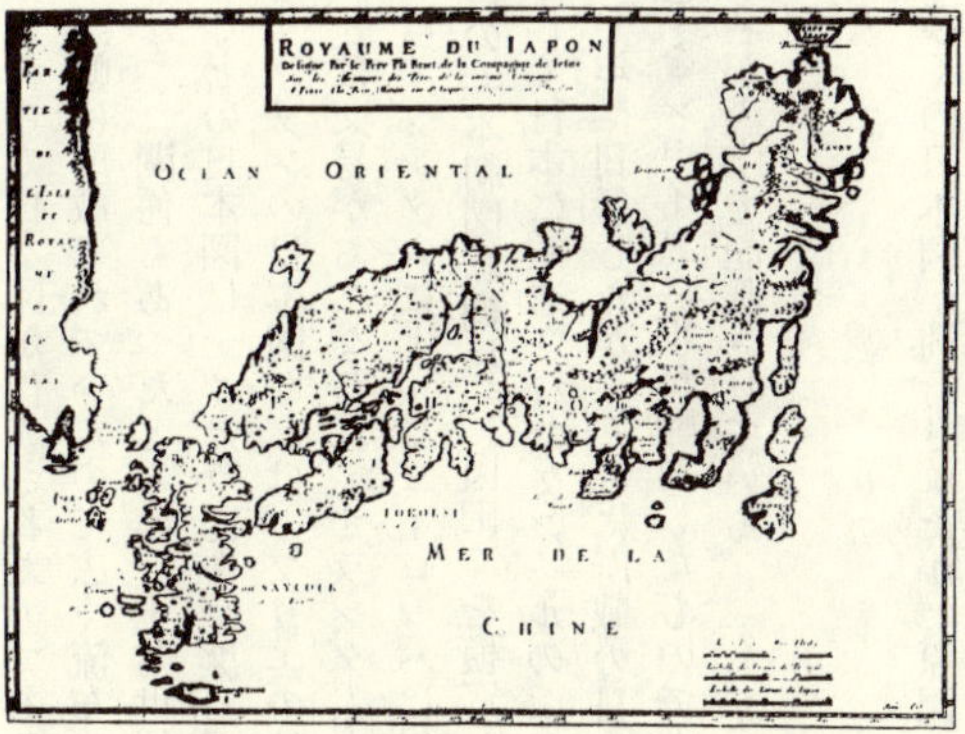

155　プリエの日本図（1640年代）

これらの点からみて推定されることは、すでに述べたように室町時代から桃山時代にかけては、行基図よりもさらに進歩した日本図が存在していて、それが日本図屏風の原図となり、他方、キリスト教宣教師たちによってヨーロッパにも将来され、それにヨーロッパ人の知見によって都市などの地名を描き加えてこれらの日本図が作成されたのである。

ことにテイセラ図は、オルテリウスの地図帖に所載されていたので広く流布し、その後、鎖国によって日本製の地図が入手しがたくなった関係もあったとみえ、十七世紀以後のメルカトル、ホンディウス、ヤンソン、ブラウなどの日本図はテイセラ図を踏襲して編纂されたものであり、また一六五二年のフランスのサンソンの日本図などは、プリエの地図によったものである。しかし鎖国時代でもオランダとは交易がおこなわれ、オランダ人も渡来したので、江戸時代に刊行されたいくつかの地図はオランダ人によってヨーロッパに伝えられ、一七一五年のレランドの日本図は、石川流宣の「本朝図鑑綱目」（図112）を模写したものである。またオランダ東インド会社から医師として日本に派遣されたケンペルの『日本誌』を、彼の死後、ショイツェルが英訳して一七二七年に刊行したが、それに所載の日本図は、ケンペルが所蔵していた「大日本図鑑」（図111）をショイツェルが翻刻したものであり、レランド、ショイツェルの両図とも日本諸国の国名が漢字で記載されている。

シーボルトと高橋景保

以上にみられるように、ヨーロッパでも多くの日本図が刊行されたが、原図となった日本製の地図が実測によったものでなかったので、世界にはじめて日本の正確な形態が知られるようになったのは、伊能忠敬の実測図に基づいて画期的な日本図を作成して公刊したシーボルトの功績である。

フランツ・フォン・シーボルトは、南ドイツのビュルツブルクに生まれ、同地の大学で医学を学ぶとともに植物学、動物学、地理学なども修めた後、東洋へのやみがたいあこがれから、オランダ東インド会社の長崎出島商館付の医師となり、また日本研究の命を受けて、文政六年（一八二三）にジャワのバタビアから来日した。着任後は、医師としての勤務のかた

156　レランドの日本図（1715年）

157　ケンペルの日本図（1727年）

わら長崎郊外に有名な「鳴滝塾《なるたきじゅく》」を開いて、高野長英、伊藤圭介ら多数の蘭学生に、医学をはじめ西欧の一般科学について講じ、わが国の近代科学の発達に貢献するとともに、全国から集まった門人、知友を通じて、彼自身の日本研究に必要な資料の蒐集《しゅうしゅう》につとめた。

さらに文政九年に商館長ド・ステュルレルに随行して江戸に参府し、大いに見聞をひろめるとともに、江戸では多くの蘭学者に会って互いに啓発されるところがあった。ことに幕府天文方高橋景保とはしばしば会談して、日本の北方地方についての知識を大いに得たが、また北辺に関する最新の資料をなすクルーゼンシュテルンの『世界周航記』四冊をはじめ、オランダ領東インドの地図や地理書をシーボルトが所有していたので、景保の懇望によって、これらの書籍や地図と交換に、景保から伊能図小図をさらに二分の一に縮小した、特殊小図(八六万四〇〇〇分の一)や蝦夷図、カラフト図の写しがシーボルトに贈られた。*

ところが文政十一年、シーボルトが任期が満ちて帰国する間際に、彼の日本研究の資料などを積んだオランダ船が台風のため長崎湾内で坐礁《ざしょう》し、かねて間宮林蔵の密告によって内偵を進めていた幕吏によって、積荷の中に当時秘図として国外持出禁止の伊能図の写しなどが含まれていることが発覚した。景保は江戸で逮捕されて翌年獄死し、シーボルトも所持の国禁にかかる地図やその他の物品を没収され、また出島に約一年間軟禁されて長崎奉行の審問を受け、日本御構《おかまい》(国外追放)を宣告された。** いわゆる「シーボルト事件」である。

* シーボルトから没収した伊能図特殊小図は、現在国会図書館に所蔵されている。

** 安政五年(一八五八)日蘭通商条約が締結されて、シーボルトの追放令は撤回されたので、シーボルトは翌年オランダ商事会社の顧問としてふたたび来日し、約二年間滞在したのち、文久二年（一八六二）に帰国した。

シーボルト作成の日本図

シーボルトは文政十二年（一八二九）に日本を去ったが、事件の発覚を知ったシーボルトは、景保から彼に贈られた地図が没収される前に徹夜を重ねてまでしてその模写をおこない、帰国に際してこの模写した地図をひそかに持ち帰ることができた。オランダに帰国後、シーボルトはライデン、ついでドイツのボッパルトやボンなどで蒐集した厖大な日本に関する資料の整理と研究に没頭し、有名な『日本』をはじめ、『日本植物誌』『日本動物誌』などを著わした。

ことに『日本』は当時の日本に関する知識の最高の集大成であり、オランダのウィレム二世の保護のもとに自費をもって、一八三二年から五三年にかけて、順次ライデンで出版されたが、前述したように、その第一回配本の第一部に景保の「日本辺界略図」をドイツ語に訳出して掲載している。

また一八四〇年には、シーボルトは「日本人の原図および天文観測に基づいての日本国図」(Karte vom Japanischen Reiche nach Originalkarten und astronomischen Beobachtungen der Japaner）と題する石版着色の日本図を刊行した。表題に示すように、伊能忠敬の名が記されていないのは、シーボルトはこの原図が伊能図であることを知ら

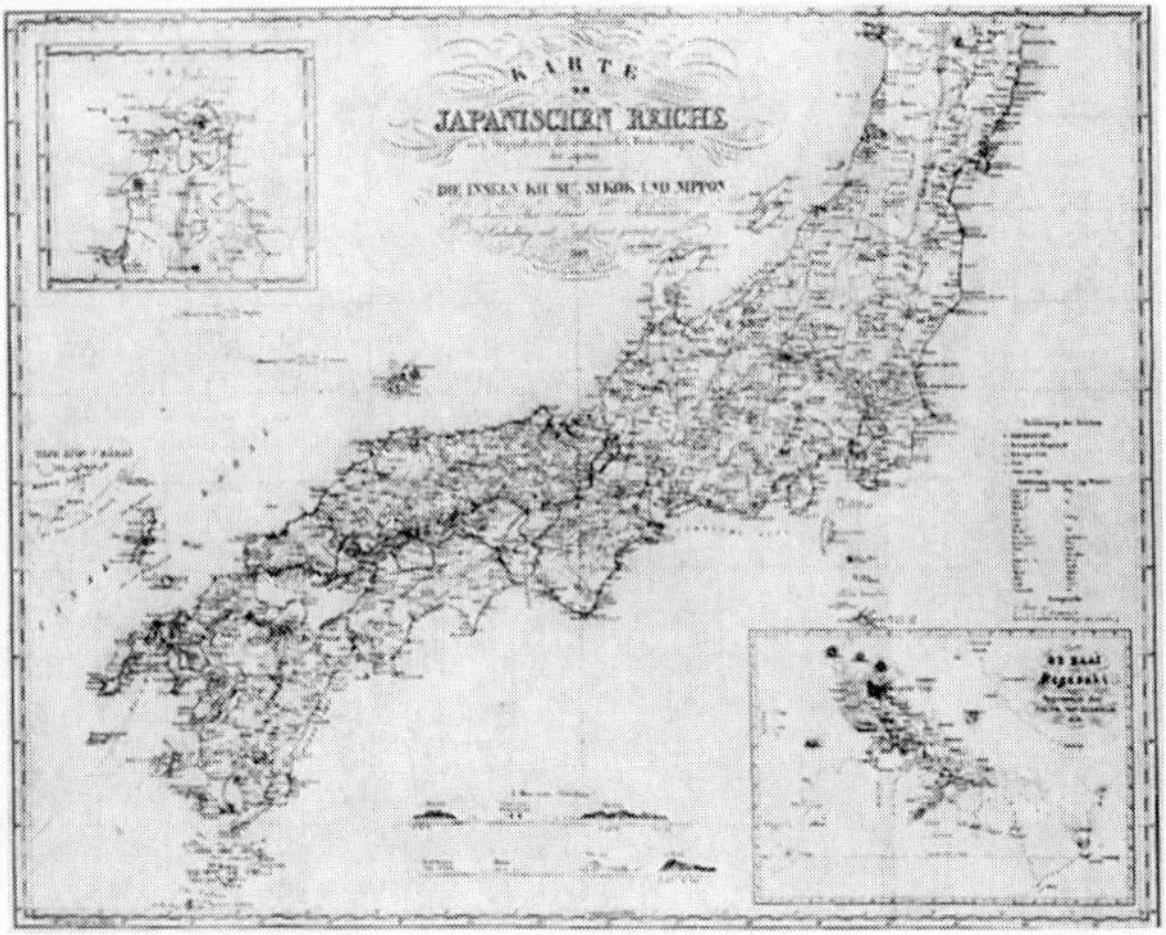

158　シーボルトの日本図（1840年）

ずに、景保が作ったものと思っていたからであるが、伊能図が基本図であることはいうまでもない。このシーボルトの地図では、グリニッジ本初子午線からの東経経度も併記しているが、シーボルトは伊能図に従ってミヤコ（京都）を通過する子午線を本初子午線とし、ただ伊能図のサンソン・フラムスティード図法による経緯線をメルカトル図法に改めている。また伊能図は内陸の部分の記載が乏しいので、彼はヨーロッパに持ち帰った長久保赤水の「日本輿地路程全図」など多くの地図をも、編集にあたって参照したのであるが、シーボルトの日本図では、寛文十年（一六七〇）に干拓《かんたく》された下総の椿海や、宝永元年（一七〇四）に河道が改修されたのに、大和川が旧河道のままで描かれていることなどからみて、「正保日本図」の写しのような古い資料によったと思われる部分もある。

しかしこの日本図は本州、四国、九州のみで、蝦夷地以北は含まれていないが、この図の刊行からさらに十一年後の一八五一年に、蝦夷・千島図のほかに、景保から贈られた間宮林蔵の「カラフト図」や最上徳内から譲られた「カラフト図」に基づいて作られた北辺地図も含めて、『日本国陸海地図帖』(Atlas von Land-und Seekarten vom Japanischen Reiche)が出版された。

世界図において最も後まで不明のままに残されていたカラフトについて、その正しい形態を描いた林蔵や徳内の地図を、すでにシーボルトは一八二六年(文政九)から所有し、帰国後シーボルトからこれらの地図を披露されたクルーゼンシュテルンに「日本人は我を征服せり“Les Japonais m'ont vaincu!”」と嘆声を発せしめ、彼に北辺地方の日本図の刊行をしきりに慫慂《しょうよう》したことが、シーボルトの『日本』のなかに記されている。それにもかかわらずシーボルトがこれらの地図を入手してから二十五年目の一八五一年になって、ようやく蝦夷図やカラフト図を公刊したのは、シーボルト事件もあり、彼に「カラフト図」を贈与した徳内に対する政治的配慮から、故意にその出版を遅らせたものと思われる。

しかしシーボルトがこのように伊能図をはじめ、彼が蒐集した地図や資料に基づいて作成したこれらの地図によって、北海道、千島、カラフトを含めた日本周辺地域の正確な実態がはじめて世界に明らかにされたのであり、ヨーロッパ製の日本図は、シーボルトの地図に至ってようやく完成の域に達したといえる。

第八章　明治以降における近代地図の発達

明治初期の地図作成事業

日本で近代的な測量および地図作成事業が組織的におこなわれるようになったのは明治になってからである。明治維新は日本の国内情勢を一変させたが、日本の近代化促進の基本資料としては、まず国土の実態についての正確、詳細な科学的地図が要請され、それには地図作成に必要なヨーロッパ先進諸国の近代技術を摂取することが何よりも急務とされた。しかし明治新政府の創業時代のこととて、これらの事業はそれぞれの政府機関が中心となって相互に連絡もなく開始され、明治初期には地図作成や測量に関する業務は、諸官庁の間で頻繁に移管、統合がおこなわれた。

明治維新直後の明治二年（一八六九）には、政府内に神祇《じんぎ》・太政《だじょう》の二官と民部・大蔵・兵《ひょう》部《ぶ》・刑部・宮内・外務の六省が設置され、地図行政は民部省地理司が掌《つかさど》ることになったが、地誌の編纂や地理資料の蒐集が主な任務で、洋式測量方法による地図作成を意図するまでには至らなかったので、「天保国絵図」の訂正をおこなう程度にすぎなかった。また一方、明治四年には工部省に測量司が置かれ、東京府下をはじめ、京都、大阪や神戸、横浜な

159　東京5000分の1図（明治19年）

どの開港地の三角測量を開始したが、いずれも完了しないうちに、明治七年（一八七四）に新設された内務省地理局（地理寮）に、民部省地理司と工部省測量司の業務は移管されることになった。

内務省地理局では三角測量事業を全国的に拡大する計画をたて、那須西原ではじめて基準測量を実施し、関東全域の三角測量から着手し、またわが国で最初の精密水準測量を東京—塩釜間で施行した。さらに明治六年の太政官発布の地租改正条例に基づき、明治十年には土地制度の改正のため全国各町村に地籍調査を命じて、一分一間、すなわち縮尺六〇〇分の一の地籍図を調製せしめたが、この地図によって地券を発行し、以来徴税その他の基礎図となったもので、いわゆる「地券図」とよばれるものである。そのほか内務省では、伊能図を基礎に従来の諸図も参考にした一六〇万分の一の「日本全国輿地図」、あるいは工部省時代の測量を用いて五〇〇〇分の一の「実測東京図」などを作成しているが、これは各地番ごとに区画を示した地籍図である。

また明治五年には兵部省は陸海軍二省に分か

れたが、兵部省のとき「平時においては地理の偵察、調査と地図の編集作成をおこなう」ことを任務として設けられた間諜《かんちょう》隊が、参謀局として陸軍省に存置されることとなった。これが後の陸軍参謀本部陸地測量部の前身であり、さらにその業務は現在の国土地理院にひき継がれている。

しかし明治十年に西南戦争が勃発し、まだよるべき地図がなく、作戦の遂行や糧秣《りょうまつ》の輸送その他に多大の不便を感じたため、陸軍では急遽《きゅうきょ》、迅速《じんそく》測図班を編成して派遣し、軍用地図の作成にあたらせた。迅速測図は三角測量によらずに、簡易な図根点測量をもって作図しうるので、西南戦争の翌十一年には、陸軍では参謀局を廃止して参謀本部を設置して地図課および測量課を置き、全国的に精度の高い地図を応急に作成する処置として、西南戦争の経験を生かして迅速測図に着手した。これが関東地方を中心とした二万分の一の「迅速測図」と、近畿地方全域を含む二万分の一の「仮製地形図」である。

このように西南戦争後は、陸軍による地図作成がいちじるしく進捗《しんちょく》し、また「富国強兵」を国策とした明治新政府は、地図作成事業においても軍事を優先せしめることに決し、明治十七年（一八八四）には、内務省地理局の事業は参謀本部の測量課、地図課を廃止して新たに設置された測量局に統合されることになった。また測量局では地形図のほかに全国の近代的な概観図を必要としたので、明治十七年から伊能図の中図を基本とし、伊能図で空白となっている部分は、「天保国絵図」や各府県から提出された資料や地図によって補正し、縮尺二〇万分の一の地図が編纂された。これが「輯製《しゅうせい》二〇万分の一地図」とよばれるもので、明

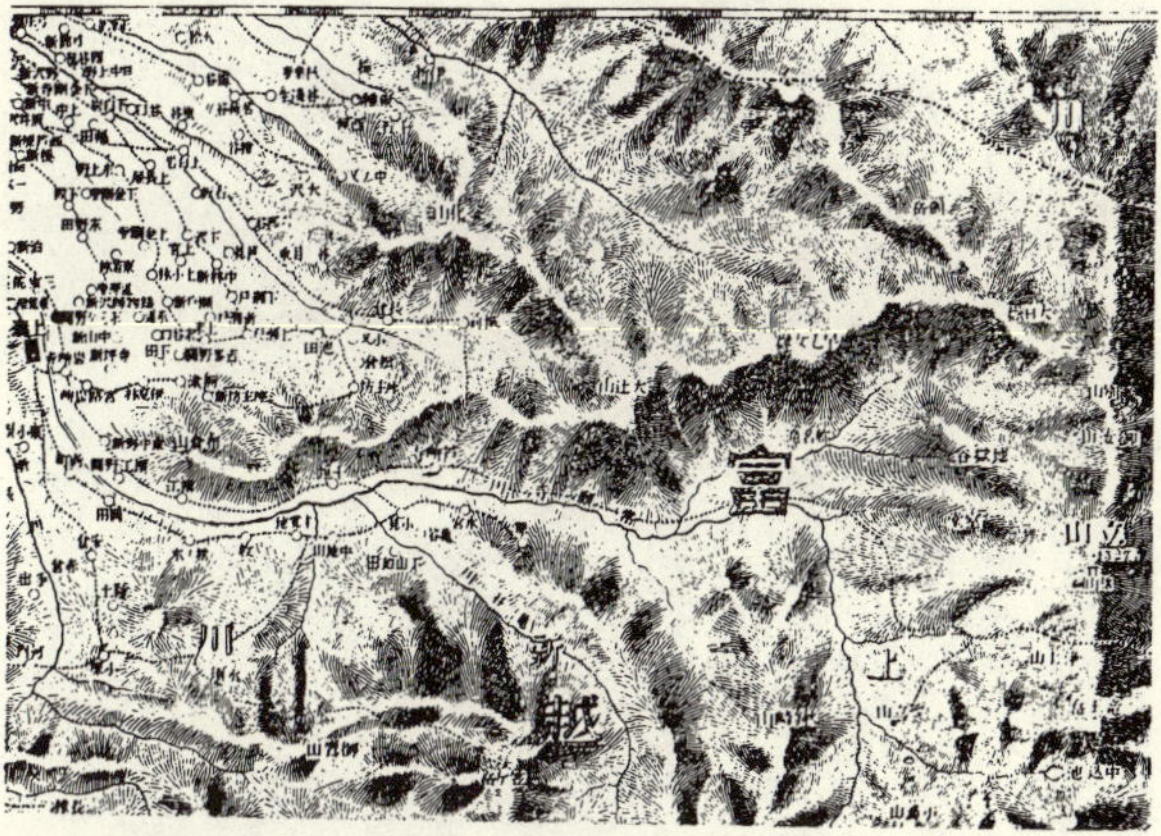

160　輯製20万分の1地図

治二十六年（一八九三）に全図が完成したが、緯度一度、経度四〇分ごとの図画に区切られ、地形の表現はケバ式を用いるなど、明治初期のわが国の代表的な地図である。また政府の統計書に記載された国土や府県、島嶼の面積などもこの地図に基づいて計測されたものであり、江戸時代に秘図として公開されなかった伊能図の科学的価値は、むしろ明治になってその真価を発揮したのであり、わが国の地図の近代化にはたした伊能図の役割はきわめて大きいといえる。

陸地測量部の成立

以上にみられるように、明治初期には変遷を重ねたわが国の地図作成および測量事業も陸軍に統合されることになり、さらに明治二十一年（一八八八）には、参謀本部の一局であった測量局が分離して、本部直属の陸地測

161　最初の2万分の1正式地形図　明治18年「畑宿」図幅

量部として独立して発足することになった。それ以来、第二次大戦が終るまでの五十七年間は、日本では地図、測地事業のすべては陸地測量部の傘下《さんか》で統一され、軍事用ばかりでなく一般の需要にも応じて、地形図その他、多くの地図が刊行された。

　さきの「迅速測図」や「仮製地形図」は三角測量によったものでなく、経緯度を欠いていたが、明治十七年にワシントンで開かれた万国測地会議には日本も参加して、同会議ではイギリスのグリニッジ子午線をもって本初子午線とすることが議決されたので、従来わが国で作られた伊能図などの経緯度入りの地図は、その経度の起点を京都か東京に置いていたが、以後、グリニッジ天文台を零度として起算することに定められた。

　また内務省地理局の三角測量事業を受け継いだ陸軍では、これをさらに発展せしめ、初代測量部長小菅智淵の提唱によって、「迅速測図」や「仮製地形図」にかわるものとして、三角測量および水準測量による精密な測量成果に基づく二万分の一の「正式地形図」を基本図と定め、これでもって全図をカバーすることが計画された。そして明治十八年にはまず箱根地方の「畑宿《はたじゆく》」「小田原」の二図幅が作成されたが、多面体図法が採用され、地形の表現は等高線によるなど画期的な地図であった。さらに翌十九年には、内務省地理局のころから継続されていた測量によって、「東京五〇〇〇分の一図」が刊行されたが、銅版彫刻によるこの地図は、こんにちまで出版されたわが国の地図のうちでも、最も精緻《せいち》な地図である。またこのころから、地図製版技術も欧米にならって石版印刷からさらに写真製版印刷、あるいは石版から亜鉛版、アルミ版製版へと長足の進歩を示すようになり、地形図のような精巧な地図でも大量に印刷できるようになった。

だが小菅の二万分の一図を基本図とする全国測量計画は、あまりにも多大の経費と時間や労力を要するばかりでなく、当時ほとんど未開発であった奥深い山地などでは、測量精度からみても、実用上からみても、二万分の一の縮尺では大きすぎるという消極論が優勢となり明治二十三年（一八九〇）には基本図の縮尺を五万分の一に縮小し、「二万分の一地形図」は、将来発展性のある平野部かその周辺に限って実施することになり、計画は大幅に変更された。

こうして「五万分の一地形図」を基本図とする全国整備事業計画が開始されたが、その後、日清・日露戦争によって台湾、カラフトが新領土となり、日韓併合もあって、これら外地の地図作成事業が加わってきたために、その進捗《しんちょく》がさまたげられ、ようやく大正十三年（一九二四）に、本州、四国、九州、北海道の内地の「五万分の一地形図」が約三十五年の歳月を費やして完成した。しかしその間、さきの「迅速測図」の測量地域はすべて基本図測量により改測され、また明治四十三年（一九一〇）には「二万分の一地形図」の縮尺は二万五〇〇〇分の一に変更されたが、京浜、京阪神の大都市地域では、別に「一万分の一地形図」もつくられた。

大正から昭和にかけては、第二次大戦前まで日本の領土に含まれていたカラフト南部、台湾、朝鮮の、いわゆる外地の測量事業に主力が向けられ、内地の基本図測量と同様に、三角測量に基づく「五万分の一地形図」が、台湾の山岳地帯を除いた全域にわたって完成し、平野部などの重要地域には「二万五〇〇〇分の一地形図」が作成され、また昭和三年（一九二八）ごろから、空中写真測量が測地事業に導入され、東京近郊の地形図修正にはじめて利用されたが、わが国ではすでに「五万分の一地形図」が完備していたので、戦前には空中写真は主として地図の修正測量に用いられる程度であった。

なおこれらの地形図を基礎にして、「輯製二〇万分の一地図」にかわるものとして、「二〇万分の一帝国図」や「五〇万分の一輿地図」が編纂され、「帝国図」と並行して朝鮮や台湾でも「二〇万分の一の地図」が作成された。そのほか、国際地理学会議により国際間の協力下に、世界の基本地図として「一〇〇万分の一の地図」を作成することが提案されたので、陸地測量部でも日本分担区域の「一〇〇万分の一万国図」を刊行したが、この地図の図式は国際協定に従って、地勢の表現は段彩法により、また注記はすべてローマ字を用いている。

以上にみられるように、第二次大戦までは、わが国の測量および地図作成事業は陸地測量部が中心となって全面的に推進されてきた。しかしそのため、明治以降における民間の地図刊行は江戸時代よりもかえっておとるありさまであり、また大学などの研究機関においても、測地学や地図学などの講座の設置や基礎的研究もほとんどおこなわれなかった。内地の地図作成事業も、「五万分の一基本図」が完成した後は、「一万分の一」および「二万五〇〇〇分の一地形図」の一部の作成を除いては、既存地図の維持修正が主要業務となり、重点は外地の地図作成に移り、さらに満州事変を契機として第二次大戦に至る間は、占領地域の地図作成に主力が注がれ、内地の地図は修正すら充分におこなわれない状態となり、戦局の深刻化にともなって、地図の発売も全面的に停止されることになった。

国土地理院の開設

昭和二十年（一九四五）八月、敗戦による軍部の解体とともに陸地測量部も消滅した。しかし都市は爆撃を受け、工業地帯は灰燼《かいじん》に帰するなど、戦災によって極度に荒廃した国土の実態を明らかにするには、地形図の急速な修正が必要であり、また国土の復興、開発には新しい地図作成がおこなわれねばならないので、同年九月には内務省に地理調査所が設置され、陸地測量部の業務を引き継ぐことになった。昭和二十三年（一九四八）には内務省の解体にともなって、地理調査所は内務省国土局と戦災復興院との合併による建設院から、さらに建設省へと所管が移り、昭和三十五年（一九六〇）には名称を改めてこんにちの建設省付属機関としての国土地理院が開設された。また陸軍が独占的に掌握していた測量や地図作成事業も広く一般に開放されることになり、地図刊行の目的も、戦前の軍事優先から、戦後は公共用、民間用優先に切りかえられ、軍事上、市販を禁止されていた要塞地帯などの図幅もすべて解禁された。

しかし地理調査所が開設されたといっても、敗戦から昭和二十七年(一九五二)のサンフランシスコ講和条約発効までの七年間の占領下時代は、戦時中に焼失散逸した多くの原図や資料の整備と連合軍の指令作業に忙殺され、戦時中に放置され、戦災によってさらに現状と合わなくなった地形図を、米軍から貸与された日本全土の四万分の一の空中写真によって、とりあえず応急修理するにとどまった。ただ、この占領下時代に連合軍の指令作業として、土地利用図や人口密度図など八種類の地図を含む「八〇万分の一国土実態図」が刊行されている。

講和条約発効後は、地理調査所も独自の計画で作業を進めることになり、ことに占領時代に禁じられていた航空機を自由に使用できるため、高度に空中写真測量が可能となり、昭和二十八年(一九五三)には第一次基本長期計画が制定された。この時期はわが国の経済力が戦後の復興期を過ぎていちじるしく伸展しはじめ、産業、経済の急激な発展、国土の総合開発、環境の保全などのため、より精密な縮尺の大きい地形図を早急に整備することが望まれたので、第一次計画では、「五万分の一地形図」にかわって「二万五〇〇〇分の一地形図」の整備を進める方針が示されたが、技術面の不慣れなど、諸般の事情から、「五万分の一地形図」の修正整備が重点となり、「二万五〇〇〇分の一地形図」の整備にはほとんど及ばなかった。しかし、これまでの平板測量によるものはすべて写真測量に切りかえることになり等高線の誤りが訂正されるなど、より正確な地形図が作成されることになり、地形図の図式も従来の黒一色から三色刷りに改訂された。また国土開発の基本として、さらに大縮尺の「国土基本図」も刊行された。

昭和三十九年（一九六四）には第二次基本測量長期計画が制定され、第一次計画の方針に則《のっと》り、「二万五〇〇〇分の一地形図」が「五万分の一地形図」にかわって全図をカバーする新しい「基本図」として整備されることが決定されたが、いわば明治初年の小菅智淵による「二万分の一地形図」の構想が復活したわけである。その整備事業は写真測量技術のめざましい発展によって、すべて精密図化機を用いる空中測量によって進められているので、数年後には「二万五〇〇〇分の一地形図」全図が完成する予定である。

またこれまでの地形図は明治十八年以来、多面体図法によって投影されているため、地形図の外枠の形態は台（梯《てい》）形をなし、地図を貼り合わすとすき間が生ずる欠点があったが、第二次計画では「二万五〇〇〇分の一」や「五万分の一の地形図」にはユニバーサル横メルカトル（UTM）図法*が採用されることになった。この図法は第二次大戦中、連合国側が共同作戦の便宜上用いてから、戦後、地形図の世界的な図法として広く普及するようになったもので、地形図の外枠は四辺形をなすため、多面体図法の場合のように地図を貼り合わせてもすき間が生ずることがない。

＊ Universal Transverse Mercator's projection

国土地理院の地図

戦前の陸地測量部時代とちがって、国土地理院では次に記すように、地形図のほかに多くの編纂図や主題図を発行している。

〈五万分の一地形図〉大正十三年に全図が完成して以来、わが国の全土をカバーする唯一の基本図として利用されてきたのだが、前述のように第二次計画によって、「二万五〇〇〇分の一地形図」が新しい基本図となったので、今後「五万分の一地形図」は「二万五〇〇〇分の一地形図」から編集されることになる。現在（昭和四十九年四月）、「五万分の一地形図」は、昭和四十七年の沖縄の本土復帰による沖縄地区二七面を含めて、全部で一二五五面である。

〈二万五〇〇〇分の一地形図〉戦後の急速な国土開発や社会の発展にともなって、総合的な基礎資料となる地形図の縮尺が五万分の一では、地形、地物の状況をその要求に応じて表示することが困難になったので、新たに「五万分の一地形図」にかわる基本図となったのである。全図が完成すれば約七〇〇〇面を数えるが、現在、三六四一面が作成されている。

〈国土基本図〉「国土の保全と開発の基本とする」目的から、わが国の平野部とその周辺地域を対象とする二五〇〇分の一および五〇〇〇分の一の大縮尺の地図で、地形や地物がくわしく描かれているので、主として公共事業のための調査や計画に用いられる。なお戦前の「一万分の一地形図」（一一五面）は「国土基本図」が作成されているので、戦後は実測を中止している。

〈二〇万分の一地勢図〉　戦前の「帝国図」にあたるもので、多面体図法が用いられ、全図は一二九面よりなる。一府県ないし数府県程度の広範囲にわたる地域を概観するのに適しており、六色刷りで、山地の部分には立体的な感じを与えるようにボカシ（暈渲《うんせん》）がつけられている。

〈五〇万分の一地方図〉　ランベルト正角円錐図法により、全図は八面から成り、四色か九色刷りで、隣接部分が重複するようになっているので、地方別に地形や水系、あるいは都市や交通網などを大観するのに適している。

〈一〇〇万分の一国際図（ＩＭＷ）*〉　戦前、国際地理学会の提案によって、わが国でも「一〇〇万分の一万国図」がつくられたが、戦後はこの事業は国連によって継続されることになり、昭和四十一～四十二年に、国土地理院から全図を三面に改めた「一〇〇万分の一国際図」が刊行された。図法や図式は国際協定に従って、ランベルト正角円錐図法が用いられ、一二色刷りで、地形は等高線、段彩、ボカシが併用され、注記はローマ字である。なお「一〇〇万分の一日本図」はその日本版であるが、色数は減じ、五色刷りとなっている。

なお以上の地形図関係の地図のほかに、前述のように、戦後、連合軍の指令によって八〇万分の一の「国土実態図」が作成されたが、このような主題図にあたるものとしては、国土地理院では現在、次のような地図を作成している。

〈土地条件図〉　全国の主要な平野とその周辺について、土地の微細な高低、土地の性状、地形分類をはじめ、幹線道路や防災施設の分布を示した多色刷りの二万五〇〇〇分の一の地図である。この地図は防災地図ともよばれているように、防災対策の基礎資料となるほか、開発計画など多方面に利用される。

〈土地利用図〉 近年の人口、産業の都市への過度の集中は、都市を中心に土地利用のいちじるしい混乱をもたらしているので、それに対処して、有効、適切な対策をとるには、その実態を把握する必要がある。したがって土地利用図は、大都市圏や工業地域における土地利用の状態を、現地調査と資料によってあらわした多色刷りの五万分の一の地図であるが、昭和四十九年より発足する第三次基本測量長期計画では、より詳細な土地利用の現状を把握するために、「二万五〇〇〇分の一土地利用図」を整備する方針である。

そのほか国土地理院では、全国の主な湖沼の湖底地形や植生の状態を示した一万分の一の「湖沼図」を作成しているが、さらに沿岸海域の開発、利用、保全のために、二万五〇〇〇分の一の「海底地形図」や「海底土地条件図」の整備も進めている。

* International Map of the World 1 : 1,000,000

ナショナル・アトラスの作成

以上の地図の作成のほかに、国土地理院が現在着手している大きな事業は、ナショナル・アトラスの作成である。ナショナル・アトラスとはその名の示すように、一国の自然、社会、経済、文化などについて、政府の調査や統計など、信頼度の高い資料に基づいて多数の主題図などに表現し、体系的に編集した、国家の代表的な地図帖であり、いわば国土の実態を地図帖の形で表わしたものであり、国土計画や地方計画など、国の総合政策を遂行するための重要な基礎資料をなしている。

ナショナル・アトラスは一八九九年の『フィンランド地図帖』や一九〇六年の『カナダ地図帖』をはじめ、ヨーロッパ諸国ではすでに第二次大戦前からの古い歴史をもつものが多い。これらは戦後いずれもすぐれた改訂版が刊行されているばかりでなく、現在では南アメリカ、アフリカ、アジアの発展途上国においてもナショナル・アトラスがつくられ、世界全体では約六〇ヵ国においてナショナル・アトラスが完成あるいは作成中である。また国際地理学連合は一九五六年にナショナル・アトラス委員会を設置し、世界の各国に対してナショナル・アトラスの作成を勧奨《かんしょう》し、あるいは収録すべき内容の基準などを示している。

このような世界の趨勢《すうせい》に対して、地図作成の能力やその実績からみても、わが国としてはやや遅きに失したことは否めないが、昭和四十六年（一九七一）から国土地理院が主体となって、ナショナル・アトラス作成事業が発足した。ナショナル・アトラスの内容は次頁の表に示すように、二七六の主題図からなり、投影図法は斜軸ランベルト正角円錐図法が採用され、縮尺は「二五〇〇万分の一の日本全図」が主であるが、ほかに各種の縮尺も用いられる。

また主要な、利用度の高いと思われる地図は、作成のつど発売されてきたが、昭和五十一年には全国が完成し、さらに五十二年には解説・地名索引を付して（『日本国際地図帳』と題し）、英語版も同時に発行されることになった。これによりわが国の地図作成事業は面目

項　目	図葉数	縮　尺	
		1/250万	その他
日本全図	2図	1図	1図
自然	59	6	53
開発と保全	15	3	12
人口	21	4	17
産業	57	8	49
交通・通信	29	8	21
貿易・商業	22	1	21
政治・財政	8	—	8
社会	26	1	25
教育・文化・厚生	29	3	26
地方図	7	—	7
行政区画	1	1	—
合　計	276	36	240

ナショナル・アトラス項目別一覧表

をいちじるしく一新し、国際的にも日本の正しい理解に大いに役立つだろう。

なお民間の地図刊行事業について付記すれば、戦前は市街図か府県図などの出版にとどまり、まだ微々たるものであったが、戦後は軍用の制限がすべて解禁されたため、民間でも各種の地図がつくられるようになり、ことに自動車の普及によってわが国でも道路地図の出版が盛んである。また電源開発や高速自動車道路計画などの国土開発の進展にともない、民間会社への大縮尺の空中写真測量の発注が激増し、測量会社の数や設備も飛躍的な増加を示している。しかしわが国には現在でもイギリスのフィリップ社やドイツのユストゥス・ペルテス社などのような、地図専門の大出版社はまだ育っていない。したがって民間でつくられた地図帖としては、戦前には小川琢治『日本地図帖』、戦後には田中啓爾『日本都道府県地図総鑑』をはじめ、二、三の経済地図帖や歴史地図帖か、最近では百科事典の付図としての地図帖などがあげられるが、世界地図帖などにはまだみるべきものがない。それはひとつには日本文字が障害となって、世界的な普及性がさまたげられているためであるが、日本国際地図学会も設立されて国際間の交流も盛んになりつつあり、今後は民間でも特色ある主題図や地図帖が多く出版されることと思われる。

水路部と海図

最後にわが国の海図の発達にふれることとして、その概要を記すならば、さきに述べたように、幕末、イギリス船が来航し伊能図に基づいて作成したのが、日本近海の最初に公刊された近代的海図である。しかしこれよりさき、嘉永六年（一八五三）のペリーは浦賀に来航の前後に、すでに琉球・伊豆諸島・下田・東京湾で測量をおこなって海図をつくっており、ことに幕末の開国によって外国船の来航が多くなるにつれ、彼らは航行の安全をはかるために幕府の許可を求めて日本の沿岸の測量をおこない、イギリスでは明治二年だけでも日本近海の海図約三〇版を刊行している。

さらに明治三年（一八七〇）にイギリスのシルヴィア号が来航し、瀬戸内海塩飽《しあく》諸島海域の測量を明治政府に願い出たが、兵部省でも水路事業の緊要なことを認めこれを許可するとともに、柳楢悦《やなぎならよし》以下数名をイギリス艦に乗り組ませて、水深測量や海図作成の技術を実地に学ばせた。これによって、明治四年には兵部省に水路局（後の海軍省水路部）が設立され、また柳の指揮のもとに日本人単独で北海道沿岸から三陸沿岸の測量をおこない、翌五年には日本の第一号海図として「釜石港」、ついで「宮古《みやこ》」「寿都《すっつ》」「小樽《おたる》」の三図もつくられたが、測量、製版、印刷を一貫して日本人がおこなった最初の海図である。

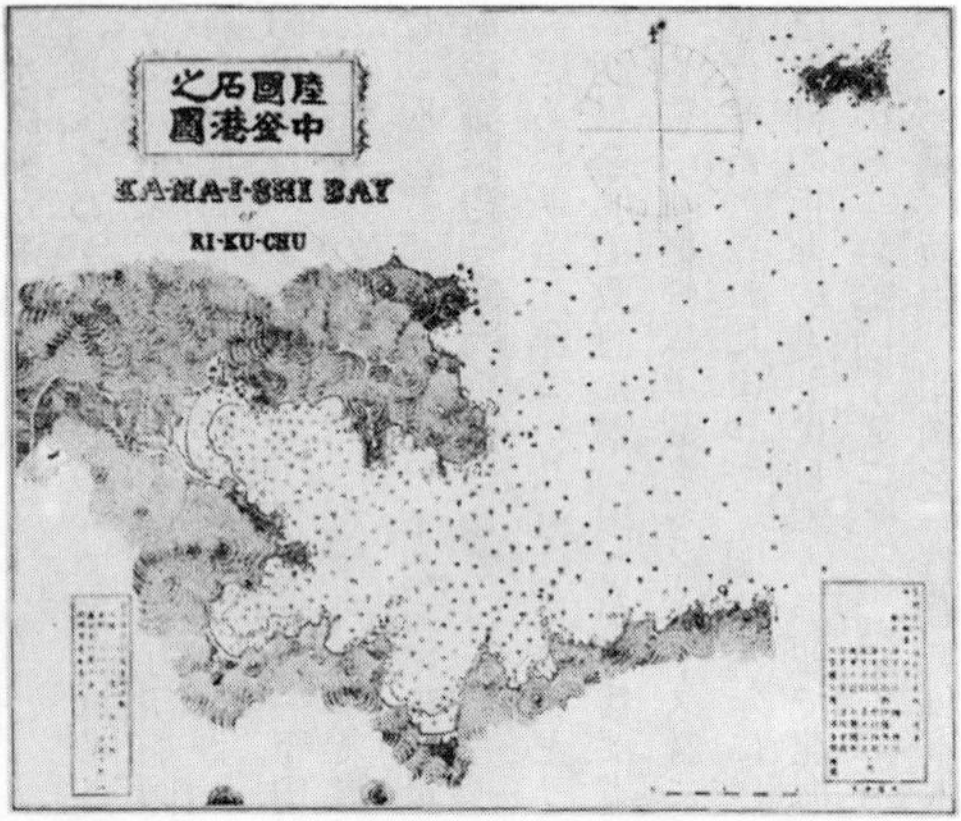

162　日本の「海図第一号」釜石港（1872年）

その後、明治十五年（一八八二）までに、外国艦船による日本沿岸の測量は打ちきられるようになり、ようやく名実ともに独立国として水路業務を実施しうることになった。またそれまでわが国では海図の図式がまだ一定していなかったので、イギリスの図式にならって水路部図式が決定され、明治十五年から全国沿岸測量計画が開始され、三十五年後の大正六年（一九一七）には日本近海全部の海図が完成した。

また海図はその作成目的からみて、陸図とちがって国際性が強い。したがって海図の場合には国際間の協力も早くからはじまり、一九二一年（大正十）には国際水路局（ＩＨＢ）*が設立されて日本も加盟し、同年から、従来の海図では水深は尋（一・八メートル）で表わされていたのをメートルに改めることになり、現在ではわが国で発行されている海図のほとんどは、メートル単位に改版されている。また日本は第二次大戦中には一時、国際水路局から脱退したが、戦後ふたたび復帰し、現在、国際水路局に協力して、「一〇〇万分の一大洋水深図」のうち北太平洋海域二九図を分担してその作成を進めているが、この地図は戦後、国連が主管する前記の陸図の「一〇〇万分の一国際図」に対応するものである。

なお戦後は海軍の解体によって、水路部は運輸省海上保安庁に所属することになったが、現在、出版総数一三七五版、大縮尺の港泊図を含む日本周辺の海域をはじめ、太平洋およびインド洋全域にわたる海図が刊行されている。また、これらの航海用海図のほかに、水路特殊図として、水深図、底質図、潮流図などや、漁業用や電波航法用のロラン（Loran）海図なども出版している。

そのほか、第二次大戦後の民間航空事業の急激な発達に応じて、国際民間航空輸送の発展と安全運航確保を目的に、一九四七年に国連に「国際民間航空機関」（ＩＣＡＯ）** が設置された。その勧告によって、航空用の基本地図として、ランベルト正角図法による「一〇〇万分の一国際民間航空図」（ＷＡＣ）*** が国際間の協力によって作成されることになり、わが国では水路部によって、昭和二十八年（一九五三）以来、すでに九図幅が出版されている。

* International Hydrographic Bureau

** International Civil Aviation Organization

*** World Aeronautical Chart ICAO 1 : 1,000,000

むすび

本書では、以上において日本の地図の発達を概観してきたのであるが、「地図は文化のバロメーター」といわれる。事実、ヨーロッパでは文芸復興期のイタリアや大航海時代を迎えたスペイン、ポルトガル、あるいはスペイン、ポルトガルにかわって海外発展を開始したオランダやイギリス、ルイ十四世時代のフランスなど、それぞれ国力が発展し一国の文化が繁栄した時代に、地図の作成事業もまた盛大となっている。

これをわが国についてみれば、近世のヨーロッパ諸国を除いて、日本ほど多彩な地図文化を生んだ国はない。ことに江戸時代には幕府撰の国絵図や日本図のほかに、民間でも世界図や日本図をはじめ、国図、町図、道中図など実に多種多様な地図がみられるばかりでなく、伊能忠敬の実測日本図や高橋景保の世界図など、世界に誇りうる地図も作成された。しかも景保が忠敬の地図を評して、「漢土五千年、清に至りて手を西人に仮りて而して後に地図始めて定まれり。則ち忠敬の功、豈《あ》に浅小ならんや」と述べているように、中国でも清の康熙・乾隆時代に、フランスの宣教師たちによって中国全土の大規模な測量事業がおこなわれたにもかかわらず、その後、中国自体ではなんらの地図の発達がみられなかった。これに対してわが国では、江戸時代の鎖国下の制約のもとにあって、蘭学者たちが地図作成のためにヨーロッパの新しい知識や技術の摂取につとめたことが、忠敬や景保の地図を生み、また明治時代におけるわが国の近代地図発達の原動力となったことは否めない。

しかし第二次大戦と、戦後の混乱期の影響によって、現在、わが国の地図作成事業は欧米諸国にくらべて立ちおくれている面もみられる。たとえばナショナル・アトラスの作成も、世界の現状からみて、地形図や統計資料の整備されているわが国としては遅きに失したといえる。また国土開発事業や防災対策などの方面からの要請によって、土地利用図や土地条件図などの主題図も多く刊行されるようになったが、本来ならば地域計画に先立って体系的な主題図が整備されているべきであり、これらの点において、ナショナル・アトラスの刊行を契機に、今後、一貫した主題図の整備計画などがいっそう進展するであろう。

またこのようにして、それぞれの主題に応じた多種多様の主題図が作成されるようになれば、これらを総合し分析することが必要になり、それにはメッシュ・マップの作成が、これからの新しい地図の分野として発達するにちがいない。

メッシュ・マップとは地図を等形、等積の一定の形で、均質とみなされる程度の小区画に分割し、地表の自然条件や人文条件に関する情報を、メッシュ・マップ上の小区画単位に数量的に表示したものである。したがってこれまでの地図は地表の現状の正確な表現にとどまっていたが、メッシュ・マップでは地形、地質などの自然条件や、人口、産業、交通などの人文条件が定量的に、かつ全国均一の密度で比較検討しうるので、これを電子計算機によって処理すれば、地域相互間の比較が数量的に迅速に把握されるばかりでなく、将来の発展傾向の予測なども解析することができるので、メッシュ・マップは地域開発計画や都市計画、防災計画などの諸施策の遂行にあたって、きわめて重要な指針としての役割をはたすものといえる。

また航空機の発達によって、空中写真測量が地図の作成に大きな進歩をもたらしたが、現在、アメリカやソ連を中心に人工衛星の利用の研究が進められているように、広域的な地図作成、あるいは環境汚染や環境破壊に対する総合的な環境情報のリモート・センシング（遠隔探知）に、人工衛星はますます活用されるであろう。

現在の一年の進歩は過去の十年、あるいは百年の進歩に匹敵するほど急激であり、都市化、高速化、情報化の時代といわれるこんにち、迅速かつ正確な情報伝達手段としての地図の有する役割はきわめて大きく、またその内容や種類も今後ますます増大してゆくことは明らかである。したがってわが国の地図作成事業も、こうした新しい時代の要請に即応して発展させてゆかねばならない。

図版目録

†世界篇

†日本篇

107 豊前国小倉城絵図（内閣文庫蔵）
108 洛中絵図（一六三七）（京都大学附属図書館蔵）
109 日本で最初に印刷された地図（唐分十道之図）（一四九四）
110 日本分形図（一六六六）
111 大日本図鑑（一六七八）
112 石川流宣「本朝図鑑綱目」（一六八七）
113 長久保赤水「改正日本輿地路程全図」（一七七九）
114 平安城町並図（一六四一ごろ）（守屋美孝氏蔵）
115 遠近道印「新版江戸大絵図」（一六七〇）
116 遠近道印「東海道分間絵図」・部分（一六九〇）
117 江戸名所之絵（一八〇三ごろ）
118 司馬江漢筆「画室図」（神戸市立南蛮美術館蔵）
119 司馬江漢「地球全図」（一七九二）
120 橋本宗吉「喎蘭新訳地球全図」（一七九六）
121 石塚崔高「円球万国地海全図」（一八〇二）
122 高橋景保「新訂万国全図」（一八一〇）
123 佐藤政養「新刊輿地全図」（一八六二）
124 鳳潭「南瞻部州万国掌菓之図」（一七一〇）
125 伊能忠敬肖像画（伊能忠敬記念館蔵）
126 伊能図 大図・部分（伊能忠敬記念館蔵）
127 伊能図 中図・部分（東京国立博物館蔵）
128 伊能図 小図・部分（南波松太郎氏蔵）
129 伊能図によるイギリス製日本沿海図（一八六三）
130 勝海舟「大日本国沿海略図」（一八六七）
131 アンジェリスの地図（一六二一）
132 正保日本図・北方の部分（大阪府立図書館蔵）
133 ドゥ・フリースの地図（一六四三）
134 皇輿全覧図（一七一七）
135 ヤンソンの地図（一六五〇）
136 ウィットセンの地図（一六九二）
137 ベランの地図（一七三五）
138 ダンヴィル図（一七三五）
139 ダンヴィル図（一七五一）
140 林子平「蝦夷国全図」（一七八六）
141 林子平「無人島之図」
142 長久保赤水「蝦夷松前図」
143 近藤重蔵「今所考定分界之図」（一八〇四）
144 クルーゼンシュテルン「太平洋北西部地図」
145 間宮林蔵「カラフト図」（内閣文庫蔵）
146 日本辺界略図（シーボルトによる）
147 松浦武四郎「東西蝦夷山川地理取調図」（一八五

KODANSHA

本書は、小社より講談社現代新書として一九七四年十月に刊行された『地図の歴史　世界篇』と同年十一月に刊行された『地図の歴史　日本篇』を合本にしたものです。

織田武雄（おだ　たけお）

1907～2006。京都帝国大学史学科卒業。関西学院大学，立命館大学，京都大学で教授職を務める。京都大学名誉教授，人文地理学会会長。専攻は歴史地理学。文学博士。著書に『世界の縮小』『古代地理学史の研究』『地図の歴史』『古地図の世界』『古地図の博物誌』，共編著に『日本古地図大成』『歴史地理講座』などがある。

講談社学術文庫

定価はカバーに表示してあります。

地図《ちず》の歴史《れきし》　世界篇《せかいへん》・日本篇《にほんへん》

織田武雄《おだたけお》

2018年5月10日　第1刷発行
2021年6月22日　第3刷発行

発行者　鈴木章一
発行所　株式会社講談社
東京都文京区音羽 2-12-21 〒112-8001
電話　編集（03）5395-3512
販売（03）5395-4415
業務（03）5395-3615

装　幀　蟹江征治
印　刷　株式会社新藤慶昌堂
製　本　株式会社国宝社
本文データ制作　講談社デジタル製作

© Ikuko Matsumoto　2018　Printed in Japan

落丁本・乱丁本は，購入書店名を明記のうえ，小社業務宛にお送りください。送料小社負担にてお取替えします。なお，この本についてのお問い合わせは「学術文庫」宛にお願いいたします。
本書のコピー，スキャン，デジタル化等の無断複製は著作権法上での例外を除き禁じられています。本書を代行業者等の第三者に依頼してスキャンやデジタル化することはたとえ個人や家庭内の利用でも著作権法違反です。Ⓡ〈日本複製権センター委託出版物〉

ISBN978-4-06-511728-6

「講談社学術文庫」の刊行に当たって

これは、学術をポケットに入れることをモットーとして生まれた文庫である。学術は少年の心を養い、成年の心を満たす。その学術がポケットにはいる形で、万人のものになることは、生涯教育をうたう現代の理想である。

こうした考え方は、学術を巨大な城のように見る世間の常識に反するかもしれない。また、一部の人たちからは、学術の権威をおとすものと非難されるかもしれない。しかし、それはいずれも学術の新しい在り方を解しないものといわざるをえない。

学術は、まず魔術への挑戦から始まった。やがて、いわゆる常識をつぎつぎに改めていった。学術の権威は、幾百年、幾千年にわたる、苦しい戦いの成果である。こうしてきずきあげられた城が、一見して近づきがたいものにうつるのは、そのためである。しかし、学術の権威を、その形の上だけで判断してはならない。その生成のあとをかえりみれば、その根は常に人々の生活の中にあった。学術が大きな力たりうるのはそのためであって、生活をはなれた学術は、どこにもない。

開かれた社会といわれる現代にとって、これはまったく自明である。生活と学術との間に、もし距離があるとすれば、何をおいてもこれを埋めねばならない。もしこの距離が形の上の迷信からきているとすれば、その迷信をうち破らねばならぬ。

学術文庫は、内外の迷信を打破し、学術のために新しい天地をひらく意図をもって生まれた。文庫という小さい形と、学術という壮大な城とが、完全に両立するためには、なおいくらかの時を必要とするであろう。しかし、学術をポケットにした社会が、人間の生活にとってより豊かな社会であることは、たしかである。そうした社会の実現のために、文庫の世界に新しいジャンルを加えることができれば幸いである。

一九七六年六月　　　　野間省一